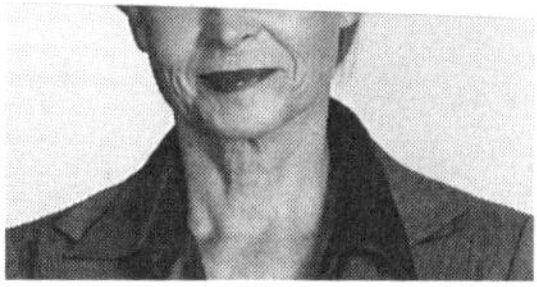

**Ariane Audouin-Dubreuil,** Psychologin, Buchautorin und selbst leidenschaftliche Reisende, hat zur *Croisière jaune* eine ganz persönliche Beziehung: Ihr Vater war der stellvertretende Leiter der Expedition entlang der Seidenstraße. So hatte sie nicht nur Zugang zum Archiv der *Société de Géographie* und zum Firmenarchiv von Citroën, sondern Einblick in persönliche Dokumente, Korrespondenzen und wissenschaftliche Notizen, und sie sichtete auch private Fotos und Tagebücher. Sie gilt in Frankreich als Expertin für die Expeditionen, die zu Beginn des 20. Jahrhunderts im Auftrag von Wissenschaft und Technik aufbrachen, um ganze Kontinente und die Grenzen technischer Machbarkeit zu erforschen.

www.frederking-thaler.de

ARIANE AUDOUIN-DUBREUIL

# EXPEDITION SEIDENSTRASSE

Mit den ersten Geländewagen von Beirut bis Peking, die legendäre *Expédition Citroën Centre-Asie* 1931–1932

Aus dem Französischen
von Ilse Rothfuss

NATIONAL GEOGRAPHIC
FREDERKING & THALER

*Meinem Vater,*
*meiner Tochter Aurore*

**Bibliografische Information der Deutschen Nationalbibliothek**
Die Deutsche Nationalbibliothek verzeichnet diese Publikation in der Deutschen Nationalbibliografie; detaillierte bibliografische Daten sind im Internet über http://dnb.d-nb.de abrufbar.

NATIONAL GEOGRAPHIC ADVENTURE PRESS
Reisen · Menschen · Abenteuer
Die Taschenbuch-Reihe von
National Geographic und Frederking & Thaler

1. Auflage August 2008, erstmals im Taschenbuch

Titel der Originalausgabe: *La Croisière jaune*
erschienen bei Édition Glenat, Grenoble

Aus dem Französischen von Ilse Rothfuss, München
Text und Fotos: Ariane Audouin-Dubreuil, mit Ausnahme Seite 1 (© Bahi)
Lektorat: Dr. Barbara Münch-Kienast, Andechs
Kartografie: Claire Levasseur
Umschlaggestaltung: Dorkenwald Grafik-Design, München
Herstellung: Büro Sieveking, München
Druck und Bindung: Graspo CZ, Zlìn
Printed in the Czech Republic

ISBN 978-3-89405-854-8
www.frederking-thaler.de

Das Papier wurde aus chlorfrei gebleichtem Zellstoff hergestellt.

# Inhalt

Hinweis für den Leser

Wenn nicht weiter im Text gekennzeichnet, stammen die Zitate aus den Reisetagebüchern von Louis Audouin-Dubreuil.
Die Zitate des Archäologen Joseph Hackin sind dem Reisetagebuch von Georges Le Fèvre entnommen.

# Vorwort

Heute wäre es wohl kaum noch denkbar, eine Asienkarte auseinanderzufalten und mit dem Bleistift eine Reiseroute von Beirut bis Peking einzuzeichnen, in der Überzeugung, dass dieses »Reißbrett«-Abenteuer auch realisierbar sei. Geschweige denn, dass jemand versuchen würde, auf Felspisten und Maultierpfaden die höchsten Pässe der Welt zu überwinden und auf Karawanenwegen eisige Ebenen zu durchqueren – eine Reise von der Mittelmeerküste bis zu den Ufern des Chinesischen Meeres. Und das alles in dem festen Glauben, dass kein Hindernis unüberwindlich sei.

Könnten diese kühnen Entdecker, wenn sie sich noch einmal auf den Weg machen würden, ein solches Unternehmen heute noch durchführen? Die Länder haben ihre Grenzen zugemacht, einige sind in Kriege verwickelt, die Spuren großartiger alter Zivilisationen werden ausgelöscht ... Was würden sie vorfinden? Das sind Fragen, die ich mir oft stellte, als ich anhand der Familienarchive die Geschichte der »Mission Citroën Centre-Asie« rekonstruierte, an der mein Vater als einer der beiden Expeditionsleiter teilnahm. Vor 60 Jahren machte die »Expedition Seidenstraße« Schlagzeilen. Die ganze Welt verfolgte ihr langsames Vordringen auf der legendären Seidenstraße nach Zentralasien. Ein Abenteuer, das die Dimensionen eines Mythos annahm; die Männer, die daran beteiligt waren, wurden wie Helden gefeiert.

Mein Ziel war es, mit diesem Werk die Expedition unverfälscht wiederaufleben zu lassen. Um die authentische Geschichte der 40 Männer zu rekonstruieren, die von Beirut bis Peking und von Peking bis Kashgar reisten, konnte ich aus wertvollen, größtenteils unveröffentlichten Dokumenten schöpfen, die hier zum Teil abgedruckt sind: 21 Reisetagebücher meines Vaters Louis Audouin-Dubreuil (tägliche Einträge, mit Tinte oder Bleistift geschrieben); seine persönlichen Tagebücher mit den kleinen Alltagserlebnissen, die sehr lebendige Szenen und Porträts enthalten; und schließlich Fragmente seiner unveröffentlichten *Memoiren.* Das über 4000 Seiten starke Manuskript des Historiografen Le Fèvre, reich an Informationen unterschiedlichster Art. Die Berichte von Victor Point, die dieser von China an André Citroën schickte. Die Berichte von Vassoigne über die nahezu unüberwindlichen Hindernisse während der Himalaja-Überquerung. Die Berichte des Kapitänleutnants Pecqueur über den Pamir. Der Bericht von Ingenieur Brull über die Abenteuer der China-Gruppe. Die wissenschaftlichen Mitteilungen von Pater Teilhard de Chardin, dem Geologen, der die Expedition begleitete. Die Briefe von Joseph Hackin, dem Archäologen der Expedition. Die Doktorarbeit des Naturkundlers André Reymond. Die Briefe, Nachrichten, Telegramme und Funkbotschaften, die während der Expedition ausgetauscht wurden und ahnen lassen, mit welchen Schwierigkeiten die Mannschaft zu kämpfen hatte. Und nicht zuletzt 2000 fantastische Fotografien ... Im Lauf meiner ausführlichen Recherchen lebte das Abenteuer vor meinen Augen wieder auf. Ein Abenteuer, das viel komplexer, viel menschlicher, viel »alltäglicher«, viel leidenschaftlicher und faszinierender war, viel reicher in seinen wissenschaftlichen und kulturellen Aspekten und viel gefährlicher, als ich es mir je hätte träumen lassen.

*Ariane Audouin-Dubreuil,*
Boulogne-Billancourt, 20. Mai 2007

# Prolog

Es ist ein gewagtes Unterfangen, im Frühjahr 1931 eine groß angelegte Automobilexpedition in das von Unruhen und Kriegen erschütterte Asien zu schicken, und angesichts der herrschenden Weltwirtschaftskrise mutet die neue *Mission Citroën* geradezu wie eine Provokation an. Aber kein Hindernis der Welt kann das Citroën-Projekt jetzt noch aufhalten. Die Citroën-Werke werden ihren Anhängern ein Abenteuer bieten, das als eines der kühnsten und faszinierendsten in die Geschichte des 20. Jahrhunderts eingehen wird und darüber hinaus wertvolle Beiträge in mehreren wissenschaftlichen und künstlerischen Bereichen liefert.

Die erste Sahara-Durchquerung 1922 kann als kurze Erkundungs-Rallye betrachtet werden. In 20 Tagen wird die Sahara durchfahren und ein Verkehrsweg zwischen Nordafrika und dem Niger eröffnet. Citroën hat ein Fahrzeug konzipiert, das auf eine Raupe montiert ist (Patent Kégresse-Hinstin), eine Technik, die bald bei Fahrzeugen in aller Welt angewandt werden wird. Darüber hinaus hat Citroën eine wesentliche Voraussetzung für die wirtschaftliche Erschließung Afrikas geschaffen, das bisher nur mit der Kamelkarawane, zu Fuß oder in der Piroge flussaufwärts erreicht werden konnte.

Die *Croisière noire* in den Jahren 1924–1925 dagegen hatte einen völlig anderen Charakter. Von Algier nach Madagaskar, 26000 km auf schmalen Fußpfaden oder durch ungebahntes Gelände in riesigen Wüsten, undurchdringlichen Wäldern, Fiebersümpfen. Diese zweite Citroën-Expedition stellt zweifelsfrei einen Rekord dar, was die Technik und das Durchhaltevermögen der Mannschaft anbelangt. Darüber hinaus jedoch reiht sie sich mit ihren wirtschaftlichen, humanitären, wissenschaftlichen und kulturellen Zielen in die Tradition der großen Entdecker des 19. Jahrhunderts ein, die der Welt unbekannte Länder und Zivilisationen nahebringen wollten. Berichte werden an die verschiedenen Ministerien übermittelt, etwa an die Ministerien für Auswärtige Angelegenheiten, Gesundheit, Luftfahrttechnik, Kolonien. Die Entwicklung Afrikas ist das Gebot des Tages.

Ab 1926 studieren Georges-Marie Haardt und Louis Audouin-Dubreuil unerforschte Gebiete auf den Weltkarten und Namen von Stätten, die in die Geschichte der Menschheit eingegangen sind. Eine neue Expedition kommt nur in Frage, wenn sie das Ansehen der Citroën-Werke stärkt. Zwei Projekte gehen aus den Überlegungen hervor: mit dem Raupenfahrzeug den Südpol erobern oder Asien durchqueren. Der Südpol wird zunächst favorisiert, und Asien verschwindet wieder in der Schublade. Eine Studie zu dieser Expedition, die bereits als *Croisière blanche* figuriert, wird unverzüglich in Auftrag gegeben. Aber der Plan wird schließlich aufgegeben, weil die Eisbrecher, die für das Gelingen der Expedition unerlässlich wären, zu teuer sind.

Am 7. Februar 1927 notiert Audouin-Dubreuil: »Was mir vorschwebt, ist die Ruinen-Route, der Weg der Eroberungen, die Seidenstraße, die Chinesische Mauer, das Abenteuer Marco Polos.« Das Projekt Asien taucht wieder aus der Schublade auf. Eine rote Linie wird quer durch die Karte Asiens gezogen und lässt die alten Handelswege der Seidenstraße wiederauferstehen.

1928 ist ein Jahr der Euphorie. In den luxuriösen Büros an der Place de l'Opéra wird die »Abteilung Asien« kreiert. Ingenieur Brull, der die Citroën-Labors leitet, errichtet in der Rue du Théâtre die Versuchswerkstätte, die mit der Konzeption eines Prototyps des Raupenfahrzeugs »Typ Expedition, 4 Zylinder C 6 Sport« betraut wird. Die Konstruktionsarbeiten laufen unter größter Geheimhaltung an. Die ersten Entwürfe des Fahrzeugs werden von Mauguy bei

Audouin-Dubreuil angefertigt, nicht in der Fabrik. Die Mannschaft Brull arbeitet auf Hochtouren, im nächsten Jahr sollen bereits Testfahrten in der Sahara stattfinden. Zwei Zeichner werden dem Ingenieur Kégresse für die Perfektionierung seiner Entwürfe zugeteilt. Im Citroën-Büro gehen die Berichte ein, aber Audouin, der Sahara-Kenner, protestiert wiederholt: Diese Berichte lassen seiner Meinung nach grundlegende Tatsachen wie die Beschaffenheit des Geländes außer Acht, vor allem aber werden die Dimensionen von Raum und Zeit unterschätzt, wesentliche Faktoren, die kein Wüstenfahrer übersehen darf.

In den Büros herrscht Hochbetrieb. Die Abreise soll in zwei Jahren stattfinden, im März 1930. Die Projekte nehmen Gestalt an. Mehrere Routen werden studiert und in Betracht gezogen. Die natürlichen Hindernisse, welche die Raupenfahrzeuge überwinden müssen, werden mit einkalkuliert. Die Wege werden lebenswichtige Handelszentren berühren und sind mit bedeutenden historischen Stätten geradezu gespickt.

Die erste Route gestaltet sich wie folgt: Beirut, Syrien, Irak und Persien, von dort aus Aufstieg zum Kaspischen Meer; dann ein Bogen nach Osten südlich des Aralsees, die Durchquerung Russisch-Turkestans und der Abstieg in die Provinz Sinkiang durch das Tarimbecken; schließlich die Durchquerung der Wüste Gobi mit dem Ziel Peking. Nach Peking ist die Durchquerung Chinas von Norden nach Süden vorgesehen, außerdem eine Besuchsreise durch Indochina. Die Rückkehr soll über Siam, Birma, Nordindien, Afghanistan und eine neue Route durch Persien, Bagdad, Damaskus und Beirut erfolgen.

Die zweite Route stellt eine Variante der Strecke zwischen Persien und Sinkiang dar und folgt von Anfang bis Ende den alten Wegen der Seidenstraße. Die Expedition durchquert Persien und Afghanistan über Kabul und Bamiyan. Dann überwindet sie den Wakhjir-

Pass und das Pamir-Massiv bis Kashgar und nach Chinesisch-Turkestan hinein und setzt von dort aus ihren Weg durch das Tarimbecken fort.

Nachdem die Routen feststehen, werden Emissäre durch Europa und Asien geschickt. Jetzt laufen die diplomatischen Bemühungen an. Pässe müssen beantragt, der Schutz der Regierungen in den jeweiligen Ländern erbeten, gangbare Wege erkundet, der Verpflegungsnachschub an Ort und Stelle organisiert und entsprechende Depots angelegt werden.

Georges Goerger reist mit der Transsibirischen Eisenbahn in die UdSSR, handelt mit der Sowjetregierung die Durchquerung Turkestans aus und erhält die Erlaubnis, Foto- und Filmkameras mitzuführen, unter der Bedingung, dass ein russischer Kameramann die Aufnahmen kontrolliert. Goerger setzt seine Mission in Indochina fort, spricht in Hanoi beim Generalgouverneur Pasquier vor, reist zu Pferd nach Luang Prabang in Laos, wo ihm der König die Erlaubnis erteilt, Pagoden und Paläste zu fotografieren. Schließlich kehrt er über Siam nach Frankreich zurück. Vassoigne bricht mit Varnet zu einer Erkundungsmission nach Afghanistan auf. König Amanullah und Königin Soria waren einst Gäste von André Citroën in Paris gewesen und im Beisein von Staatspräsident Gaston Doumergue und Georges Clemenceau im Musée Guimet von Joseph Hackin empfangen worden, dem Leiter der Délégation archéologique française en Afghanistan, der bei den Afghanen sehr beliebt ist. Vassoigne findet einen gangbaren Weg, der durch dieses Gebirgsland zum Wakhjir-Pass führt, er organisiert den Verpflegungsnachschub und legt Material-Depots an. Vier Monate zu Pferd …

Audouin-Dubreuil und Iacovleff reisen nach London und sprechen beim Prince of Wales vor, denn die Rückkehr soll über Britisch-Indien erfolgen. Außerdem wird die Ausrüstung der Expeditionsteilnehmer in England gekauft (Kleidung, Waffen, Zelte etc.) sowie das Kartenmaterial, da die Karten, die der englische Generalstab erstellt, als hervorragend gelten. Die wissenschaftliche Ausrüstung (Geodäsie und Topografie) wird ebenfalls in London geordert.

Der Korvettenkapitän Pecqueur reist nach Persien zu Resa Schah, der 1925 die Kadjaren gestürzt und die Pahlevi-Dynastie gegründet hat. Pecqueur, ein geschickter Diplomat, sichert sich das Wohlwollen Seiner Majestät. Ein persischer Offizier, Absolvent der Militärakademie Saint-Cyr, soll die Expedition begleiten. Der König modernisiert sein Land. Handelsbeziehungen werden ins Auge gefasst.

Victor Point, ein junger Schiffsleutnant, erhält den Auftrag, die Route in China zu erkunden und die Verpflegung dort zu organisieren. Es ist eine gefährliche und diplomatisch äußerst heikle Mission. 1929 zählt China 400 Millionen Einwohner. Seit der Revolution 1911 herrscht blutiger Aufruhr im Land. Japan, das von der Washingtoner Konferenz als dritte Seemacht der Welt anerkannt wurde, infiltriert bereits die Mandschurei. Im Südosten Chinas baut Mao Zedong die künftige kommunistische Republik China auf. Chiang Kai-shek, Präsident der konservativ-nationalistischen Regierung in Nanking, führt einen erbitterten Feldzug gegen die kommunistischen Kräfte, während seine Provinzgouverneure die Situation ausnützen und quasi unabhängige Herrschaftsgebiete schaffen, die sich untereinander bekriegen. Der Gouverneur von Sinkiang ist seit der Revolution absoluter Herrscher über seine Provinz; er ignoriert die Weisungen Nankings. Die Passierscheine für Chinesisch-Turkestan können nur von dem mächtigen General King ausgestellt werden, der gerade seinen Vorgänger liquidiert hat. Außerdem droht jeden Augenblick ein muslimischer Aufstand in Sinkiang auszubrechen, und in Kansu sind die Kämpfe bereits in vollem Gang.

In dieser brenzligen Situation muss Point seine Mission durchführen, und er zeigt sich seiner Aufgabe bestens gewachsen. Er geht in Tientsin, dem Hafen von Peking, an Land, kontaktiert den Vertrauensmann Chiang Kai-sheks, erhält Pässe, die 1932 erneuert werden müssen, trifft sich mit Professor Tsu Ming-Yi, dem Leiter des Institut franco-chinois, und schließt mit der Organisation chinesischer Wissenschafts-Gesellschaften ein Abkommen, in dem die Bedingungen für die »chinesisch-französische Expedition im 19. Jahr der Republik« festgelegt werden. Die Einschränkungen sind beträchtlich: Es dürfen keine Routen aufgezeichnet oder archäologische Ausgrabungen unternommen werden, und alle Filmaufnahmen müssen von den chinesischen Gelehrten, die die Gruppe Point begleiten sollen, kontrolliert werden. Nur die Erforschung der archäologischen Stätten ist erlaubt.

In Peking wird Pater Teilhard de Chardin, ehrenamtlicher Berater des Service géologique de la Chine, für die Expedition gewonnen. Seine Teilnahme ist wertvoll, da er von 1923–1927 mit Pater Licent, dem Gründer des Museums von Tientsin, mehrere Reisen in die Mongolei und ins Ordos-Gebiet unternommen hat.

Victor Point versucht die »Kriegsherren« zu kontaktieren, die über die militarisierten Gebiete in Nordchina herrschen. Die Mission erweist sich als undurchführbar, überall herrscht Chaos und Anarchie, stößt er auf Misstrauen und Feindseligkeit. Alle Bemühungen, beim Gouverneur von Sinkiang vorstellig zu werden, schlagen fehl. Point lässt sich nicht entmutigen, er reist zu den Mongolen, gewinnt die Gunst des Ala-Khan: In dem gesamten Gebiet entlang des Gelben Flusses verbürgen sich die Mongolen für die Sicherheit der Citroën-Expedition. Point betraut Wladimir Petropavlovsky mit der Organisation und Leitung der Verpflegungsexpedition. Petro hat zehn Jahre in China gelebt, er spricht Chinesisch und mehrere Dialekte. Er verhandelt mit der mächtigen chinesischen Firma Tsu-Heng, die seit Jahrhunderten auf Transportgeschäfte spezialisiert ist und dafür zwei Prozent des Gesamtwerts der Waren berechnet. Die Befrachter sind gezwungen, auf diesen Zwischenhändler zurückzugreifen, um bewaffnete Überfälle zu vermeiden. Zwölf Kamelkarawanen und 26 Büffelkarren werden quer durch China in die Kampfgebiete vordringen, um Materialdepots anzulegen (Benzin, Öl, Lebensmittel).

Schließlich erhält Point vom Funkdienst des chinesischen Verkehrsministeriums die Zusicherung, dass eine Funkstation in Shanghai extra dafür abgestellt wird, täglich zwei Stunden mit der Expedition zu kommunizieren. Auf diese Weise können Funkkontakte zwischen der Expedition, Peking und der im Gelben Meer stationierten Marinedivision Fernost eingerichtet werden. Point lässt sich die Liste der chinesischen Funkstationen geben.

In Paris steht Anfang 1929 der Erfolg des Projekts Zentralasien außer Frage. In den Werkshallen der Rue du Théâtre wird letzte Hand angelegt, ehe die Fahrzeuge in Südtunesien getestet werden. Citroën empfängt den Staatspräsidenten in seiner Fabrik. Das Außenministerium sichert die uneingeschränkte Unterstützung durch alle seine Vertretungen im Ausland zu. Die Post, Abteilung Telegrafie und Telefon, die an den Erfahrungen mit der drahtlosen Telegrafie (TSF) über weite Distanzen interessiert ist, erteilt Haardt die Genehmigung, die drahtlose Telegrafie in den Ländern Asiens zu Forschungszwecken einzusetzen. Das Erziehungsministerium gewährt Joseph Hackin einen Zuschuss von 300 000 Franc für den Erwerb archäologischer Sammlungen.

Das Naturkundliche Museum bewilligt einen Zuschuss von 10 000 Franc. Weitere 10 000 Franc gewährt das Völkerkunde-Institut für die Erstellung einer Dokumentation, die in einem eigenen Saal im Musée du Trocadéro präsentiert werden soll. Die Société de Géographie sichert ihre uneingeschränkte Unterstützung zu und gibt topografische und kartografische Aufzeichnungen in Auftrag. Die National Geographic Society of Washington hat einen Kooperations-Vertrag mit Citroën unterzeichnet und stellt einen renommierten Reporter für die Expedition ab. Monseigneur de Guébriant, Superior der Société des Missions étrangères (Verband der Auslandsmissionen), wird über die Situation in China um Rat gefragt. Der Bericht, den er an Haardt adressiert, zeigt klar die Gefahren auf: Zwölf Missionare wurden in den letzten drei Jahren ermordet, die Missionen müssen mit Waffengewalt verteidigt werden, es herrscht ständige Hungersnot ... Der Superior sichert zu, dass seine Missionen in Kansu und an den Ufern des Gelben Flusses die Expedition bei sich aufnehmen und betreuen und die von Plünderung bedrohten Depots bewachen werden. Flugzeugfabrikanten bieten ihre Dienste an, u. a. Farman, Blériot und Potez, der ein Flugzeug mit einklappbaren Flügeln in die Diskussion einbringt.

Die Mechaniker der Expedition haben ihre Fähigkeiten bereits in der Sahara unter Beweis gestellt. Die meisten Wissenschaftler sind ausgewählt, doch die Rekrutierungen gehen weiter, oft bei einem guten Abendessen im Maxim's. Citroën bewundert Kessel, fürchtet aber dessen Hang zum Alkohol. Eine Zeit lang schwebt ihm Mac Orlan vor, doch Audouin-Dubreuil versichert ihm, dass dieser »trotz seines Reisekostüms, seiner Golfhosen und seines Helms nicht dazu zu bewegen ist, die Grenzen Frankreichs zu überschreiten«. Alexandra David-Neel wird bei Haardt empfangen. Audouin sagt über sie: »Ich fand sie nicht sehr offen und nicht sehr sympathisch, obwohl ich ihren Mut, ihre Ausdauer und ihr Talent sehr bewundere.« Haardt, der völlig fasziniert von ihr ist, bietet ihr sofort 60000 Franc an. Madame Neel kassiert zwar das Geld, nimmt aber nicht an der *Croisière jaune* teil.

Und dann zerbricht der asiatische Traum innerhalb weniger Wochen. Die Schockwelle, die von der Wirtschaftskrise 1929 ausgelöst wird, erreicht mit einiger Verspätung auch Frankreich. Die Citroën-Mannschaft hat in ihrer Euphorie die Vorboten der Katastrophe übersehen. Dabei muss die Firma bereits im Juni einen Verlust von

Biwak vor den Festungsmauern der Stadt Hami, nicht weit von der Grenze zu Sinkiang; die Mitglieder der Citroën-Expedition.

über einer Million Franc einstecken. Beim traditionellen Mittagessen des Verwaltungsrats bei La Pérouse drücken mehrere Mitglieder ihr Missfallen aus. Einige Ingenieure intrigieren gegen Citroën und Haardt. Schließlich platzt die Bombe: Die Bank Lazard macht sich in der Fabrik und in den Büros an der Place de l'Opéra breit, Citroën wird nach und nach kaltgestellt. Haardt, der aufgefordert wird, sein Projekt fallen zu lassen, das die »Invasoren«, wie sie von allen genannt werden, als Fehlinvestition ansehen, hat nur noch eine Statistenrolle inne.

In dieser brenzligen Situation stellen die Techniker und Mechaniker wieder einmal ihre Fähigkeiten und ihre Loyalität unter Beweis. Niemand denkt daran, das »große Projekt« aufzugeben; die Expedition wird auf Eis gelegt, aber die Konstruktionsteams lösen sich nicht auf. In der Rue du Théâtre wird der Prototyp im Geheimen modifiziert, und die Mechaniker arbeiten an der Perfektionierung der Wissenschaftswagen weiter. Brull reist unbemerkt in die USA, wo er mit Firmen, die regelmäßig Tonfilm-Wochenschauen auf die Beine stellen (eine Revolution in der damaligen Zeit), über den Kauf von Filmausrüstungen verhandelt. Die Firma Pathé-Nathan, mit der Citroën einen Vertrag unterzeichnet hat, wird vertröstet, ebenso die Zeitschriften, gegenüber denen Verpflichtungen eingegangen wurden. Mit anderen Worten, die Mannschaft der »Abteilung Asien« glaubt fest daran, dass der »Chef« sich etwas einfallen lassen wird, und gibt das Projekt nicht auf.

Und dann kommt tatsächlich der Umschwung: Im Juni 1930 verkündet Citroën in einer sensationellen Rede den Vertretern der Bank Lazard, dass sie entlassen sind. Haardt findet die richtigen Argumente, um Citroën zur Wiederaufnahme des Projekts zu bewegen: Es sei unverantwortlich, die vielen Freunde und Förderer des Unternehmens zu enttäuschen, angefangen mit dem Staatspräsidenten, das Ansehen der Citroën-Werke werde durch die Expedition gestärkt, und überhaupt warte die ganze Welt auf das große Asien-Abenteuer. Der Aufbruch wird für April 1931 festgelegt.

Die Vorbereitungen gehen also weiter, noch hektischer als zuvor, aber die Expedition scheint vom Pech verfolgt zu sein. Ende November zieht die Sowjetregierung ihre Einreiseerlaubnis zurück. Die Expedition muss also Afghanistan durchqueren. Dort ist jedoch gerade eine blutige Revolution ausgebrochen, und Nadir Khan hat die Macht an sich gerissen. Nadir Khan ist zwar ein Freund Frankreichs, aber sein Land bleibt gefährlich. Die Überquerung des Himalaja und der hohen Pamir-Pässe muss ins Auge gefasst werden. Innerhalb von drei Monaten wird ein leichtes Fahrzeug konzipiert. Hauptmann Vivian Gabriel von der indischen Armee wird auf eine Erkundungsmission nach Kaschmir geschickt. Erst bei seiner Ankunft in Srinagar wird Haardt erfahren, ob es eine gangbare Route über das Gebirge gibt. Auch für die Durchquerung Sinkiangs ist bisher keine Erlaubnis in Paris eingegangen.

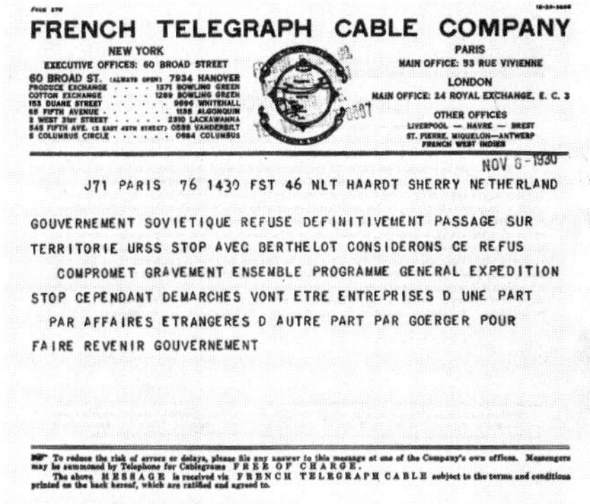
FRENCH TELEGRAPH CABLE COMPANY

NEW YORK
EXECUTIVE OFFICES: 60 BROAD STREET
60 BROAD ST. (ALWAYS OPEN) 7934 HANOVER
PRODUCE EXCHANGE . . . . 1371 BOWLING GREEN
COTTON EXCHANGE . . . . 1289 BOWLING GREEN
153 DUANE STREET . . . . . . 9696 WHITEHALL
65 FIFTH AVENUE . . . . . . 1135 ALGONQUIN
2 WEST 31ST STREET . . . . . 2310 LACKAWANNA
545 FIFTH AVE. (2 EAST 45TH STREET) 0588 VANDERBILT
5 COLUMBUS CIRCLE . . . . . . 0684 COLUMBUS

PARIS
MAIN OFFICE: 53 RUE VIVIENNE
LONDON
MAIN OFFICE: 24 ROYAL EXCHANGE, E. C. 3
OTHER OFFICES
LIVERPOOL — HAVRE — BREST
ST. PIERRE, MIQUELON—ANTWERP
FRENCH WEST INDIES

NOV 8 - 1930

J71 PARIS 76 1430 FST 46 NLT HAARDT SHERRY NETHERLAND

GOUVERNEMENT SOVIETIQUE REFUSE DEFINITIVEMENT PASSAGE SUR TERRITORIE URSS STOP AVEC BERTHELOT CONSIDERONS CE REFUS COMPROMET GRAVEMENT ENSEMBLE PROGRAMME GENERAL EXPEDITION STOP CEPENDANT DEMARCHES VONT ETRE ENTREPRISES D UNE PART PAR AFFAIRES ETRANGERES D AUTRE PART PAR GOERGER POUR FAIRE REVENIR GOUVERNEMENT

To reduce the risk of errors or delays, please file any answer to this message at one of the Company's own offices. Messengers may be summoned by Telephone for Cablegrams FREE OF CHARGE.
The above MESSAGE is received via FRENCH TELEGRAPH CABLE subject to the terms and conditions printed on the back hereof, which are ratified and agreed to.

Telegramm vom 8. November 1930, das eine schlechte Nachricht bestätigt: Die Expedition darf nicht durch Russland fahren, wie ursprünglich vorgesehen.

Da unter diesen Umständen das gesamte Projekt in Frage gestellt ist, wird die Expedition vorsichtshalber in zwei Gruppen aufgeteilt. Die »Pamir-Gruppe« mit Haardt und Audouin-Dubreuil wird von Beirut aufbrechen, Westasien durchqueren und die Hänge des Himalaja mit zwei Raupenfahrzeugen in Angriff nehmen. Eine Abordnung dieser Gruppe wird das Gebirge notgedrungen zu Pferd oder auf dem Maultierrücken überqueren müssen, um nach Kashgar (1400 km) zu gelangen. Die »China-Gruppe« unter Victor Point wird zur selben Zeit wie die Pamir-Gruppe mit schweren Halbkettenfahrzeugen in entgegengesetzter Richtung von Peking aufbrechen. Diese Raupenfahrzeuge, die ursprünglich für die Durchquerung Russlands konzipiert wurden, sind bereits nach China vorausgeschickt worden. Victor Points Gruppe soll China von Osten nach Westen durchqueren und in Kashgar mit der Pamir-Gruppe zusammentreffen.

Werden die beiden Truppen ihren Treffpunkt in Kashgar erreichen, oder muss Haardt am Ende doch noch den Rückzug antreten? Und wird es Point gelingen, unversehrt durch die Kampfgebiete zu kommen? Trotz aller Gefahren, die auf sie lauern, bricht die Mannschaft unerschrocken ins Abenteuer auf.

# Erster Teil

## Vom Libanon bis Kaschmir auf der Seidenstraße

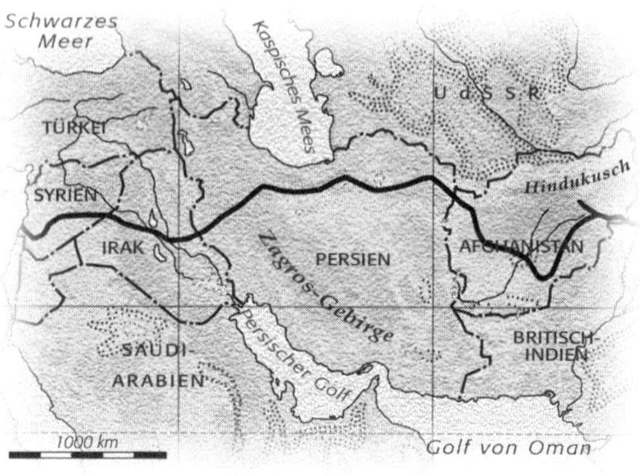


*»Unsere Afrika-Reise erscheint mir im Nachhinein wie ein Abenteuer à la Jules Verne. Wird es mit unserer nächsten Expedition nach Asien dasselbe sein? Zumindest sahen unsere mächtigen, langsamen Raupen heute Abend in Fontainebleau wie eine fantastische Erfindung aus einer Geschichte von Jules Verne aus. Deshalb schreibe ich heute drei Namen über mein Tagebuch: André Citroën, der Mann, den ich uneingeschränkt bewundere, Jules Verne, der Magier meiner Jugendzeit, und Claudius Bombarnac, der vor uns diese lange Reise gemacht hat, die wir jetzt in Angriff nehmen.«*

Louis Audouin-Dubreuil, Reisetagebuch

Vorausgehende Doppelseite:
Die Überquerung des Arghandab in der Nähe von Kandahar, Afghanistan.

# Der Libanon

## *Auf dem Meer nach Osten*

11. März 1931, auf See. Die *Amazone* segelt auf die Küste Ägyptens zu. Jourdan und Sauvage bekämpfen sich erbittert bei einem Würfelspiel. Sivel schreit jedes Mal auf, wenn Jourdan Punkte macht; Morizet lächelt leise; Williams, der berühmte Reporter der National Geographic Society of Washington, stößt laute »Wow«-Rufe aus, ob aus Begeisterung oder weil er schockiert ist über die schlechten Manieren der Franzosen, sei dahingestellt. Adouin-Dubreuil zieht sich diskret in seine Kabine zurück. Nur die Einsamkeit, die Stille, die Reflexion helfen gegen das vage Unbehagen, das ihn seit der Abreise in Paris quält. 40 Menschenleben stehen auf dem Spiel, ein Gedanke, der Audouin und Haardt zu schaffen macht. Es sind jetzt drei Jahre her, seit sie, über eine alte Asienkarte gebeugt, eine erste Route vom Mittelmeer zum Chinesischen Meer festgelegt haben. Nichts erschien ihnen damals unüberwindlich. In Afrika mussten sie nur gegen die Elemente kämpfen, aber in Asien sind es die Menschen, die sich ihnen in den Weg stellen werden, ebenso wie eines der gewaltigsten Bergmassive der Welt. Die *Croisière jaune,* die »Gelbe Expedition«, die mehrmals aufgeschoben werden musste, die nicht genügend vorbereitet ist, wird den Männern viel Mut und enorme körperliche Widerstandskräfte abfordern, dazu eine große Solidarität und die Fähigkeit und Bereitschaft, ständig zu improvisieren.

Audouin-Dubreuil ist sich dessen bewusst, er hat die Realität nie aus den Augen verloren – eine Klarsicht, die Haardt erbittert, weil er sie für Defätismus hält. Doch es bleibt fraglich, ob die Pamir-

Gruppe es schaffen wird, eine gangbare Route entlang der Seidenstraße zu finden, jenen alten Handelswegen, auf denen seit der Antike der Warenaustausch zwischen China, Afghanistan, Persien, Arabien, Ägypten und vielleicht sogar Karthago stattfand. Victor Point, der junge, enthusiastische Leiter der China-Gruppe, stellt sich vielleicht in diesem Moment in Tientsin, dem Hafen von Peking, dieselbe Frage: Wird er es schaffen, seine Mannschaft unversehrt durch die von Kriegen, Aufständen und Hungersnöten verwüsteten Gebiete zu führen?

Klaren Kopf bewahren, das ist die Hauptsache. Nein, es liegt kein Fluch auf der Expedition. Nichts als dummer Aberglaube. Audouin-Dubreuil schreitet energisch in seiner Kajüte auf und ab. Das Dekor der betagten *Amazone,* das aus dem 19. Jahrhundert stammt – schwülstig, scheußlich, plüschig –, muss einer Entdeckerseele zuwider sein. Audouin sehnt den nächsten Tag herbei: Die Pyramiden in der gleißenden Wüste, der fruchtbare Nilgott, der Schatten und die feierliche Stille der Moscheen von El-Hassan, Mohammed Ali, El-Azar, die Schätze des Antikenmuseums, präsentiert von Williams, der dabei war, als das Tutenchamun-Grab geöffnet wurde – das alles wird seinen Hunger nach dem Unbekannten neu aufleben lassen. Er fragt sich, ob er auch so erschüttert sein wird wie Mariette, als dieser im Sand, unangetastet nach so vielen Jahrhunderten, den schlichten Fußabdruck des Menschen entdeckte, der das Grab geschlossen hat. Aber keine Gefühlsduseleien – das ist der Beginn der Realitätsflucht …

### *Beirut*

Am Morgen des 20. März zeichnet sich ein schmaler grüner Küstenstreifen ab, dahinter das Bollwerk der Libanonkette. Der Hafen von Beirut taucht aus dem Dunst auf. Kaum liegt das Schiff vor Anker, wird es von einem Schwarm von Booten umringt: Die Würdenträger Beiruts begrüßen den ersten Trupp der Gruppe Pamir. Wie anders die Abreise von Paris, die still und unauffällig in kleinen Grüppchen vonstatten ging, unbemerkt von den Journalisten, im Beisein des tief bewegten André Citroën, der jedes Mal zur Stelle war, die Arme voller Geschenke. Und hier nun dieser Trubel, die Repräsentanten der Regierung in feierlicher Gala, die gedrechselten Komplimente. Sauvage, Morizet und Sivel raufen sich die Haare, denn ihre Kameras und Tonaufnahmegeräte liegen wohl verwahrt und unerreichbar im Filmwagen. William stürzt in seine Kabine, um seine Leica zu holen. Jourdans Blick ruht spöttisch auf Audouin-Dubreuil, der die Komplimente mit einem Schwall von geschliffenen Phrasen erwidert.

Audouin bleibt gelassen – solche Empfänge sind typisch für die französischen Auswanderer in den Gebieten, die noch unter französischer Herrschaft stehen. In den Ländern, durch die die Expeditionsteilnehmer kommen, müssen sie sich an die Etikette halten, denn sie vertreten Frankreich. Die offiziellen Besuche, die Empfänge nehmen kein Ende – pompös oder bescheiden, interessant oder öde, aber immer von einer Großzügigkeit und Gastfreundschaft, die Respekt verdient. Auch wenn es viel Kraft kostet nach einer anstrengenden Etappe, auch wenn man nur den Wunsch hat, bei den Kameraden im Biwak zu bleiben und sich auszuruhen. Diesmal ist es der Empfang des Staates Libanon, der 1918 von den Türken befreit und nach der Gründung des »Groß-Libanon« vom Völkerbund unter französisches Mandat gestellt wurde; 1926 erhielt er als Folge des Drusenaufstands eine Verfassung von Frankreich. Hier beginnt für die beiden Expeditionsleiter eine lange Reihe von diplomatischen Besuchen: Monsieur Ponsot, der französische Hochkommissar; der Staatspräsident, ein maronitischer Christ; der Regierungschef, ein Sunnit; die religiösen Kongregationen; andere wichtige Persönlichkeiten …

Beirut, 29. März 1931: Einer der Raupen-Container wird ans Ufer gehievt.

Beirut ist eine levantinische Stadt, der einzige Paradeplatz die Place des Canons. Die Straßen sind heruntergekommen, es riecht nach Pistazien und Hammelfett. Die Residence des Pins ist die Hochburg des mondänen Lebens; man betritt sie durch eine Säulenhalle mit geschnitzten Wandtäfelungen, die aus einem Palast in Damaskus stammen. Nachts tobt hier das Leben unter einem endlosen Sternenhimmel. Aber die Expedition muss weiter, der erste Lagerplatz ist in Bir-Hassan vorgesehen, 5 km von der Stadt entfernt. Die Aufgaben werden verteilt. Audouin-Dubreuil und Dr. Jourdan, der Arzt der Expedition, kontrollieren die Weiterleitung des ersten Teils der Verpflegung in Syrien. Das Film- und Fototeam, das den Auftrag hat, eine wissenschaftliche und kulturelle Dokumentation der bereisten Länder zu erstellen, arbeitet einen Aufnahmeplan aus. Fotografische Dokumente über die Stätten des Libanon sind spärlich, Filmdokumente inexistent. Das Team beginnt seine Arbeit in Sidon, dem heutigen Saida und der damaligen antiken Metropole, von der die Phönizier auszogen, um die Kolonien Tyrus, Hippon und Karthago zu gründen. Dann folgen die Festungen der christlichen Ritter, die *Kraks des Chevaliers,* Zeugen ihrer flüchtigen Herrschaft, und schließlich das El-Beka-Plateau, wo das Team in den Ruinen von Baalbek, der »Sonnenstadt«, dem antiken Heliopolis der Griechen, seine Aufzeichnungen beendet.

*Vorbereitungen im Camp von Bir-Hassan*

Am 24. März herrscht Hochbetrieb auf den Kais, die *Mariette-Pacha* ist in Sicht. Sauvage und Morizet filmen die Reede und den Außenhafen von einem ihnen zur Verfügung gestellten Kriegsschiff aus. Die Hafenbecken sind extra geräumt worden, damit das Schiff direkt im Hafen von Beirut vor Anker gehen kann. Williams steht bereit, um dieses historische Ereignis festzuhalten. Audouin schiebt sich schützend zwischen ihn und die Menge und bewahrt ihn vor einem unfreiwilligen Bad im Meer. Im Gedränge befinden sich Herren in dunklen Anzügen und eleganten Hüten, Libanesen in weißer Dschellaba und rotem Fes, Neugierige aus aller Herren Länder, armselige Bettler, die ihre Lumpen wie ein antikes Gewand tragen, lärmende Kinder. Die *Mariette-Pacha* dockt am Quai an, begrüßt von ohrenbetäubendem Jubelgeschrei und Fanfarenstößen. Am Bug steht Le Fèvre, der Historiograf der Expedition; Iacovleff, genannt Iaco, der Maler; Laplanche und Schuller, die Funker; Gauffreteau, Meister der Kochkunst. Über die Reling gebeugt, Ferracci, der Chefmechaniker, Bourgoin, Cécillon, Collet, Corset, Jocard, Le Roux, Normand, die »Frontkämpfer«, wie André Citroën sie nennt. Die Mannschaft tritt unverzüglich in Aktion. Aus den Tiefen des Schiffsbauchs tauchen sieben Kisten, je 5 m lang und 1,8 bis 7 Tonnen schwer, vor den Augen der stolzen und aufgeregten Mechaniker auf.

Die Kisten sind mit dem Emblem der Citroën-Werke beschlagen (dem stilisierten schräg verzahnten Zahnradgetriebe) und tragen die Aufschrift: »Mission scientifique et artistique française – Expédition Citroën Centre-Asie« (Französische wissenschaftlich-künstlerische Delegation – Expedition Citroën Zentralasien). Die Kisten enthalten die komplett montierten Raupenfahrzeuge, die Anhänger bereits angekoppelt, mit der gesamten Ausrüstung für eine zwölfmonatige Reise. Die Kiste mit der schweren Filmausrüstung schwebt langsam durch die Luft. Ferracci dirigiert atemlos das Manöver, und die Landung verläuft ohne Zwischenfälle. Alle atmen auf, die Fahrzeuge werden aus ihrem Gefängnis befreit. Am Abend erreicht die Kolonne Bir-Hassan. Die halbmondförmig aufgestellten Zelte blicken aufs Meer hinaus; der Bogen, den sie beschreiben, folgt dem Saum eines Pinienwaldes, dahinter die schneebedeckte Libanonkette, welche die grandiose Kulisse dieses ersten Biwaks bildet. Am nächsten Morgen inspizieren die Mechaniker das Material. Laplanche richtet den 15 m hohen Mast auf und nimmt die Einstellungen für den Funkverkehr vor, unterstützt von einem Funkingenieur, der extra aus Paris hergeschickt worden ist.

Le Fèvre nimmt Kontakt auf mit Beiruter Politikern, Intellektuellen, Gelehrten und Glaubensvereinigungen. Als Historiograf hat er die Aufgabe, seine Eindrücke festzuhalten, und so sammelt er wirtschaftliche und kulturelle Informationen. Zwanzig Religionen und Riten werden in diesem Landstrich praktiziert, der so viele Umstürze erlebt und so viele Fremde aufgenommen hat – römisch-katholische Christen, griechisch-orthodoxe Katholiken, orthodoxe Griechen, Maroniten, orthodoxe Armenier, Melchiten, Syrier, Chaldäer, Protestanten, Ismaeliten, Muslime, Alawiten, Tscherkessen, Schiiten ... Die Jesuiten, die das Ordnungsprinzip im Beiruter Leben zu verkörpern scheinen, erweisen sich als kompetente Führer zu den historischen Stätten. Sie begleiten die Filmleute, den Schriftsteller und den Maler zu den fruchtbaren, terrassierten Hängen der Libanonkette, wo Tabak, Getreide, Maulbeer-, Oliven- und Feigenbäume, Weinstöcke und Gemüse inmitten von Ahornbäumen und Platanen gedeihen. Die Exkursion wird bis Baalbek am Rand der Wüste fortgesetzt.

Während die ersten Erkundungsmanöver anlaufen, reist Audouin-Dubreuil nach Haifa, wo er mit Haardt zusammentrifft. Der Chef der Expedition kommt in Begleitung von Goerger, seiner rechten Hand. Haardt wirkt etwas exaltiert, von dem ruhigen Selbstvertrauen, das er sonst ausstrahlt, ist nicht viel zu spüren. Immer wieder ruft er aus: »Wir schaffen es!« Gleichzeitig verkündet er knapp, dass die Verhandlungen mit dem Gouverneur von Sinkiang noch immer nicht zum Ziel geführt hätten. Audouin weiß, dass sich hinter Haardts Einsilbigkeit die Angst vor einer möglichen Enttäuschung verbirgt, und dringt nicht weiter in ihn.

»Waren Sie schon im Museum von Kairo?«, fragt er stattdessen. Die Frage bringt Haardt sichtlich in Verlegenheit. Er zögert einen Augenblick, dann sagt er:

»Nein, ich wollte nicht Tutenchamuns Grabesruhe entweihen, so wie es Sir John Carter getan hat. Sir John Carter ist tot. Die Pyramiden haben allen Unglück gebracht, die versucht haben, die Vergangenheit ans Licht zu zerren.«

Ein Jahr später erinnert sich Audouin wehmütig an diese Worte. Hatte Haardt vielleicht eine Todesahnung?

Die Pamir-Gruppe ist vollzählig. Der letzte Empfang findet im Biwak statt. Die französische und die amerikanische Flagge wehen über den sieben Raupenfahrzeugen, die am Eingang des Lagers aufgereiht sind. Das Ehrenzelt wird aufgebaut, Tücher über die Tische gebreitet, das Keramikservice mit dem Goldskarabäus und dem Silberhalbmond, den Emblemen der beiden Expeditionsleiter, aufgedeckt, von Iacovleff gepflückte Klatschmohnsträuße dazwischen gestellt. Der Ehrengast an diesem Tag ist Dr. La Gorce, Vizepräsident der National Geographic Society of Washington, in Begleitung seiner Gattin. Williams, der Reporter dieser gelehrten Gesellschaft, die Tausende Mitglieder in aller Welt zählt, erweist sich als mitreißender Unterhalter. Die Krönung des Tages ist ein Telegramm von André Citroën, der den Reisenden viel Erfolg wünscht und ihnen Victor Points Botschaft an die Citroën-Werke übermittelt: »Die China-Gruppe wird am 6. April vollzählig von Tientsin aufbrechen.«

# Syrien

## *Die Wüste von Syrien*

4. April 1931. Die Raupenfahrzeuge stehen auf der Startlinie bereit, die Motoren laufen, das Signalhorn ertönt, die Spahis präsentieren die Gewehre, der Konvoi setzt sich gen Sonnenaufgang in Bewegung, eine Richtung, die er monatelang beibehalten wird.

Auf 1600 m Höhe wird der erste Pass überquert, dann geht es bergab durch die riesige Alluvialsenke El Beka, die zwischen den beiden hohen Mauern des Libanon und Anti-Libanon eingeschlossen ist. Jenseits der Ruinen von Baalbek beginnt die Syrische Wüste. Audouin packt Le Fèvre, der neben ihm im Auto sitzt, am Arm. »Einen Reisenden, der sich auf ungebahnten Wegen bewegt, trennen Welten von einem, der die Straße nimmt. Von jetzt an treten wir in die Fußstapfen der Römer.« Seine Stimme ist leidenschaftlich. Le Fèvre kritzelt diese Bemerkungen trotz des Gerüttels in sein Notizbuch. Notizen machen beruhigt ihn. Iaco hat ihn vor ein paar Tagen gefragt:

»Wie soll ich jemals den richtigen Ausdruck finden, um die Seele eines Menschen zu beschreiben, wenn sich mir so viele verschiedene Modelle bieten?«

»Wie soll man überhaupt je wiedergeben, was wir hier erleben?«, antwortet der Schriftsteller.

40 km vor Damaskus legt die Expedition einen unfreiwilligen Halt ein, und die Chefs beraten sich mit Ferracci. Die leichten Raupenfahrzeuge, die erst vor wenigen Wochen konzipiert wurden, konnten aus Zeitmangel nicht getestet werden. Die Zähler haben beim Abladen in Beirut 100 km angezeigt, die Motoren müssen »gereinigt« werden. Der Küchenwagen kommt auf den steilen Steigun-

gen des Libanon nur mühsam voran, und Ferracci fühlt sich von den Journalisten bedrängt, die auf dem ersten Pass bereitstehen und Fragen zu den verzögerten Aufbrüchen und erzwungenen Halten stellen. Und es stimmt, dass der schwere Filmwagen den Konvoi durch häufige Zwischenfälle aufgehalten hat, weil sein Motor sich zu sehr aufheizt. Ferracci ist empört und gekränkt, dass die Mechanik des »Chefs« in Frage gestellt wird. Zum Glück rettet Williams, der große Reporter, die Situation. Er lenkt die Journalisten von den technischen Problemen ab, indem er ihnen die amerikanischen Fortschritte in der Fotografie demonstriert.

Schließlich wird der Entschluss gefasst, die Raupen von jeglichem Ballast zu befreien und die überschüssige Last von etwa zwei Tonnen auf zwei gemietete Lkws zu verladen. In Audouins Augen sind die Halbkettenfahrzeuge eine verhängnisvolle Fehlentscheidung. Räderfahrzeuge wären schneller und wendiger gewesen auf dieser Route, die bis zu den Ausläufern des Kaschmirgebirges nur wenige schwierige Abschnitte aufweist. Man hätte also kostbare Zeit sparen können und stattdessen längere Aufenthalte an den Fundstätten einlegen, die für die Künstler und Gelehrten besonders interessant sind. Haardt, der an den Raupen festhielt und nicht auf die Himalaja-Überquerung verzichten wollte, hatte diesen Vorschlag abgelehnt. Audouin vertraut seinem Tagebuch an, was er Haardt nicht sagen will: »So viel vergeudete Zeit, so viel unnütze Schinderei! Nun müssen wir uns trotz der modernen Mittel, über die wir verfügen, wie Reisende früherer Zeiten dem langsamen Rhythmus der Karawanen anpassen.«

### *Damaskus*

6. April, ein Punkt in der Wüste: Damaskus. Eine Schwadron Reiter galoppiert in einer Staubwolke daher. Die Pferde streifen fast die Fahrzeuge, stieben davon, machen kehrt, kommen zurück, donnern

an den Raupen vorbei, führen einen wahren Teufelstanz auf. Es sind die Tscherkessen der französischen Armee, die die Expedition, zu zwei Kolonnen formiert, bis an die Tore des Fort Gouraud eskortieren. General Vix lässt seine Truppen vor Haardt Revue passieren: marokkanische Infanteristen, tunesische Spahis, Madagassen, kaukasische Tscherkessen mit wilden Gesichtern und Pelzkappen, einen Gürtel um ihr langes Hemd geschlungen, die *nagaika,* Lederpeitsche, in den Stiefel gesteckt, die Waffen im Anschlag. Panzer fahren auf, Hunderte Pferde traben vorbei: ein wahrhaft grandioses Spektakel.

Das Lager wird aufgebaut, während die Kompanien sich entfernen: ein langes, farbenprächtiges Band, das sich nach Damaskus schlängelt und in den Pappelpflanzungen verschwindet, von denen die Stadt umgeben ist. Kaum sind die Reiter verschwunden, nimmt die Wüste ihre alte Farbe wieder an, ist sandgelb wie vorher.

Das Fort Général Gouraud ragt wuchtig auf dem grünen Hügel über dem Biwak auf. Die heutige Etappe war hart, die Zeremonie prächtig, mitreißend und unendlich strapaziös in der sengenden Sonne. Es wäre schön, jetzt eine Weile im Sand zu ruhen, der abends abkühlt, an nichts zu denken oder ein paar Eindrücke zu notieren, die köstlichen Gerüche einzuatmen, die von Gauffreteaus Kochkesseln aufsteigen ... Aber die Repräsentationspflichten zwingen die Expeditionsleiter und einige der Verantwortlichen, im Hochkommissariat von Frankreich anzutreten. Und natürlich im Smoking! Zu allem Übel müssen die »Auserwählten«, halb tot vor Erschöpfung, an den Glücklichen vorbeimarschieren, die nicht zum Empfang geladen sind. Sie ernten spöttische Blicke, ein paarmal auch unterdrücktes Gelächter. Haardt schreitet hoch erhobenen Hauptes voran, die Augen starr auf den Horizont gerichtet. Le Fèvre fragt sich wehmütig, ob er jemals Zeit zum Schreiben finden wird. Audouin denkt daran, dass sie bei Mondlicht ins Camp zurückkehren müssen. Williams verkündet, dass er diesen Empfang, der bei den Amerikanern auf großes Interesse stößt, auf seinen farbigen Glasplatten festhalten will. Bald lassen sie die schweren Raupen hinter sich, die jetzt still im Sand ruhen, eine wahre Erholung für die Mannschaft, denn das ständige Rattern und Dröhnen zehrt an den Nerven. Sie überqueren den Sandsaum und die Pflanzungen, die von leise plätschernden Bächen bewässert werden, und erreichen endlich die Stadt.

Der Kontrast ist gewaltig. Noch vor wenigen Stunden wurden sie von schmetternden Fanfaren und spektakulären Reiterspielen mit Kriegern aller möglichen Volksgruppen begrüßt – und jetzt die Stadt, wo eine stumme, unbewegte Menge auf sie wartet. Morgen werden sie die Orte besichtigen, die jetzt, in der Abenddämmerung, nur vage zu erkennen sind. Das Bankett in der Gesandtschaft ist endlos, und die Gespräche drehen sich fast nur um die politische Lage.

Monsieur Ponsot, der über Beirut zu ihnen gestoßen ist, greift Haardts Bemerkungen auf: »Sie sagen, die Syrer erscheinen Ihnen ablehnend oder sogar feindselig? Wundert Sie das wirklich, wenn Sie sich vor Augen halten, dass Syrien erst 1922 vom Völkerbund unter französisches Mandat gestellt wurde? Der Staat hat drei Millionen Einwohner, und die Bevölkerung von Damaskus variiert je nach Jahreszeit mit dem Umherziehen der Karawanen, die aus Asien kommen und sich eine Zeit lang in den Karawansereien ansiedeln. Hier spürt man den türkischen Einfluss. Die Drusen erkennt man an ihren Kostümen. 1925 griffen sie die Panzer mit Säbeln an, ihre Truppen wurden dezimiert, aber bei jedem Überfall jagten sie Benzintanks in die Luft. Die Kurden, ungefähr 15000, sind zum größten Teil Flüchtlinge aus Mossul. Die Hauptstadt Syriens, hinter deren Toren die Wüste beginnt, liegt mitten in einer Oase aus Wiesen und Gemüseäckern, die von den sieben Armen des Barada bewässert werden. Ein reicher Ort, so präsentiert sie sich dem Ankömmling. Doch in Wahrheit hat diese Stadt aus biblischer Zeit ihr Gesicht verloren. Man kann sich nur schwer vorstellen, dass sie einst eine Hochburg islamischer Kunst gewesen sein soll. Einzig der omaijadische Gebäudekomplex der Großen Moschee mit ihren herrlichen Mosaiken und einigen schönen Minaretten erinnert noch an die glanzvolle Vergangenheit. Zu allen Zeiten haben die Nomaden hier haltgemacht, und die Karawanen, die von Asien nach Ägypten ziehen, treibt das Verlangen vorwärts, die Minarette wiederzusehen, die über den roten Hausdächern und blühenden Gärten emporragen.«

Tatsächlich ist am nächsten Morgen die Enttäuschung groß: Die Zitadelle, die mitten in einem Gewirr von engen Gässchen liegt, ist verlassen. Ihre Lage im indigenen Sektor ist gefährlich, und bei den letzten Aufständen wurde das umzingelte Hauptquartier beinahe überwältigt. Die Souks, das Marktviertel, machen einen armseligen Eindruck auf jemanden, der sie sich als lärmendes Getümmel und strotzend vor Gold vorgestellt hat. Ansonsten ist die Stadt eine einzige Baustelle. Die französische Verwaltung lässt breite Allen anlegen, aber an manchen Stellen stößt man auf Stacheldrahtzäune, die noch von den vergangenen Kämpfen zeugen.

Der Besuch endet mit einer Einladung zum Tee im Hochkommissariat. Alle syrischen Honoratioren sind anwesend, Minister sowie ehemalige Minister. Syrien ist eine Nation, die erst wieder neu erstehen muss. Seine Verfassung wurde auf unbestimmte Zeit aufgeschoben. Die mächtigen Emire, Herrscher über einige Hundert Beduinen, geben sich als »Nationalisten«. Monsieur Ponsot nennt sie »Anti-Mandats-Nationalisten«, denn er macht sich keine Illusionen, dass der Abzug der Franzosen mehr als erwünscht ist.

### *Palmyra*

Dienstag, 7. April, das Lager wird im Morgengrauen abgebrochen. Sauvage und Morizet treten in ihrem Filmwagen in Aktion. Ihr leichtes Räderfahrzeug kreuzt unaufhörlich die Bahn der aufmarschierten Kolonnen. Marokkaner in weißen Umhängen, Spahis in roten Burnussen und tscherkessische Reiter wird man in der ganzen Welt bewundern. Die Straße wird zur Piste. Plötzlich stellt sich heraus, dass der Fotograf verschwunden ist. Das Team kehrt um und findet ihn in der glühenden Sonne. Den Fotoapparat um den Hals geschlungen, das schwere Stativ über der Schulter, marschiert Williams zielstrebig in die Wüste hinein. Er pfeift ein amerikanisches Lied. Wortlos steigt er in den Wagen, schweigt verbissen. Die erste Missstimmung, die alle bedrückt. Iaco, der die Harmonie wiederherstellen will, bringt Williams schließlich zum Reden. Der fängt an zu toben, nicht weil man ihn vergessen hat – das scheint den Amerikaner nicht zu stören. Dagegen ärgern ihn der Filmwagen mit seiner hässlichen roten Farbe und die Filmleute, die ständig vor seinem Objektiv hin- und herrennen und in ihr Megafon schreien. Das sei unerträglich, es hindere ihn am Arbeiten, sie seien keine Gentlemen. Seine Glasplatten sind kostbar, zumal er nur wenige davon mitnehmen durfte, aus dem ewig gleichen Grund, die Wagen nicht zu überlasten. Er will zehn Farbbilder pro Tag machen.

»Hey, das ist Sabotage, haut ab mit Filmwagen, Wuste ist groß!«

Haardt mischt sich ein und sagt gereizt: »Hören Sie, mein Lieber, wir können nicht für jede Ihrer Aufnahmen einen Polizisten als Wache abstellen!«

»Why not? In Wuste wir werden keine finden«, antwortet Williams und lacht gutmütig.

Ansonsten gibt es am Ende dieser Etappe nichts Außergewöhnliches zu berichten. Audouin fährt mit dem leichten Wagen (der gemietet ist) vor der Gruppe her, um eine Aufgabe zu erfüllen, die ihm sehr am Herzen liegt: die Orte für die »Biwaks« festzulegen, wie er es nennt. Er redet nie von »Lagerplätzen« – in dieser Hinsicht ist sein Tagebuch verräterisch.

»Meine Tischbeine werden festgeschraubt. Gedämpftes Lampenlicht fällt auf die blaue Seite meines Reisetagebuchs, und der Stift fliegt nur so dahin. Palmyra ... Zwischen Damaskus und dem Euphrat tauchen die Ruinen dieser antiken Stadt auf, ragen im warmen Abendlicht in einen unendlichen Wüstenhimmel. Der Anblick übertrifft die großartigsten Visionen, die ich jemals in mir getragen habe. Ich blieb eine Weile dort, um den gewaltigen Portikus der Königin Zenobia zu bestaunen, die einen Teil Kleinasiens und Ägypten beherrschte. Ich betrachtete den Hügel und die Festung aus dem 16. Jahrhundert, die sich in dem riesigen Torbogen abzeichnet, und rief mir die sukzessiven Eroberungen durch die Römer und Araber ins Gedächtnis, die zur Zerstörung der »Palmenstadt« beigetragen haben.

Ich musste mich gewaltsam von diesem Anblick losreißen, da ich ja hier war, um den Ort für unser Biwak auszusuchen. Die Wahl erwies sich als etwas heikel. Nicht weit vom Hotel d'Andurin entdeckte ich einen idealen Platz. Das Gelände ist eben und in der Nähe einer Wasserstelle. Und mir erschien es nicht anstößig, den Ernst des Todes zu wählen, in schönem Kontrast zu der herrlichen Aussicht. Mit anderen Worten, ich gab Order, das Lager mitten unter Gräbern aufzuschlagen. Meine Kameraden werden also zwischen den Gräbern und Ruinen schlafen, mit deren Überresten der Boden übersät ist. Und wenn sie im Morgengrauen ihre Zeltklappen zurückschlagen, wird ihr Blick als Erstes auf den Sonnentempel fallen, auf die Türme, die Säulengänge. So werden sie Palmyra erleben, diese gigantischen Ruinen, die den heroischen Kampf zwischen Aurelian und der Königin Zenobia heraufbeschwören.

Nachdem meine Mission erfüllt war, ging ich, mit einigem Bangen, wenn ich an die Proteste und kritischen Kommentare dachte, die meine Wahl wahrscheinlich auslösen würde, zu einer Moschee, die auf der Stätte des großen antiken Tempels steht, von dem heute jede Spur fehlt. Barfuß trat ich in das bescheidene Heiligtum ein. Dort saß ein alter Mann mit gekreuzten Beinen auf einem schimmernden Teppich, ganz in sein Gebet vertieft. Er hielt den offenen Koran in der Hand und psalmodierte leise. Sein Oberkörper schwankte rhythmisch hin und her. Ich bewunderte sein Adlerprofil im Licht der untergehenden Sonne, die durch ein offenes, gen Mekka ausgerichtetes Portal hereinschien.

Jetzt werde ich glücklich einschlafen.«

Die Citroën-Kolonne erreicht Palmyra bei Einbruch der Nacht; der Wind bläst, lagert überall Sand ab. Die Zelte sind damit bedeckt, und die Makkaroni knirschen zwischen den Zähnen. Das Gras- und Reisigfeuer prasselt und lodert. Wasser wird nur sparsam ausgeteilt, was den Mechanikern und Künstlern gar nicht gefällt. Die alten Saharafahrer der Gruppe dagegen sind daran gewöhnt und machen sich nichts daraus.

Der Anblick des Zeltlagers erinnert an eine Vergangenheit, deren Traditionen bis heute fortbestehen. Auf der anderen Seite ist es nichts Ungewöhnliches, den Emir Naouaf in Begleitung seiner schwer bewaffneten Leibwache in die beiden Buicks einsteigen zu sehen, die vor seinem Zelt geparkt sind.

Hier in Palmyra, mitten in der Syrischen Wüste, ist alles irgendwie unerwartet, verwirrend. Nicht weit von den Ruinen ragt das Hotel der schönen Gräfin d'Andurin auf, einer überaus energischen Frau. Einige der hier stationierten Offiziere lassen durchblicken, dass sie dem Intelligence Service angehört. Sie kommen hierher, um ihren Whisky zu trinken – und in der Hoffnung auf einen Flirt. Die Hoffnung bleibt unerfüllt, aber warum soll man nicht träumen? Persönlichkeiten aller Art begegnen sich in den Salons: Reisende, Oberhäupter arabischer Stämme, Enkel des algerischen Emirs Abd el-Kader im Tarbusch, Legionäre, eine Holländerin, die angeblich als Vertreterin des Völkerbunds zu den Beduinen geschickt wurde, englische Offiziere, die von Indien und vom Irak kommen und auf dem Heimweg nach London sind. Ein bunt schillernde Welt! Die Abende sind sehr fröhlich. Der Kaffee ist mit *helle* gewürzt, das dieselbe Wirkung hat wie Opium.

Die Citroën-Leute würden gern noch bleiben, aber sie müssen ihren Zeitplan einhalten, wenn sie den Erfolg der Expedition nicht gefährden wollen. Ob Haardt um die Disziplin seiner Mannschaft fürchtet?

Die Frage bleibt unbeantwortet. Am 11. April wird das Zeichen zum Aufbruch gegeben, trotz des Regens, der jetzt nach dem Sandsturm fällt. Die Verdecke werden geschlossen, eines nach dem anderen. Nur Haardt hält dem peitschenden Regen unerschütterlich stand. Es dauert nicht lange, bis Williams zu meutern anfängt:

»Uaah! Das Verdeck, Monsieur Haardt!«

»Nein, das ist unsportlich«, antwortet Haardt trocken.

»Ach, und das soll sportlich sein, wenn man bis auf Knooochen nass wird?«, ruft Williams mit seinem unnachahmlichen Akzent.

Am 12. April vermerkt Audouin-Dubreuil in seinem Tagebuch:

»Die Expedition ist eine Tagesreise von Rutba entfernt, dem ersten Grenzposten des Irak. Auf den Regen folgte ein fantastischer Sandsturm. Die Wüstenpisten haben sich in Schlammspuren verwandelt. Es war eine nervenzermürbende Fahrt, die Reifen und Tragrollen mit Lehm verklebt. Der schwere Filmwagen und die beiden Lastwagen, die mit den überschüssigen zwei Tonnen beladen sind, haben sich mehrmals festgefressen. Der Benzinverbrauch schwankt auf schwierigem Terrain zwischen 40 und 50 Liter pro 100 Kilometer. Reparaturen werden notwendig. Bei den Mechanikern macht sich Erschöpfung bemerkbar, Jocard fiebert. Als er das Räderfahrzeug ins Schlepptau nahm, riss das Kabel und peitschte ihm über die Hand, so dass er das oberste Glied seines Mittelfingers eingebüßt hat. Die erzwungene Untätigkeit lastet auf der Mannschaft. Heute Morgen beim Aufwachen erlebte ich eine unangenehme Überraschung. Ich konnte mich nicht waschen, mein Gesicht war auf die doppelte Größe angeschwollen, und meine Augen brannten. Haardt und Goerger haben mir versichert, dass ihre Köpfe auch geschwollen seien.

Ich höre ein ungewöhnliches Motorengeräusch ... Ein Flugzeug! ... Ich setze meine Tagebucheintragung fort. Ein erfahrener Flieger wie ich lässt sich nicht täuschen, das Geräusch der Potez ist mir vertraut. Pater Poidebards Maschine zieht einen Kreis in dem vom Regen reingewaschenen Himmel, bevor sie neben unseren Raupen landet. Poidebard mit seiner militärischen Haltung, seinem massigen Gesicht, das vor Intelligenz und Enthusiasmus leuchtet, ist noch immer der alte »Kriegermönch«, den wir schon in Beirut erlebt haben. Damals gehörte er dem Generalstab der englischen Truppen an, die bis nach Persien vordrangen, zu dem Punkt, an dem sich die Routen kreuzen. Im Augenblick beendet er gerade ein ungewöhnliches archäologisches Forschungsprojekt, bei dem er das Flugzeug einsetzt, ein absolutes Novum auf diesem Gebiet. Dank seiner Luftaufnahmen konnte er eine Dokumentation erstellen, die für Historiker und Geografen von großem Nutzen sein wird.

Pater Poidebard hat mit uns Tee getrunken, und wir haben ihm gebannt zugehört: ›Die Karte von sämtlichen römischen Grenzen in Syrien ist jetzt fertig. Wir haben die beiden antiken Karawanenpisten von Damaskus bis Palmyra mit ihren Wasserstellen aufgezeichnet. Mit den Luftaufnahmen konnten wir alle Anlagen der Römer in Syrien aufspüren. Wir wissen jetzt, wie das Wasser aufgefangen wurde. Wir besitzen die genaue Skizze von zwölf Militärposten, die vom Boden aus unsichtbar sind, aber in 500 Metern Höhe und je nach Lichtverhältnis zeichnen sie sich vor meinen Augen oder vielmehr vor meiner Kameralinse ab. Die Erdfarben geben uns Hinweise darauf,

Syrische Wüste: Pater Poidebard, der fliegende Archäologe, landet mit seiner Potez. Von links nach rechts: Conté, Poidebard, Haardt, ein französischer Offizier, Audouin-Dubreuil.

wo wir graben müssen. Wenn sich zum Beispiel der Kalk der tief unter dem Boden liegenden Mauern auflöst, entstehen weiße Schichten an der Oberfläche. Spuren von Bitumen, das die Steine von Brunnen abdichtete, deuten auf deren Vorhandensein hin. Die ehemaligen Pisten der antiken Karawanen tauchen im Frühjahr dank eines vom Himmel aus sichtbaren Grünschattens wieder auf. Die Vegetation blüht dort wieder auf, wo die jahrhundertelange Transmigration von Mensch und Tier Feuchtigkeit entstehen ließ.‹

Mit bewegter Stimme fügte er hinzu: ›Ich kenne jetzt die Trajans-Route, und ich habe gerade die letzte Grenze entdeckt, die mir noch entgangen war.‹

Dann kletterte der Pater wieder in seine Potez und stieg in die Luft. Mehrmals überflog er unser Camp und wackelte zum Abschied mit den Flügeln, der letzte Abschiedsgruß an die Citroën-Expedition. Von jetzt an werden wir monatelang nach Osten fahren, um eines Tages Indochina zu erreichen, wo uns Franzosen erwarten ...«

# Irak

*Bagdad und Mesopotamien*

Die Expedition erreicht am 15. April Rutbah, einen befestigten Grenzposten. Auf einer Mauer weht die irakische Flagge mit den zwei Sternen, die den Euphrat und den Tigris symbolisieren, und daneben ragen die Masten einer Funkstation auf. Soldaten in Khakiuniform, ein Abzeichen mit arabischen Schriftzügen am Kragen, inspizieren die Wagen. Die englischen Mehari-Reiter, in Wüstenkluft, mit silbernem Patronengürtel um die Hüfte, halten sich im Hintergrund. Es ist bezeichnend für die Situation dieses Landes, das seit dem Abschluss des Bündnisvertrags mit Großbritannien 1930 eine konstitutionelle Monarchie ist. Die Engländer behalten ihre Militärbasen und ein Mitspracherecht bei den wichtigsten Angelegenheiten. Der Irak wartet auf die Anerkennung seiner Unabhängigkeit durch den Völkerbund.

»16. April – 11. Biwak, Visionen des Tages
Langsam bewegt sich die Kolonne auf Bagdad zu. Die Sonne knallt herunter auf die trockenen, endlosen Weiten. Dann eine unvergessliche Vision. Wir erreichen die Ufer des Euphrat. Es gibt für mich nichts Schöneres als diesen Anblick – ein großer Strom, der sich in die Wüste ergießt, der seinen Lauf mit aller Macht beschleunigt, als habe er es eilig, ringsum neues Leben erblühen zu lassen. Wir haben gerade unser 11. Lager in dieser atemberaubenden Landschaft aufgeschlagen: Vor uns der schöne Fluss, und jenseits davon, im Westen, die Felder, am Horizont schließlich abgeflachte Berge, von der sinkenden Sonne ockergelb gefärbt. Das Einrichten ist für uns

alle nach den Anstrengungen des Tages eine harte Prüfung. Manche Arbeiten gehen den frischgebackenen Abenteurern schwer von der Hand: Sie müssen ihr Zelt selbst aufstellen, ihr schweres, von Iacovleff entworfenes Faltbett aus seinem Gehäuse zerren und zusammenmontieren, was nicht ganz einfach ist, und schließlich noch ihr Gepäck hervorkramen. Ich habe mich vor Lachen manchmal fast am Boden gewälzt. Morizet sagte zu Williams, der sich oft verletzt:

›Ziehen Sie doch Handschuhe an, dann reißen Sie sich nicht ständig die Haut auf!‹

›Ja, aber Handschuhe sind ... zu mager! Braucht man gute Qualität Handschuhe für ... für diese Bett auf Boden schmeißen und Stiefel ausziehen ...!‹

Jetzt sind wir dem Biwak-Modell, das vielleicht in einem Jahr die Schaufenster der Spielzeugläden zieren wird, schon ziemlich nahe. Die Wagen bilden einen perfekten Halbmond. Iaco malt. Sivel und Jourdan spielen Fußball. Sauvage, neben der Kamera, Notizbuch in der Hand, palavert mit seinem Kameramann Morizet. Goerger, unser aufopfernder Generalsekretär, notiert die Anweisungen von Haardt, der sich gerade rasiert. Le Fèvre hämmert wie besessen auf die Schreibmaschine ein, nachdem er es endlich geschafft hat, seinen Tisch aufzustellen. Gauffreteau konnte sich frisch verproviantieren und lässt eine Ziege grillen. Williams, der sich wieder beruhigt hat, ist zu Laplanche in den Funkwagen gegangen, sobald der Mast aufgestellt wurde. Morgen werden 400 Millionen Amerikaner erfahren, dass unser großer Reporter ein Raupenfahrzeug in der irakischen Wüste gesteuert hat. Und was fange ich jetzt mit meiner Zeit an? Einen Spaziergang am Fluss, über dem neugierige grüne Vögel kreisen, oder lieber meine Stiefel putzen? Stiefelputzen ist eine Tätigkeit, die meiner gegenwärtigen Verfassung am meisten entspricht. Es ist eine noble Arbeit, manche Stiefelputzer sind wahre Dichter, so wie der Schuhputzer in Rutba, der eine Rose auf seinem Putzkasten liege hatte, ›um seine Augen zu erfreuen‹, solange er auf Kundschaft wartete.«

Nach dem Euphrat der Tigris mit seinen rötlich grauen Fluten.

Wie in uralter Zeit begleiten *couffas* – große, runde, verpichte Flechtkörbe – die Fähre, welche die Männer und Wagen über den Fluss bringt. Die Boote treiben ab. Heftige Turbulenzen bringen eine schlecht fixierte Raupe in Gefahr. Morizet und seine Männer halten sie im Gleichgewicht, die Schultern mit aller Kraft gegen die Karosserie gestemmt. Am anderen Ufer eine geteerte Straße, auf der die Männer nach links gewiesen werden. Hier hat England einen Stützpunkt in dem langen Korridor errichtet, der sich bis Indien erstreckt. Sie fahren in Bagdad ein, wo ein Teil der Mannschaft im Carlton einquartiert ist, der Rest im Ritz. (Hier scheinen die Namen nicht gleichbedeutend mit Prestige und Luxus zu sein.)

Bagdad, Sitz der Kalifen, über 500 Jahre lang Hauptstadt, ragt majestätisch im Abendlicht auf, strotzend vor Minaretten. Aber der erste Eindruck trügt. Die Stadt ist heruntergekommen, die Häuser, die sich terrassenförmig an den Hängen hinaufziehen, sind armselig und halb verfallen. Es gibt eine einzige größere Straße, die New Street, wo mitten auf dem Gehsteig Hammel über offenem Feuer gebraten werden. Unter den Arkaden reihen sich Wechselbuden aneinander, dazwischen ein paar Baumwollzweige in Blüte oder mit aufgeplatzten weißen Früchten, ein seltsamer Anblick an diesem düsteren Ort. Abends wird hier der Baumwollmarkt abgehalten, eines der Erzeugnisse, für die der Irak weltberühmt ist.

Die Männer kommen an Tabaklagern vorbei, die einen aromatischen Duft verströmen. Es gibt unglaublich viele amerikanische und französische Reklameschilder, und es heißt, dass König Feisal häufig zu Fuß durch diese Straße schlendert, immer in europäi-

New Street, die Hauptstraße von Bagdad. Der abendliche Baumwoll- und Gewürzmarkt.

scher Kleidung. Eine bunte Menge strömt hier vorbei: Perser, Syrer, Armenier, Kurden, Türken, Araber aus der Wüste, Araber aus den Oasen, Inder ... Es ist schwierig, in diesem Völkergemisch die Iraker auszumachen.

Die Frauen sehen aus wie große Krähen in ihren langen, flatternden Gewändern, unter dem Schleier mit dem spitzen Sehgitter. Die Souks sind wunderbar schattig und kühl. Den Eingang erkennt man an einem Stall, in dem drei Kühe muhen. Lautes Stimmengewirr, begleitet von unablässigem Hämmern, das aus den Werkstätten der Huf- und Kesselschmiede dringt. In die Blumendüfte mischen sich der penetrante Gestank nach Rohöl und die fauligen Ausdünstungen von verrottendem Gemüse. Erste Käufe für die Citroën-Sammlung: ein paar riesige Amphoren aus gehämmertem rotem Kupfer.

Der Filmwagen mit Sauvage, Morizet, Williams und Le Fèvre an Bord löst sich vom Konvoi, um nach Ktesiphon am Ostufer des Tigris südlich von Bagdad zu fahren. Dort erfüllen sie einen Auftrag, den ihnen Professor Grousset bei ihrem Treffen im Musée Guimet erteilt hat: »Möglichst viele Foto- und Filmdokumente von den neuen sassanidischen Ausgrabungen in Ktesiphon anfertigen, der einstigen Hauptstadt der Arsakiden, dann der Sassaniden. Die Fassade des Palastes im Eingangsbereich stellt einen monumentalen Torbogen aus dem 6. Jahrhundert dar, von dem wir keine Fotografie besitzen.« Williams, der zwölf Jahre im Orient gelebt hat, kennt diese Stätte bereits und weist die anderen bei der Arbeit ein. Der große Reporter der Geographic Society of Washington entpuppt sich als begnadeter Archäologe.

Während das Film- und Fototeam seine Entdeckungen festhält, werden die Expeditionsleiter vom britischen Hochkommissar und Luftwaffenoberst Sir Humphrey überaus herzlich mit Whisky-Soda empfangen. Eine letzte Botschaft aus Frankreich ist gerade eben eingetroffen: König Alfons XIII. von Spanien hat abgedankt. Er sitzt gegenwärtig im Zug nach Paris. Die Unterhaltung kreist um den letzten Zwischenfall: Der General, der die englische Luftwaffe befehligt, wurde bei einer Militäraktion gegen die aufständischen Kurden schwer verletzt. Die Expedition wird nicht weit von diesem Gebiet die Wüste durchqueren. Sir Humphrey versichert, dass die Engländer ihre Erkundungsflüge verstärkt haben und ein großes Aufgebot an iranischen Truppen in Marsch setzen werden.

König Feisal, der Sohn des Scherifs von Mekka, lädt Haardt und Audouin in sein Landhaus ein, eine bescheidene Residenz mitten in einer kahlen Ebene. Die beiden sind gespannt auf diesen Mann, der mit Colonel Lawrence den arabischen Aufstand gegen die Ottomanen-Herrschaft geführt und neben General Allenby an der Eroberung von Damaskus teilgenommen hat. Der König, der im grauen

Anzug erscheint, empfängt sie ohne allen Pomp und zeigt lebhaftes Interesse an den Halbkettenfahrzeugen, mit denen er seine Armee ausrüsten möchte. Als die Expeditionsleiter ins Biwak zurückkehren, sagt Haardt zu Audouin: »Haben Sie die kleine Rasenfläche vor dem Palast bemerkt, die so unglaublich grün aussieht? Wenn Sie mich fragen, ist dieser Rasen das Einzige, was Seine Majestät von den Engländern zu übernehmen wünscht.«

Am 21. April durchquert die Expedition die Ebenen Mesopotamiens. Wie in biblischen Zeiten mähen die Nomaden mit der Sense. Schnitter, Ährenleserinnen, Kinder, mit Garben beladene Esel, alles erinnert hier an archaische Zeiten. Dieselbe Kleidung, dieselben Handgriffe, dieselbe Erde. Nur ein paar Kurden mit wilden, wettergegerbten Gesichtern, die Waffen unter ihren Gewändern versteckt, bringen uns einen Augenblick in die Wirklichkeit zurück: Auf irakischem Territorium schwelt der Aufstand. Wir erreichen die Oase Khanaquin, letzter irakischer Posten und Grenze zu Persien. Zaher Schah, der König von Persien, schickt der »Mission Citroën« einen Geleitschutz in Gestalt des Obersts Esphandiary-Noury entgegen. Der Oberst ist Absolvent der Militärakademie Saint-Cyr und hat im Ersten Weltkrieg gekämpft. Er spricht hervorragend Französisch und ist ein aufmerksamer Führer, wertvoller Berater und treuer Freund, der die Expedition bis Afghanistan begleitet.

# Durch Persien

## *Das iranische Hochplateau*

»Die Landschaft wird trocken, die Lehmfestungen ändern ihre Form, erste Berge zeichnen sich am Horizont ab. Wir nähern uns einem Steilhang, der die Ebene versperrt. Der Legende nach soll sich hier das Grab von König David befinden. Es ist nur eine tiefe Spalte im Felsen, aber eine glühend verehrte Pilgerstätte. Die Nomaden pilgern mit ihren Stammesverbänden dorthin und feiern ein großes Fest. Sie tanzen am Fuß dieses Felshangs, dem heiligen Ort, wo König David vor dem Torbogen tanzte. In meiner Vorstellung ist vieles schöner und großartiger, als ich es jetzt vor mir sehe.«

Die Expedition dringt in einen Bereich vor, der zu allen Zeiten Kampfzone und Berührungspunkt mit dem Nomadentum war, das ein natürliches Bindeglied zwischen einer ganzen Anzahl von Regionen ist. Es ist eine starre, halb tote Welt: Selenit, Mergel, Sandstein. Die Raupenfahrzeuge quälen sich die ersten Hänge des Zagros zum 1600 m hohen iranischen Hochplateau hinauf, das sie erst nach 4000 km hinter sich lassen werden, um in die heißen indischen Ebenen abzusteigen. Nach dem zermürbenden Aufstieg durchqueren sie hohe Täler zwischen parallel gelagerten, wenig zerklüfteten Bergketten, die wie massive Mauern wirken. Die verschiedensten Vegetationsarten wechseln sich je nach Höhenlage ab, schillern in einer Farbpalette von Lila-, Ocker-, Grün- und Rottönen.

»Leuchtend wie Perserteppiche«, bemerkt Iaco.

»Das muss ich festhalten«, verkündet Le Fèvre, der trotz des schlingernden Wagens unermüdlich in sein Notizheft kritzelt.

Stolze, wilde Reiter tauchen in dieser Stein- und Pflanzenwelt auf: Es sind immer Kurden, die Nachfahren der Mederstämme, die im Lauf der Jahrhunderte die Assyrer, Achämeniden, Sassaniden und schließlich die Perser besiegt haben. Es sind die Söhne jener Batchgari, die den Aufstand von 1906 angeführt haben. Gleichmütig ziehen sie vorüber, diese mittelalterlichen Herren, die in Lehmfestungen hausen und über Leibeigene herrschen. Kermanshah ist ihr Handelszentrum.

Am Abend des 23. April schlägt die Mannschaft dort für ein paar Tage ihr Lager auf. Es gibt gute Gründe für diesen Aufenthalt: Die Seidenstraßen-Expedition muss schließlich ihren Auftrag »als wissenschaftliche und künstlerische Mission« erfüllen, wie sie von André Citroën deklariert wurde. »Das Automobil im Dienst der Wissenschaft und der Kultur« wird zu einem Instrument, um die Regionen Zentralasiens, seine Zivilisation und die Menschen, die dort leben, besser kennenzulernen. Zwei archäologische Stätten werden auf Wunsch von René Grousset besichtigt und erforscht: Von diesen soll eine besonders reiche Dokumentation erstellt werden, als Handhabe für die Wissenschaft, bereits begonnene Studien fortzusetzen und zu ergänzen. Groussets Vorgaben sind präzise: So wünscht er »einen Vergleich zwischen einem Perserkönig in Taq-i-Bostan und den Prinzengestalten, die an beiden Seiten der Buddha-Statuen in Bamiyan schreiten. Sie tragen sassanidische Kopfbedeckungen, mit Halbmonden und Kugeln darüber.«

Das Filmteam, der Fotograf und der Maler gehen auf alle Wünsche ein, die Grousset geäußert hat, sie entwickeln sich zu leidenschaftlichen Hobby-Archäologen. Wie soll man auch dem Hinweis widerstehen: »Nicht weit von Kermanshah liegen die Fundstätten Taq-i-Bostan, Hamadan und Bisutun, die schönsten Altertümer Persiens.«

Das achämenidische Bisutun liegt zwischen Bakhtaran und Hamadan. Darius I. (König von Persien von 522 bis 486 v. Chr.) ließ ein

Basrelief in den Felshang meißeln und mit Inschriften versehen, die seinen Sieg über den persischen Prinzen Gaumata verherrlichen. Der Herrscher lässt sich in all seiner Macht abbilden; er überragt die Krieger seines Gefolges und die lange Kohorte der gefesselten Gefangenen, die ihm gegenüberstehen. Seinen Feind Gaumata tritt er in den Staub. Unter diesem Relief ließ Darius auch die Inschriften einmeißeln. Der Text, in Keilschrift, ist in drei Sprachen abgefasst: Altpersisch, Babylonisch, Elamitisch. Sir Henry Rawlinson (1810–1895), britischer Orientalist und Offizier in Persien, zeichnete diese Inschriften auf und entschlüsselte zuerst das Altpersische, dann das Babylonische, das die Grundlage für die Erforschung der babylonischen Zivilisationen lieferte.

Der amerikanische Reporter nimmt alle Risiken in Kauf, um diesen einzigartigen Moment in der Geschichte der Menschheit auf seine Farbplatten zu bannen.

Von Taq-i-Bostan liefern Williams und der Maler Iacovleff, der sich bei dieser Gelegenheit als Kopist betätigt, einzigartige Dokumente der sassanidischen Felsreliefs an das Musée Guimet. So wie für ihre Vorgänger, die Achämeniden, war der Sieg über den Feind für die Sassaniden eines der wichtigsten Themen, wenn es um die Verherrlichung ihrer Könige ging. Die Reliefs, die sie in den Stein meißeln ließen, finden sich häufig an Felshängen oder alten Achämenidengräbern. Auch dort ist das Siegerthema vorherrschend, wie zum Beispiel in einem Hochrelief von Schahpur I. (239–272 n. Chr.), das seinen Sieg über Kaiser Valerian bezeugt.

In einer Höhle stoßen die Citroën-Entdecker auf Gestalten, die Grousset beschrieben hat. Sie bilden in einem Hochrelief die Krönung von König Khosro II. (591–628 n. Chr.) in Anwesenheit zweier Gottheiten ab. Unter dieser Skulptur sind Basreliefs mit hochinteressanten Jagdszenen eingemeißelt, die eine wahre Fundgrube zur Erforschung von Kleidern, Waffen und Alltagsgegenständen unter der Sassaniden-Herrschaft sind. Die abgebildete Wildschweinjagd ist eine Flussszene. Der König und sein Hofstaat sind von Musikern und Musikerinnen umgeben, die Lauten in der Hand halten. Die Kadaver der Wildschweine werden von Elefanten transportiert. Eine Fülle von Details fesseln das Auge des Betrachters, was diese Szene sehr lebendig macht. Die einzelnen Phasen der Jagd werden in einer Abfolge von Bildern erzählt, wie in einem modernen Comic. Gegenüber dieser Szene, an der anderen Wand, ist eine Hirschjagd dargestellt, die Williams fotografiert. Der König, hoch zu Ross, wird von berittenen Treibern und Musikern begleitet. Er legt seinen Bogen auf die fliehenden Hirsche an. Bewegung und Handlungsablauf sind meisterhaft wiedergegeben.

Sauvage und Morizet filmen begeistert diese leblose tausendjährige Pracht, bis sie einen Wächter überraschen, der auf der Schulter des Reiterkönigs Khosro II. sitzt und döst. Das bringt sie auf die Idee, ein paar Iraner vor einem besonders schönen Basrelief posieren zu lassen, aber sie werden bitter enttäuscht: Die Statisten erstarren vor lauter Ehrfurcht zur Salzsäule, als sie vor der Kamera stehen.

Die Begeisterung des Künstlerteams überträgt sich auf die ganze Expedition. Mit einer geführten Besichtigung geht der Aufenthalt in Biwak 17 zu Ende, das nicht weit von der Stadt Hamadan errichtet worden war, dem vormaligen Hektaban, das sich in 1611 Metern Höhe an das Elvend-Massiv klammert.

Ein Feuer prasselt in der kalten Nacht. Die Flammen vergrößern die Schatten der hin- und hergehenden Männer ins Riesenhafte, bis hinauf zu den Dächern der säuberlich nebeneinander aufgereihten Zelte.

Auf der Strecke nach Teheran sind die Dörfer rot. Von ferne sehen die Lehmbauten wie Paläste aus. Von Nahem verflüchtigt sich die Illusion, es sind nur Ruinen, rissige Lehmwände, in die manchmal ein paar Backsteine von etwa 10 kg eingearbeitet sind, die aus den Ruinen einer Sassanidenburg oder einer verfallenen Moschee herausgerissen wurden. Die Dächer der Häuser sind aus Reisig und Stampferde gemacht. Überall herrscht Armut und dumpfes Elend. Die Kinder haben oft entzündete, fliegenbedeckte Augen. Verschleierte Frauen mit schweren Lasten auf den Schultern gehen vorüber, ohne anzuhalten. Die Männer und sogar die kleinen Jungen tragen die obligatorische persische Kopfbedeckung, den *palhavi,* eine Art Käppi, das unter der Herrschaft von Schah Resa eingeführt wurde, und unter ihren Mänteln verbergen sich oft schäbige Fetzen. Die Kinder sind ebenfalls zerlumpt. Es sind die Iraner, Halbnomaden, Opfer der rücksichtslosen Modernisierung des Landes. Esphandiary, der diskrete Begleiter, ist zu höflich, um den Künstlern zu sagen, dass sie die Armut nicht darstellen dürfen. Bei jedem noch so kurzen Halt fertigt Iaco rasche Skizzen an, Sauvage und Morizet drehen, Williams nimmt Szenen aus dem täglichen Leben auf, und manchmal kann er einen Mann dazu bewegen, vor seiner Kameralinse zu posieren. Diese wiederholten Verstöße gegen die Vorschriften bringen den Oberst schließlich auf die Barrikaden.

»Überlassen Sie mir diese Fotos, die sind doch völlig uninteressant«, schlägt er vor, »ich gebe Ihnen Bilder, die auf einer Rundreise Seiner Majestät entstanden sind, als er seine großen Bauprojekte besichtigte.«

»Die Schahs von Persien wechseln, aber das Volk bleibt«, erwidert Sauvage empört.

Haardt muss seine ganze Diplomatie aufbieten, um einen Eklat zu vermeiden. Mit Engelsgeduld hört er sich die Vorschläge des Schah-Gesandten an. Esphandiary zählt die Wohltaten von Schah Resas Herrschaft auf, der sich 1925 zum König krönen ließ, nachdem er die Kadjaren verjagt hatte. Mit seinen alten Waffengefährten, den Kosaken, herrscht er seither uneingeschränkt. Es hat heftige

Kämpfe zwischen den Nomadenstämmen und Regierungstruppen gegeben, aber inzwischen ist Ruhe eingekehrt.

*Teheran*

»Teheran, 29. April – 20. Biwak

Heute Abend bin ich glücklich, wie immer in solchen Momenten der Einsamkeit, die sich anbieten, die blauen Seiten meines Tagesbuchs zu füllen. Vor zwei Tagen habe ich mich von der Gruppe entfernt, zusammen mit Esphandiary, Goerger und Corset. Letzterer ist ein erfahrener und einsatzbereiter Mechaniker, dessen Dienste ich sehr zu schätzen weiß. Wir sind vor der Gruppe hergefahren, um das Lager zu organisieren, in dem wir Schah Resa zu empfangen gehofft hatten. Aber Seine Majestät befindet sich leider auf einer Rundreise in der Gegend von Nishapur, um die Fortschritte beim Bau eines Elektrizitätswerks zu begutachten. Der junge Kronprinz Mohammed Resa wird uns stattdessen empfangen. Schade, dass ich nun den Begründer der Pahlavi-Dynastie, den viele als eindrucksvolle Persönlichkeit schätzen, nicht zu Gesicht bekommen werde.

Auf unserer gestrigen Strecke ließ uns Esphandiary in einem Dorf anhalten, um uns einem persischen Prinzen und Besitzer von ausgedehnten Ländereien vorzustellen. Wir wurden von einem überaus höflichen Gastgeber empfangen. Der Prinz erwartete uns bereits, was mich wunderte. Aber in Persien verbreiten sich Nachrichten wie von Zauberhand. Da wir nun einmal unseren Zeitplan einhalten müssen, war ich bestürzt, als ich hörte, dass der Prinz uns zu einem Picknick auf seinen Ländereien einladen wollte. Ja, schlimmer noch, das Ziel dieser ›Landpartie‹, ungefähr 6 km entfernt, musste zu Fuß erreicht werden. Die Hitze war unerträglich, zumal die Nächte auf dem iranischen Hochplateau eiskalt sind und wir sehr unter diesen extremen Temperaturschwankungen litten. Ich bewunderte den Stoizismus des Obersts Esphandiary: Er schwitzte klaglos in seiner steifen Uniform, die er – als Abgesandter des Schahs – selbst bei dieser Gluthitze tragen zu müssen glaubt. Nach der fast kahlen Ebene wanderten wir auf schattigen, verschlungenen Pfaden, die mit Blumen übersät waren und von kleinen Bächen durchzogen. Als ich in diesem Wäldchen vorausging, spürte ich, wie die Gereiztheit von mir abfiel, die mich die ganze Zeit beherrscht hatte. Die rauschenden Blätter ließen hin und wieder einen Windhauch durch, und gedämpftes Sonnenlicht ohne die sengende Glut. Wir gingen schweigend, nur unsere Stiefel schmatzten in dem dicken, feuchten Moos. Und dann plötzlich … ein Moment reiner Magie! Ich fühlte mich wie ein iranischer Adliger aus dem 18. Jahrhundert auf einer alten persischen Miniatur. Eine Lichtung hatte sich vor uns aufgetan, von plätschernden Bächen umgeben. Auf dem Boden war ein Teppich ausgebreitet, über den eine Flut von Blüten quoll. Kupferteller auf einem blendend weißen Tuch, Samoware, feines Porzellan, Flaschen, Gläser mit Goldmustern. Und so saßen wir im Schneidersitz am Boden, vom liebenswürdigen Geplauder des Prinzen verzaubert, tranken einen Tee, der leicht nach Minze duftete, wurden mit köstlichen Leckereien bewirtet, und die Zeit verlor ihre Bedeutung, löste sich schließlich ganz auf, wie in den Gedichten von Hafiz.

›Hier, bei uns, stirbt die Vergangenheit nicht, sondern reicht in die Gegenwart hinein.‹ Das waren die Abschiedsworte des persischen Prinzen an die eiligen Europäer.

Teheran liegt auf einer riesigen Hochebene, umgeben von verschneiten Gipfeln. Als wir ankommen, fällt noch Sonnenlicht auf die herrlichen Mosaike eines der zwölf Stadttore. Diese farbenprächtigen antiken Mosaike ziehen sich als Spiralen an den Säulen hinauf, zieren als Rautengirlanden die Wände, als Arabesken die

Teheran: das nördliche Stadttor mit seinen zwölf prächtigen Mosaiktoren.

Arkaturen und Kleeblattgesimse am Giebel des Säulenportals. Doch dieser erste, überwältigende Eindruck verflüchtigt sich, als wir durch die westliche Stadt zur französischen Gesandtschaft fahren. Der Minister und seine Gattin, Madame Maugras, erwarten uns seit Langem. Welch ein Kontrast zu dem persischen Picknick! Hier, ein herzlicher Empfang ohne übertriebenes Zeremoniell, tiefe Sessel, ein stärkender Whisky, ein angeregtes Gespräch unter modernen Menschen, die praktisch, präzise und tatkräftig sind. Der Ort, an dem unser Biwak errichtet werden soll, wird festgelegt, die offiziellen Besuche werden eingeplant, zahlreiche Empfänge kündigen sich an ... Aber mich quält bereits die Frage, ob diese ganze Zeit, die wir für die Palaver aufwenden müssen, nicht mein persönliches Projekt in Frage stellt: die Altstadt in Gesellschaft eines weisen Persers zu erkunden.

Ich spüre, wie sich eine gewisse Abneigung gegen unseren französischen Gesandten in mir breitmacht, als das Gespräch plötzlich eine andere Wendung nimmt. Die wesentlichen Punkte unseres Aufenthalts in Teheran sind geregelt, und jetzt spricht der Gesandte das Thema an, das ihm am meisten am Herzen liegt, SEIN Persien. Er spricht mit großer Einfühlsamkeit darüber, er möchte, dass wir das Land verstehen und lieben lernen. Diese Liebe versteht er sehr gut in Worte zu fassen:

›... Die grenzenlosen Räume, die durchsichtige Luft, der Himmel mit seiner geradezu mystischen Reinheit, die Gärten voller Trauerweiden und Platanen, Orte der Poesie und Meditation, an den Rändern der Städte ... Und hinter jedem Ding, jedem Wesen, der historische Hintergrund, die glanzvolle Vergangenheit, die sich dank der Archäologie langsam aus dem Dunkel der Geschichte herausschält.‹ Er spricht voll Hochachtung von dem reformwilligen König, der gerade eine Reihe von Verträgen mit den ausländischen Mächten geschlossen hat, der dabei ist, die letzten Überreste des Feudalsystems zu beseitigen, der die Schulpflicht eingeführt und ein Straßennetz geschaffen hat, der eine Eisenbahnlinie vom Kaspischen Meer bis zum Persischen Golf bauen lässt und ein großes Industrialisierungsprogramm auf die Beine stellt. Die Frauen dürfen sogar den Schleier ablegen. Zum Schluss sagt Monsieur Maugras noch: ›Und trotzdem achtet er die Vergangenheit, trennt das Land nicht von seinen Wurzeln. Er weiß genau, dass die lange Geschichte Persiens auch eine Inspirationsquelle für die Menschen auf ihrem Weg in die moderne Welt sein kann. Soll ich Ihnen ein Geheimnis verraten? Im Arbeitskabinett des Schahs, das von militärischer Strenge ist, kann man einen einzigen Schmuckgegenstand bewundern. Es ist eine Goldplatte, die von den Ausgrabungen in Persepolis stammt und auf der die Gründungsdaten des Achämenidenpalasts eingraviert sind.‹

Welche Stadt werden wir morgen entdecken? Ich frage mich, ob es dem Schah gelingen wird, die Überreste der Vergangenheit zu retten, oder ob sie bald der Neuerungswut zum Opfer fallen, wie sie jede radikale Modernisierung mit sich bringt. Ob der Himmel dann noch von ›mystischer Reinheit‹ sein wird?«

Die Citroën-Expedition wird mit großem Pomp vom »offiziellen Persien« begrüßt. Die Empfänge sind bombastisch. Tee mit süßem Naschwerk, begleitet von einschmeichelnden Wiener Walzern. Verschwenderische Gastmähler in prunkvollem Rahmen, funkelndes Kristall, das mit dem Glanz von Tausenden farbenprächtigen Blüten wetteifert. Als Höhepunkt dieser Gelage treten junge Iranerinnen mit Laute auf. Sie tragen die traditionelle Tracht: Kleider aus persischen Stoffen mit stilisierten Blüten und Blattranken, Blusen mit Bändern, die Gesichter von einem Turban eingeschlossen.

Und schließlich noch die vielen Cocktails bei den französischen Landsleuten, die todlangweilig, aber rührend aufmerksam sind. »In allen Salons wird hier der Gesprächston der Botschaften nachgeäfft«, sagt Audouin gereizt zu Le Fèvre, dem wissbegierigen Historiografen, der sich ständig heimlich Notizen macht. »Es ödet mich an!« Iacovleff steigt zum Hofmaler auf: Gesandte, Exzellenzen, Fremde, die für einen Tag zum Freund werden – alle lassen sich porträtieren. Iaco hält auf der Leinwand die Züge von unvergesslichen Persönlichkeiten fest, wie die des persischen Literaten Mirza Loft Ali. Haardt und Audouin statten unter Esphandiarys Führung Besuch um Besuch ab, vor allem protokollarischer Natur. Persien steht politisch unter dem Einfluss der Engländer und Russen, in geistiger und kultureller Hinsicht orientiert sich das Land jedoch an Frankreich. Alle gebildeten Perser sprechen Französisch, und auch wenn nicht alle Ehefrauen den Schleier abgelegt haben, hängt der westliche Traum an der Wand ihrer Wohnungen: Fotos von westlichen Frauen in modernen Häusern, Porträts von Filmstars etc. ...

Im Biwak bessert das Mechanikerteam die Raupenfahrzeuge aus, während Goerger, Schatzmeister der Expedition, der zugleich für das Protokoll verantwortlich ist, die Empfangs-Zeremonie für Kronprinz Mohammed Resa organisiert. Die Aufregung ist so groß, dass ein kleiner Zwischenfall, der eigentlich zum Schmunzeln ist, die Mannschaft 24 Stunden lang in Atem hält. Als Gauffreteau mit einer Ladung Obst und Gemüse zum Küchenwagen zurückkommt, sieht er einen jungen Iraner am Steuer seiner Raupe sitzen und die Gangschaltung betätigen. Der Koch, der sehr aufbrausend sein kann, wie alle nur zu gut wissen, schimpft wütend auf den Eindringling ein und fuchtelt wild mit den Armen, um ihn zu verscheuchen. Der Junge, höchstens zehn Jahre alt, steigt aus dem Wagen und winkt dem Küchenchef kurz zu. Er trägt den Pahlavi und ein bescheidenes Gewand. Seine dunklen Augen sind ausdruckslos. Gauffreteau hockt sich auf sein Trittbrett und starrt dem seltsamen Jungen nach, der sich würdevoll entfernt. Goerger begegnet ihm am Eingang zum Biwak. Er zieht seine Mütze und verneigt sich tief, aber der Junge grüßt nicht zurück. Hoch erhobenen Hauptes verschwindet er. Bevor Gauffreteau weiß, wie ihm geschieht, stürzt Goerger aufgeregt auf die Wagen zu und schreit: »Der Prinz ist gekommen ...!«

Und leider lässt sich jetzt nicht mehr leugnen, dass der Prinz vom Küchenchef mit Schimpf und Schande davongejagt wurde. Die Bestürzung ist groß. Was nun? Muss Haardt informiert werden? Audouin, der heimlich von diesem schweren Fauxpas, um nicht zu sagen, dieser Majestätsbeleidigung, in Kenntnis gesetzt wird, möchte den Zwischenfall unter den Tisch kehren. »Allah ist groß«, verkündet er philosophisch, »und er wird schon dafür sorgen, dass der junge Prinz das Richtige tut. Er ist der Sohn von Schah Resa, er wird auch klug zu handeln wissen.« Audouins Worte, die manche etwas unverständlich finden, ändern nichts daran, dass sich eine dumpfe Angst im Lager breitmacht.

Am nächsten Tag wird der künftige Schah von Persien samt seinem Gefolge im Biwak empfangen. Über dem Zelt, in dem der offizielle Empfang stattfindet, wehen die iranische und französische Flagge. Der Prinz besichtigt die Örtlichkeiten und fährt mit der Raupe durch das Lager. Er fragt die Mechaniker aus und lässt keinen Zweifel daran, wie fasziniert er von der modernen Technik ist. Sein Französisch ist perfekt.

Zehn Jahre später wird der junge Prinz seinem Vater auf den Thron folgen.

Die Flut der Ehrungen versiegt allmählich, und die Chefs, die bisher keine freie Minute hatten, können jetzt endlich die Hauptstadt erkunden. Aber die Wirklichkeit ist leider ganz anders, als sie es erwartet haben. Teheran ist eine westliche Stadt. Der erste Eindruck ist ernüchternd: breite Straßen, vereinzelte Baustellen, neue, rücksichtslos trassierte Wege. Die Altstadt wird abgerissen.

Audouin-Dubrueil notiert in sein Tagebuch:

»Ein französischer Architekt hat hier ein westliches Viertel hochgezogen, sicher sehr eindrucksvoll, aber seelenlos. Wie kann man unter diesem Himmel den abscheulichen Baustil unserer Zeit einführen, der die Vergangenheit eines ganzen Volkes missachtet? Unter der Führung von Oberst Esphandiary-Noury besichtigen wir hier die Stätten, die als ›die einzigen erhaltenswerten Überreste aus dem alten Persien‹ gelten. Wir betreten den Takhte-Marmor-Palast aus der Kadjaren-Dynastie durch eine riesige Säulenhalle, die in einen Garten führt, in dem das Wasser in blauen Fayencebecken unter uralten Platanen dahinplätschert. Nur der Audienzsaal besteht noch, liegt verlassen unter einem riesigen Glasdach. Der Thron aus durchsich-

Der junge Kronprinz Mohammed Resa besichtigt das Zeltlager der Expedition.

tigem Marmor, der hinter einem schweren Vorhang aufragt, wird von Karyatiden getragen. Schah Nadir soll dieses Prunkstück 1783 von seinem Indienfeldzug mitgebracht haben. Die Kleider der Marmorgöttinnen und ihr Schmuck aus Blütenblättern deuten auf indische Kunstrichtungen hin. Vielleicht hat hier, vor dem länglichen Becken mit dem parfümierten Wasser, das sich zwischen dem Garten und dem Thron erstreckt, im Jahr 1855 der französische Botschafter Graf Gobineau gestanden, um Schah Nasreddin sein Beglaubigungsschreiben zu überreichen. Die präzisen und lebendigen Schilderungen des Botschafters machen es leicht, sich die Szene vorzustellen: Graf Gobineau nimmt mit seinem Kavallerie-Corps gegenüber dem riesigen Seidenzelt Aufstellung, in dem der Schah thront. Die Männer aus dem Königshaus umringen den Thron, die *ghoulams* der Leibwache bilden eine Gasse, der Zeremonienmeister hält einen mit kostbaren Steinen besetzten Email-Stab in der Hand, zwei Schwadronen Lanzenreiter sind bei dem Pfahl postiert, auf den nach einer Hinrichtung häufig die Köpfe gespießt werden ...

Ich kehre in die Wirklichkeit zurück, denn diese Zeiten sind längst vorbei. Aber kurz darauf bestätigt sich eine der Aussagen unseres Botschafters: Im Golestan-Palast, gegenüber vom Takhte-Marmor-Palast, ist Graf Gobineau auf einem Wandbild zu sehen. Es stellt eine Audienz dar, und der Botschafter befindet sich mitten unter dem Hofstaat. Er trägt rote Strümpfe, wie es die Etikette für einen Besuch beim König vorschrieb. Der Golestan-Palast, verlassen, der Zerstörungswut entronnen, birgt unerhörte persische Kunstschätze. Der Thron aus wertvollen Hölzern, der im Kristallsaal steht, von einem Pfauenrad überwölbt, ist mit einem Panzer aus kostbaren Steinen aus aller Welt überzogen.

2. Mai – Teheran

Heute konnten wir uns von Oberst Esphandiary loseisen. Unser Begleiter ist sehr liebenswürdig, aber er gehört der Partei der Neuerungssüchtigen an. Wie soll man die Seele einer Nation kennenlernen, wenn man nicht mit ihr in Berührung kommt? Das freiheitsliebende Künstlertrio in unserer Gruppe – Le Fèvre, Iaco, Sivel – hat Kontakt zu einem ehemaligen Minister aufgenommen, einem Oppositionellen und Dichter, der sich den Traditionen des alten Persien verpflichtet fühlt. Khan Malek, ein Mann mit Hängeschnauzer und Kalmückengesicht, der die verbotene *kola,* eine Pelzmütze, trägt, führt uns in einer *droujiké* mit zwei ausgemergelten Pferden davor in die Viertel, die bisher dem Abrisshammer entgangen sind. Ein Gewirr von winzigen Gässchen. Frauen huschen wie furchtsame Schwalben im schwarzen Seidentschador und *pitché* vorüber, einer Art Rosshaarvisier, das wie ein abgeflachter Entenschnabel aussieht. Portale führen in die Innenhöfe kleiner *medersas,* Kollegien, wo sich Platanen in den Wasserbecken spiegeln. In den schattigen Souks kreuzen sich die Gänge, goldenes Sonnenlicht strömt durch die Öffnungen im Gewölbe auf die Auslagen herunter. Überall leuchtendes Persischblau, an allen Straßenecken, in der Kleidung des Wasserträgers, an der Kuppel einer Moschee, in der Schüssel eines Sauermilchverkäufers. Die Bäcker holen das Brot, das meterweise verkauft wird, aus dem Ofen.

Khan Malek ist unermüdlich: ›Kommen Sie, sehen Sie, was mir das Herz abschnürt! In acht Tagen wird hier nichts mehr von diesen Wundern zu sehen sein!‹ Ein alter persischer Palast, von dem nur eine Ecke stehen geblieben ist. Alle Wände sind mit luftigen Stuckarabesken verziert und mit Kristallmosaiken geschmückt. Das Licht spielt zart in den Myriaden von Spiegeln, der Himmel selbst ist in die Architektur mit einbezogen. Die hundertjährigen Bäume wurden erbarmungslos gefällt, der Marmor der Brunnenränder abgeschlagen, weißer und rosa Marmor aus Yazd. ›Wissen Sie, womit die Zerstörung der alten Paläste gerechtfertigt wird? Dass es weniger kostet, eine Straße mit den Ruinen aufzufüllen, als so eine alte Bruchbude zu restaurieren.‹

Die heimlichen Besuche werden fortgesetzt. Eines Abends, als wir uns in ein Gewirr von Gässchen verirrt haben, werden wir aufgefordert, in einen runden Saal hinabzusteigen, der nur durch eine Kellerluke Licht erhält. Am Boden, auf einem Bett aus dürrem Reisig, mit Lehm bedeckt, liegen zwölf Männer auf dem Bauch ausgestreckt. Ein Tamburin wird geschlagen, und sie spannen ihre Muskeln an, rollen sich ab, stemmen schwere Schilder aus Eschenholz empor, wiegen den Rumpf, wehren einen imaginären Feind ab. Der alte Mann mit dem Tamburin, der auf einer Empore hockt, singt eine klagende, rhythmische Melodie dazu. So haben einst die Sassanidenkrieger ihre Kampftechniken eingeübt. Die *zukhane*-Athleten führen eine Tradition fort, die bis ins 6. Jahrhundert zurückreicht. Die Schilder werden weggestoßen, und die Athleten stehen auf. Sie packen jeder einen Hammer und beginnen einen bizarren Kampf. Die Harmonie und Kraft ihrer Bewegungen, ihre Sicherheit und Geschmeidigkeit sind überwältigend und zeitlos. Die Verbindung mit der Vergangenheit ist augenfällig. So als seien die Männer den sassanidischen Fresken entstiegen, die wir an den Steilhängen von Hamadan bewundert haben. Ein neuer Rhythmus wird geschlagen und kündigt eine neue Übung an. Ein schöner junger Mann, dunkelhäutig und stämmig. Er trägt einen einfachen Schurz um die Hüften, und an seinem Oberkörper zeichnet sich jeder einzelne Muskel ab. Er dreht sich um seine eigene Achse, schneller und immer schneller, die Arme ausgebreitet, die Augen halb geschlossen. Der alte Musiker begleitet ihn bei seinem schwindelerregenden Tanz. ›Ewige Schönheit wird uns hier geboten. Sie hat kein Alter, oder vielmehr das Alter der Ewigkeit. Sie blitzt auf, verschwindet und ersteht wieder neu mit den Bewegungen des Tänzers.‹, fasst Iaco das Dargebotene in Worte.

Der Abend geht mit einem Lied voll Wehmut und Weisheit zu Ende.

›Ach, wie viel Unglück hat Persien erlebt, wie viel Leid.

Denkst du, mein Sohn, dass derjenige, der sich eine Krone aufsetzt, der wahre König des Landes sei?

So viele gekrönte Häupter hat schon der Wind verweht ...‹

Khan Malek weint.

Nach diesen königlichen Spielen nehmen die schönen Athleten ihre Lumpen vom Wandhaken und ziehen sich um. Die Abkömmlinge der stolzen sassanidischen Krieger sind alle bescheidene Ladenbesitzer, Wasserträger, Straßenkehrer, die die *zukhane*-Tradition weiterführen.

Wir sind endlich mit Persern in Berührung gekommen.

Wie Le Fèvre und Iaco will ich daran glauben, dass doch einiges von dieser alten Stadt bestehen bleibt: der Takhte-Marmor-Palast, Zeuge der vergangenen Größe der Kadjaren, und der Golestan-Palast mit seinem Diamantensaal, dem Kristall- und Marmorsaal. Gebe Gott, dass diese bezaubernden Orte bestehen bleiben, die sich in den engen Gässchen verbergen!

Die Sepah-Salar-Moschee, die Medersas und die Gräber der Heiligen sind durch die Frömmigkeit des Islam geschützt, das weiß ich. In der Umgebung der Moscheen waren viele feindselige Blicke auf uns gerichtet. Was wird uns auf der Fahrt durch Afghanistan erwarten? Je weiter wir nach Osten kommen, desto häufiger werden wir wohl in gefährliche Situationen geraten oder mit der Feindseligkeit der Menschen zu kämpfen haben.«

*Zur afghanischen Grenze*

Am 4. Mai geht der Aufenthalt in Teheran zu Ende. Die Raupenfahrzeuge durchqueren die moderne Stadt, in der sich die iranischen Würdenträger und die französische Kolonie vollzählig eingefunden haben. Die Expedition wird von berittener Polizei eskortiert. An einer großen Kreuzung steht ein Polizist auf dem Dach seines Unterstands. Mit einem Helm aus Wellpappe auf dem Kopf, den Stab in der Hand, regelt er den Verkehr.

Die Mannschaft ist begeistert von ihrem Aufenthalt. Nur Haardt ist mit einem heiklen Problem geschlagen. Die liebenswürdige Miss Palmer Smith, Sekretärin des Persischen Clubs, hat ihn davon in Kenntnis gesetzt, dass sie mit ihm nach China zu fahren gedenke. Mehrere Tage hintereinander bombardierte sie ihn mit Nachrichten, um ihren Entschluss zu bekräftigen. Die ganze Mannschaft, wahrlich keine Frauenfeinde, bewunderte Haardt für seine höfliche, aber entschlossene Weigerung, die junge Frau mitzunehmen, die, wie manche von ihnen glaubten, ein wildes Temperament unter ihren strengen Zügen verbarg.

Inzwischen sind auch Nachrichten von Vassoigne eingetroffen, der vorausgeritten ist, um die Durchquerung Afghanistans über den Wakhjir-Pass zu organisieren. Die Nordroute fällt wegen schwerer Unruhen aus. Die Usbeken haben einen Aufstand angezettelt. Die Expedition muss ihre Route weiter nach Süden verlegen, was ungefähr 1500 Kilometer mehr bedeutet.

Laplanche konnte zahlreiche Botschaften an die Citroën-Werke am Quai de Javel in Paris senden und hat ebenso viele zurückerhalten. Williams und Le Fèvre haben ihre ersten Artikel für französische und amerikanische Zeitungen durchgegeben, die Welt wird von jetzt an ihre Reise mit verfolgen. Aber Williams kocht vor Wut. Der Chef hat seinen Artikel zensiert, in dem er die Tyrannei, die Brutalität und Grausamkeit des persischen Militärregimes anprangert. Doch Haardt ist der Meinung, dass man die persischen Gastgeber nicht vor den Kopf stoßen darf.

Die Mechaniker haben die Raupen überholt. Morizet und Sivel schicken ihre Tonfilmstreifen nach Frankreich. Die Filme müssen am Ende eines anstrengenden Tages in einem glühend heißen Zelt entwickelt werden, das als Dunkelkammer dient, eine wahre Stra-

19. Mai 1931: Die Expedition erreicht Islam-Khaled, einen afghanischen Grenzposten.

paze für Morizet. Die Tonaufnahmen, die vom Filmwagen aus gemacht werden, bringen Sivel, den jungen Toningenieur, ins Schwitzen, aber dafür ist es eines der ersten Tonfilmexperimente der Welt in diesem Bereich. Morizet und Sivel haben allen Grund, stolz zu sein. Der Repräsentant der Firma Citroën in Teheran wird sich ebenfalls um die Kunstobjekte aus Luristan kümmern, die auf Empfehlung des Direktors der archäologischen Gesellschaft von Persien, Monsieur Godard, erworben wurden.

Aber die Freude ist nicht ungetrübt, denn inzwischen sind die ersten Nachrichten der China-Gruppe zu ihnen durchgedrungen. Point ist noch immer nur 40 km von Peking entfernt. Warum diese Verzögerung? Erst Monate später werden sie Gewissheit darüber erhalten: Die Gruppe Point hat Peking unter schlechten Vorzeichen verlassen, Asien zeigt sich ihnen von seiner feindseligen Seite. Die Pamir-Gruppe ahnt zu diesem Zeitpunkt nichts davon.

Als sie sich von Teheran entfernen, hat die Mannschaft das Gefühl, eine wichtige Etappe hinter sich zu lassen. Eine Zeit ohne große Schwierigkeiten, in Gegenden, die noch Bande zum alten Europa aufrechterhalten. Auf der Route, die sie jetzt in Angriff nehmen, müssen sie auf alles gefasst sein, aber das schreckt sie nicht. Abenteuer bedeutet, auf das Unbekannte zu stoßen, das Unvorhersehbare, auf die undenkbarsten Hindernisse ...

Sie durchqueren die Ebene von Teheran, von verschneiten Bergen umgeben, dann nehmen sie die sturmgepeitschten Engpässe in Angriff. Die Gegend um Teheran war von einem Erdbeben bedroht gewesen, das dann aber mehr im Norden, beim Kaspischen Meer, wütete. Hat sich die Schockwelle etwa unterirdisch in Persien ausgebreitet? Steinschläge blockieren die Bergpiste und stellen die Raupen, die bereits Gleitrollen verlieren, auf eine harte Probe. In 2400 Metern Höhe wird das Lager errichtet, als sich ein Orkan ankündigt. Kaum sind die Zelte aufgebaut, toben wilde Sturmböen los. Cécillon, Normand und Leroux verstärken die Kabel und Zeltpflöcke, obwohl sie in dem peitschenden Regen kaum etwas sehen können. Sie haben Glück, dass der Sturm sie nicht fortreißt. Goerger mit seinem unwiderstehlichen Galgenhumor schildert den Kameraden die friedlichste, wenn auch schauerlichste Nacht seines Lebens. Auf einer seiner Erkundungsreisen in Russland war er mitten im Winter in einem weltvergessenen Dorf gestrandet, wo er tief und traumlos, geschützt vor der eisigen Kälte, in einem Sarg schlief.

»9. Mai
Der Tag war zermürbend. Heute Abend habe ich alle meine Hausfrauenpflichten im Zelt vernachlässigt und mir stattdessen mit dem Cognac von Onkel Fromy, dem Konkurrenten unserer Schnapsbrennerei, einen Whisky zusammengebraut. Ich schlafe lieber auf dem Boden, wasche mich nicht, schlage aber mein Tagebuch auf.

Nach dem Sturm heute Morgen zu meiner Überraschung ein Himmel von ›mystischer‹ Klarheit. Unsere Wagen mussten einen schwindelerregenden Abstieg von 1000 Metern bewältigen, bis zu dem Punkt, wo sich der erste Durchgang in die persische Wüste öffnet. Und wieder einmal sauge ich die unvergleichliche Größe dieser Landschaft in mich ein, die langsam in Wüste übergeht. Die Pisten werden staubig, und die Hitze ist erdrückend. Wir begegnen immer mehr Elend. Die Lumpen der Frauen haben dieselben Falten wie die Berge. Endlich erreichen wir am Rand der Wüste eine Reihe von Oasen. Verfallene Erdhäuser, Festungsruinen, heilige *coubas* auf zerstörten Gräbern. Klatschmohnfelder in der Landschaft durchbrechen die Sinfonie der Ockertöne. Diese schönen Blüten werden sich in Opium verwandeln, in eine braune Paste, die in kleine Blechdosen abgefüllt wird. Die Paste geht auf Reisen, dann wird sie eines Abends, zu kleinen Kügelchen geformt, auf einer roten Nadel geschmolzen, um als Rauch aus einer Pfeife im Halbdunkel eines Salons, eines Zimmers aufzusteigen ... Und der sanfte Dämmerzustand, den die Paste dem Adepten schenkt, wird ihn eine Weile seinen Hunger oder auch nur die Banalitäten des Lebens vergessen lassen ... Opium, ein wohltuender, aber grausamer Meister ...

10. Mai, morgens

Bestürzung im Camp. Gauffreteau ist schwer krank. Nur Haardt und ich wurden über die Diagnose von Dr. Jourdan informiert: Diphtherie mit Kruppverdacht. Wir lassen kein Wort darüber verlauten. Yves wurde in der Limousine nach Meshed gebracht, wo der Arzt das erforderliche Serum auftreiben kann. Regelmäßiges Gurgeln mit Tee oder Rum für alle, das ist jetzt die Losung. Ich bin sehr besorgt. Ich kann Yves' Blick nicht vergessen, als er fortgebracht wurde, und ich musste an seine Eltern denken, die monatelang keine Nachrichten von ihm erhalten.

Wir sind jetzt auf der Parther-Route, die von Nishapur nach Meshed führt. Manchmal gehe ich frühmorgens zu Fuß vor den Raupenfahrzeugen her. Auf diese Weise lege ich 5 km mit Williams zurück, bevor ich wieder in meinen ›Croissant d'Argent‹ steige. Die Bewegung tut uns gut. Man fühlt sich eins mit der Landschaft, aber leider weniger mit den Menschen, denen wir begegnen. Die Pilgerkarawanen sind sehr zahlreich. Lastwagen fahren an uns vorbei, schwer mit Männern beladen, die uns beschimpfen und mit den Fäusten drohen. Heute wurden wir von tiefen, fanatisch klingenden Stimmen erschreckt. Zwei Gruppen überholten uns in einigem Abstand und wechselten sich in einem düsteren Gesang ab. Wahrscheinlich transportieren sie Tote nach Meshed. Die Frauen folgen ihnen, auf dem Eselsrücken oder zu Fuß. Eine von ihnen fällt mir besonders auf. Sie geht allein. Ihr leichter Schleier ist zurückgeschlagen, so dass ihr schönes Gesicht zur Geltung kommt, und ihr

Blick starr zum Himmel gerichtet. Sie geht vorbei, wie auf die Ewigkeit gerichtet, und ihre Haltung verrät mir, dass sie blind ist.

Als wir durch Semnan und Sharud kamen, wurde die neugierige Menge mit Fußtritten und Gewehrhieben von der Polizei zurückgedrängt.

11. Mai

Nishapur, eingebettet in die fruchtbaren Ebenen wie in ein Schatzkästchen, und darüber der Ala-Dagh. Früher einmal eine der vier Königsstädte des Korassan, die Türkis-Stadt, ein Juwel des Orients. Heute, nach den vielen Erdbeben und Eroberungen, ist es nur noch ein Dorf von 1000 Einwohnern mit engen, überfüllten Gassen. Ich wünschte mir schon seit Langem, eines Tages das Grab von Omar Khayyam besuchen zu dürfen. Allein irrte ich lange Zeit durch die Stadt. Ein Imam saß auf der Schwelle eines friedlichen Gartens. Wir grüßten uns, dann folgte ich ihm. Er zeigte mir zwei einfache Stelen; die eines Nachkommen Mohammed Alis, des Neffen des Propheten, und endlich das Grab des Dichters, Philosophen und Gelehrten Abdul Falt Omar Ibn Ibrahim, geboren im 11. Jahrhundert in Nishapur, der unter dem Namen El Khayyami, ›der Zelterrichter‹, berühmt wurde. Er war ein Universalgenie, ein Liebhaber der Künste und Wissenschaften. Er leitete als Astronom das Observatorium in Merv, verfasste algebraische Abhandlungen, und schließlich war er ein großer Dichter, vor dem ich mich verneigte. Nur wenige seiner Vierzeiler haben überlebt. Niemand schrieb besser als er über die Kürze des Lebens, das Schicksal, das alle Menschen unweigerlich verbindet, und darüber, wie wenig wir auf dieser Erde sind:

›Wir sind nur wandelnde Säulen
Trugbilder, die kommen und gehen ...
Jeder ist nur ein Ring in der Kette der Ewigkeit,
die niemand öffnen, zerbrechen oder schmieden kann ...‹

Und niemand schrieb so gut über die Fehlbarkeit des Menschen, der sich verzweifelt auf die Güter dieser Erde stürzt:

›Komm, fülle mir den Becher, und wirf ins Feuer
des Frühlings das eiskalte Gewand der Reue!
Flüchtig ist der Vogel der Zeit …
Meine Reue, abgenützt und fadenscheinig, zerfiel zu Staub …‹

Einige Werke begleiten mich auf meiner langen Reise, vertreiben mir die seltenen einsamen Stunden im Zelt. Das eine schildert die Reisen von Marco Polo, das andere ist diese kostbare Gedichtsammlung von Omar Khayyam.«

Nishapur, dann Meshhed sind die letzten Etappen im Iran. Das Aussehen der Menschen ändert sich; ihre Gewänder, ihr Habitus kündigen einen neuen Landstrich an. In manchen mondhellen Nächten ziehen Hunderte von Kamelen, schwer beladen mit Weißblech-Fässern, an ihren Zelten vorüber. Die Erdöl-Karawane löst sich lautlos in der Nacht auf. Wie eine Halluzination, begleitet vom Klang Tausender kleiner Glöckchen, der noch einen Augenblick in der Luft hängt, ehe er langsam verebbt. Mit Pilgern vollgestopfte Lastwagen überholen die Expedition. Die Pilger singen voll Inbrunst und mit stolzem Blick. Von mongolischen Reitern werden sie beschimpft. Audouin frotzelt eines Abends am Lagerfeuer: »Le Fèvre, hier ein Titel für Ihr Buch: *Lustiges Lagerleben in einem trostlosen Land.*«

Durch die weite Steppe geht es nach Meshed hinab. Das Licht funkelt in den goldenen Kuppeln und dem Türkisdom, den die Tochter Tamerlans erbaut hat. Meshhed, die große heilige Stadt macht ihrem Ruf alle Ehre: Um die Moscheen herum sind alle Straßen heilig. Ketten, in der richtigen Höhe gespannt, erinnern den Reisenden daran, dass er hier nicht weitergehen darf. Der Kameramann riskiert einen Schritt zu viel und wird am Kragen gepackt. Die berittene Polizei eilt herbei, um ihn vor dem Zorn der Menge zu retten. Morizet, der Missetäter, hat Tränen in den Augen. Noch nie habe er so viele hasserfüllte, verächtliche Blicke in einer Menschenmenge gesehen, sagt er und hüllt sich in Schweigen.

Alle sind betroffen über diesen Zwischenfall und geloben sich, in Zukunft vorsichtiger zu sein. Zum Glück ist die afghanische Grenze nahe. Ein geschwächter, aber strahlender Gauffreteau kehrt zum Team zurück; er hat ein Serum injiziert bekommen, das ihn gerettet hat. Es lebe Doktor Jourdan!

Eine freudige Überraschung lässt die Wogen noch höher schlagen. Vassoigne und Varnet treffen zu Pferd im Lager ein. Sie bestätigen, dass der Wakhjir-Pass nicht mehr in Frage kommt, wegen der Kämpfe um Mazar-i-Sharif gegen die aufständischen Usbeken, die inzwischen von Kohistani-Rebellen unterstützt werden. Russland, das angeblich die Errichtung einer nordafghanischen Republik favorisiert, unterstützt die Rebellen gegen das Regime von Nadir Khan, der Afghanistan zwischen 1883–1893 regierte.

Die beiden Citroën-Emissäre haben eine lebensgefährliche Erkundungsreise von mehreren Monaten hinter sich. Nachdem sie zu Pferd und ohne Erlaubnis den Norden Afghanistans durchquert hatten, erreichten sie Herat, um dort die Durchreise der Citroën-Expedition auf den Pisten des südlichen Afghanistan vorzubereiten. Der Empfang war rüde. Sie mussten ein paar Tage in den Gefängnissen von Herat schmoren, da sie für Spione gehalten wurden. Der Kriegs-Gouverneur mit seinen armseligen 27 Männern hatte gerade die Stadt zurückerobert, die noch völlig unsicher war. Die beiden Helden wurden schließlich freigelassen und konnten den Grund ihrer Reise erklären und die schwierige Lage der Citroën-Expedition schildern. Der gefürchtete Gouverneur war bereit, ihre Vorschläge anzuhören, und als im Lauf des Gesprächs der Name Joseph Hackin fiel, sprang er auf wie elektrisiert. Das war das »Sesam-öffne-dich«. Der Gouverneur erklärte, dass er den großen Archäologen kenne, der in Herat als »großer Freund von Afghanistan« gelte. Er werde wegen seiner Gelehrsamkeit geschätzt, seiner Gelassenheit und Höflichkeit und dem großen Respekt, den er den afghanischen Traditionen entgegenbringe. Hackin sei einer der ihren. Das erleichterte natürlich die Verhandlungen bezüglich der Durchreise über Kandahar. Die Expedition wird in Herat erwartet und erhält bis Kabul Geleitschutz.

Die letzte Mahlzeit in Gesellschaft von Oberst Esphandiary-Noury verläuft sehr fröhlich. Der Champagner fließt in Strömen, und sie verabreden sich für das Jahr 1932 oder 1933 in Paris.

Haardt versichert wieder einmal: »Wir schaffen es!«

# Afghanistan

## *Auf der Piste nach Herat*

»19. Mai, abends
Ein ganzer Monat, um Afghanistan zu durchqueren, Dakka zu besuchen und dann den Chaiber-Pass zu erreichen.

Oberst Sahib, der Abgesandte des Gouverneurs von Herat, erwartete uns am Grenzposten Islam-Khaled, was ›Turm des Islam‹ bedeutet, einst Kafir-Khaled, ›Turm der Ungläubigen‹. Der Empfang ist überwältigend. Mit dem roten Staub der letzten iranischen Pisten bedeckt, halb tot vor Erschöpfung, steigen wir aus unseren Wagen und werden vom durchdringenden Schmettern einer Fanfare begrüßt, deren Misstöne mit dem Geschrei Hunderter Frösche wetteifern, die sich hinter dem Festungswall verbergen.

Tische, mit Süßigkeiten beladen, und Stühle wurden für uns bereitgestellt, was uns sehr gelegen kommt. Aber schon stört die erste falsche Note das Fest. Es sind Filmleute: Sie schaffen die Stühle fort und zwingen uns, für eine Szene, die pittoresk sein soll, im Schneidersitz zu essen. Der Oberst und sein Gefolge fügen sich stumm, erdulden das grelle Licht der Silberblenden, die auf unsere Gesichter gerichtet sind, um den Schatten unserer Helme auszugleichen, und tun so, als hörten sie das Gebrüll von Sauvage und Sivel nicht.

Nachdem diese Strapaze überstanden ist, tauschen wir Komplimente aus, die Varnet übersetzt. Der Oberst spricht leise. Sehr höflich und respektvoll bittet er ›die Herren‹ schließlich, ›achtsam zu sein und nicht gegen die Sitten zu verstoßen, die sie so wenig kennen‹. Und dann fügt er noch hinzu: ›Und jetzt bitte ich Sie, mich zu entschuldigen, denn in wenigen Augenblicken werde ich meine Gebete verrichten.‹ Die Wahl des Lagerplatzes erweist sich als schwierig; wir wollten ursprünglich irgendwo auf dem Weg nach Herat anhalten, wurden aber gewarnt, dass die Gegend nicht sehr sicher sei. Also kampieren wir in der Nähe der Festung. Der Froschgesang wird uns in den Schlaf wiegen und die Moskitos werden uns auffressen.

20. Mai
Neuer Zwischenfall, der zeigt, dass es Spannungen in der Gruppe gibt. Williams ist am frühen Morgen verschwunden, nachdem er sich mit Sauvage gestritten hatte. Der rote Wagen bringt unseren Reporter immer noch auf die Palme. Als der Filmemacher ihn in sein Team aufnehmen will, weigert sich Williams, in dieses ›Teufelsgefährt‹ einzusteigen. Sauvage faucht ihn an:

›Was sind Sie nur für eine Diva!‹

›Ja, okay, ich Diva, aber dafür ich mache gute Foto!‹

Einige in der Mannschaft grinsen.

›Aber Sie nur machen viele Lärm und Aufregung, und dann nichts! Fotografie, die bleiben, aber Film schnell tot!‹, brüllt Williams.

›Ach was, das ist doch alles nur Pose – ich mache Action!‹

Daraufhin stürzt Williams wutentbrannt davon. Der Oberst ist völlig verzweifelt. Er hat Varnet anvertraut, dass es ihn den Kopf kosten könne, wenn Monsieur-der-große-amerikanische-Fotograf nicht gefunden werde. Sauvage ist losgefahren, um ihn zu suchen. Der rote Wagen kehrt zurück. Hinten sitzt Sauvage, die Arme um Williams' Schultern gelegt, der völlig außer sich ist, weil er einen Angriff auf seine Freiheitsrechte als amerikanischer Staatsbürger darin sieht, dass man ihm einen harmlosen Spaziergang verwehrt. Wie kann man nur so kindisch sein!

Und noch ein bedauerlicher Zwischenfall: Haardt hat vor den Augen von Oberst Sahib einen Tisch hochgehoben, und der Oberst war empört: ›Seine Exzellenz, der Große Generaldirektor‹, eine so wichtige Persönlichkeit, dürfe keine niederen Arbeiten verrichten. Vassoigne, der die Gebräuche des Landes kennt, ernennt sich bei dieser Gelegenheit zum Protokoll-Chef. Audouin erhält den Titel ›Monsieur Groß-Direktor‹. Disziplin und Höflichkeit wird von allen erwartet.

›Wie in aller Welt soll ich mein Prestige verbessern, wenn ich doch gar nichts tun darf?‹, sagt Haardt kopfschüttelnd.

Aber schon bietet sich eine erste Gelegenheit. Der Oberst äußert den Wunsch, die Funkstation in Betrieb zu sehen. Der Mast wird also aufgerichtet. Haardt nimmt nicht an der Demonstration teil: Ein großer Chef bemüht sich schließlich nicht bei jeder Kleinigkeit.

Wenn wir erst auf der Piste sind, werden die Männer ihre Abenteurerseele schnell wiederentdecken.«

Audouins letzte Worte werden auf den Prüfstand gestellt, sobald die ersten ernsthaften Hindernisse auftauchen. Die Pisten sind schlecht, die Männer werden pausenlos durchgerüttelt, die Hitze wird immer schlimmer. Bei ihrer langen Fahrt wühlen die Raupen Staub in allen Farbnuancen auf, von Gelb bis zu dunklem Ocker. Ein Staub, der alles einhüllt, der in Augen und Nase dringt und ihre Lungen reizt. Aber niemand beklagt sich. Eine kleine militärische Abordnung der regulären Armee, die sie bis zur indischen Grenze eskortieren soll, wurde ihnen aufgedrängt. Ein Lastwagen mit bewaffneten Männern, der ihnen in reichlichem Abstand folgt. Zweimal hat der Lkw eine Panne, und die Mechaniker reparieren ihn unter den bewundernden Blicken der Afghanen. Das schweißt die Soldaten und Mechaniker zusammen. Ferrracci nimmt den Titel »Monsieur Groß-Ingenieur« an; die Interventionskräfte arbeiten unter seinem Kommando. Als die beiden Flüsse Heri-Rud und Farah-Rud überquert werden müssen, packen alle Männer geschlossen bei den langwierigen und gefährlichen Manövern mit an.

»20. Mai, abends – 32. Biwak
Anstrengender, aber schöner Tag. In diesem Land, in dem noch viele Gebiete unsicher sind, haben wir bisher keinerlei Feindseligkeiten erlebt. Unterwegs sind wir stolzen Männern begegnet, die ihre gewaltigen Turbane, das lose Ende über der Schulter baumelnd, mit Würde tragen. Die Gesichter sind scharf geschnitten, der Blick ist finster, und sie grüßen uns mit ernster Würde.

Und plötzlich acht Pfeile, die sich in den Himmel bohren, hier auf der Eroberungsstraße von Alexander dem Großen. Es sind die funkelnden, farbigen Fayence-Minarette, die dem Reisenden seit Jahrhunderten die Stadt Herat ankündigen.

Heute Abend betrachte ich einen Abschnitt der hohen Lehmmauer, die sich unter den letzten Strahlen der untergehenden Sonne rot färbt, und mir fällt der Satz aus den *Chansons de Kadour* von Pierre d'Arcangues ein: ›Wenn du in die Wüste kommst, ist die Mauer noch schöner.‹

Uralte Stadt ... uraltes Land, so viele Male erobert und zerstört! Iranische Landschaften, von Alexander dem Großen besetzt, als er das achämenidische Reich zerstörte. Der griechische Siegeszug zu den Toren des chinesischen Reiches. Nichts ist mehr übrig von dieser hellenistischen Herrschaft: Der Islam hat alles zurückerobert. Unter der Herrschaft der Sassaniden, dann der Timuriden, war die Stadt für ihre Dichter berühmt, ihre Maler, ihre Architekten. Sie war Mittelpunkt der Zivilisation und die äußerste Speerspitze der islamischen Kunst des Ostens.

Morgen werden wir offiziell in Herat ankommen. Was bleibt von dieser Stadt, die mehrmals von den Mongolen zerstört wurde? Was bleibt von so viel vergangenem Glanz?«

Riesige Festungswälle schließen die Stadt ein. Die Festung selbst ragt wuchtig in den Himmel. Mit wehenden afghanischen und französischen Standarten fährt der Raupenkonvoi in der Stadt ein. Der Weg führt durch enge, gewundene Gässchen, wo gerade genug Zeit bleibt, um hin und wieder die Schönheit eines farbigen, beschlagenen Portals zu bewundern, in die Souks. Die Raupen schieben sich durch die lärmende Menge, die langsam zurückweicht und grüßt. Manche der Männer streicheln die Karosserien. Lichtstrahlen fallen durch die Gewölbe herein und bringen Farbe in das stickige Halbdunkel der Läden. Pferde und Esel mit Heubündeln auf dem Rücken versperren den Weg. Es geht langsam voran in dieser Welt, die keine Zeit kennt. Plötzlich, am anderen Ende des langen Ganges, knallt die Sonne herein und holt ein Portal aus der riesigen Mauer heraus. Und so wird der Konvoi wieder ausgespuckt, hinaus aus der Stadt, auf die Piste, die schnurgerade durch die Felder führt, so weit das Auge reicht.

»21. Mai, abends – Herat
Wir kampieren außerhalb der Stadt in einem blühenden Garten. Wir sind in einem charmanten Domizil untergebracht, mit hinreißenden Proportionen und überraschenden Details. Die Wände sind blau und die Decken rosa, überall Teppiche. Winzige Vögel hüpfen auf den Möbeln und den Kranzgesimsen. Ich bin ganz verzaubert von den Gesängen und Farben. Die Besitzer haben uns hier eingewiesen, sich dann verabschiedet und uns gesagt: ›Fühlt euch wie zu Hause.‹ Der Gouverneur von Herat hat uns in sein Landhaus eingeladen, einen Ort, der friedlich erscheinen könnte, läge er nicht hinten in einer versteckten Festung, die auch ernsteren Überfällen standzuhalten vermag. Gestiefelt und schwer bewaffnet empfängt uns der kriegerische Gouverneur, der gerade Herat zurückerobert hat. Er hat seinen achtjährigen Sohn dabei, ebenfalls gestiefelt und

bewaffnet. Er schüttelte Haardt lange die Hand, dann begrüßt er Varnet mit großer Herzlichkeit, seinen ehemaligen Gefangenen, der jetzt unser Dolmetscher geworden ist. An uns richtet er die feinsten und schmeichelhaftesten Komplimente. Wir werden in den Salon gebeten. Ein Tisch für 20 Personen ist mit Kuchen und buntem Naschwerk beladen, mit Früchten, Pistazien, Honig, Konfitüren ... Und, o Gipfel des Luxus, Kekse aus der Sowjetunion, deren Grenzen nicht weit sind. Unser Gastgeber fragt nach Joseph Hackin, der in einer kurzen Waffenpause zwischen zwei Kampfperioden in Herat gewohnt hat. Der Gouverneur spricht mit großer Hochachtung von dem Archäologen. Er versichert uns, dass allmählich Frieden in die Region einkehre, dass man aber auf der Hut sein müsse bei so extrem unterschiedlichen Bevölkerungsgruppen: Abgesehen von den zahlreichen afghanischen Stämmen herrscht er über Perser, Taimuren, Turaner Nomaden und Juden.

Wir verlängern unseren Aufenthalt. Die Raupenfahrzeuge benötigen größere Reparaturen. Ferracci lässt von den Gießern in Herat 25 Führungsrollen herstellen. Die Methode ist archaisch, aber zweckdienlich: Das Aluminium wird in irdene Formen gegossen und mit einem Blasebalg aus Ziegenleder belüftet.

Jourdan, ›Monsieur Retter-der-Menschheit‹, eilt an das Krankenbett von Monsieur Barthoux, korrespondierender Archäologe am Musée Guimet, der seit ein paar Wochen in der Stadt festsitzt. Typhus! Mit dem Erfolg, dass wir uns heute Abend impfen lassen müssen. Gauffreteau kann es nicht fassen – er wird allmählich arbeitslos. Ein verschwenderisches Gastmahl folgt auf das andere. Der arme Yves wird geradezu melancholisch, wenn er daran denkt, wie schwierig es für ihn ist, genügend Proviant aufzutreiben.

Haardt hat mich gebeten, Briefe zu schreiben, die er an zahlreiche Persönlichkeiten richten will. Diese undankbare Aufgabe gefährdet meinen Besuch in den Souks. Zum Glück genieße ich die

Einsamkeit dieser wunderbaren Unterkunft, wo mir ein Vogelpärchen Gesellschaft leistet. Im Garten draußen kann ich Iaco beim Zeichnen sehen. Er silhouettiert verschiedene Typen Turkmenen. Diese Krieger von den Nordgrenzen Afghanistans machen einen wilden, furchterregenden Eindruck mit ihren quer über den Sätteln liegenden Gewehren, ihren riesigen Astrachanmützen, den Patronengurten über der Brust. Doch ihr Blick ist nicht böse. Seltsam, diese Unterschiede zwischen den einzelnen Ländern. Im Iran waren die offiziellen Würdenträger höflich und das Volk feindselig, fanatisch; hier, in Afghanistan, ist der Empfang der Großen im Land herzlich und großzügig, das Volk begegnet dem Fremden mit Respekt, und die Augen der Krieger sind sanft wie Gazellenaugen. Aber die Reise durch dieses Land ist lang – was steht uns noch alles bevor?

Wir reisen morgen ab. Aber wie sollen wir Seiner Exzellenz, dem Gouverneur von Herat, für seine Gastfreundschaft danken? Der Filmwagen rettet die Situation. Der Gouverneur wird zu einer Filmvorführung eingeladen. Die Wahl des Films ist allerdings heikel. Schließlich einigen wir uns darauf, dass der ›Aufmarsch der Alliierten unter dem Arc de Triomphe am Tag des Sieges‹ die angemessenste Art sei, die Verdienste dieses großen Eroberers zu würdigen.«

### *Von Girishk nach Kandahar*

Afghanistan, weites Land der Schönheit, Land der Kontraste, seit jeher Schnittpunkt zwischen den Zivilisationen des Orients und des Okzidents.

Abends ein aufwühlender Moment, die Stunde der Funker. In der Dämmerung wird der Mast aufgerichtet. Laplanche sendet den schwachen Funkruf, der sie mit der Welt verbindet, in den Äther hinaus. Victor Point fängt wiederum die Funksprüche der Pamir-Gruppe auf. Die Botschaften der Gruppe Point werden im Chinesischen Meer von der französischen Schwadron aufgefangen und über Beirut an Haardt weitergeleitet. Die Nachrichten werden mit Bangen erwartet, sie werden immer seltener. Hoffentlich bedeutet das nicht, dass Point und seine Gruppe in ernste Schwierigkeiten geraten sind.

In jeder Stadt, Sabzevar, Farrah, Kashtub, lässt der Gouverneur einen großen Empfang für sie geben. Dann vertauschen sie für eine Nacht, für einen Tag ihre Zelte auf der roten Erde, um die nachts vom Feuer angelockte Skorpione huschen, mit prunkvollen Palästen in blühenden Gärten. In den Dörfern singen Wachteln im Weidenkäfig.

Die Expedition bricht wieder auf, immer noch in den höllischen Staub gehüllt, in der Gluthitze, die tagsüber herrscht. Die Wagen werden durchgerüttelt, die Mannschaft verfällt in Lethargie. Das Sprechen wird zur Qual. Erstarrte Gestalten, die mit aller Macht gegen die Müdigkeit ankämpfen. Biwaks an den Ufern der Flüsse sind die Belohnung für die Strapazen des Tages. Williams badet nackt, zum großen Entsetzen unserer militärischen Begleiter, denen die amerikanischen Sitten höchst befremdlich erscheinen.

»30. Mai, abends – 38. Biwak. Girishk am Helmand
Die Luft in Girishk ist vom Duft saftiger Aprikosen und wilder Pflaumen erfüllt. Girishk, die Stadt aus Lehm zwischen zwei Wüsten. In der Morgendämmerung leuchtet die Ebene in frischem Grün. Dennoch werde ich die wilde Schönheit der Wüstenzone, die wir gerade durchquert haben, für alle Zeiten mit der Müdigkeit, der lähmenden Erschöpfung in Verbindung bringen, die ich nicht abschütteln kann. Meine Kehle ist trocken, der Mund wie verklebt, und ich spucke vor meiner Zelttür den Staub von gestern aus. Mein Blick verliert sich im heißen Dunst, der vom Helmand-Fluss aufsteigt, und ich denke an meinen schönen Niger, die Tamtams, die schwarzen Göt-

tinnen, die Freude. Hier findet man nichts dergleichen, die Afghanen sind finster, so wie schon die Perser. Krähenschwärme fliegen über den reißenden Fluss hinweg.

Wir haben drei Tage für die Überquerung veranschlagt. Haardt will allein die Verantwortung für die Manöver übernehmen. Er hustet viel, seine Lunge ist sehr mitgenommen. Die letzten Etappen gingen oft über seine Kräfte, und wir mussten mehrmals anhalten, damit er sich ausruhen konnte.

Um vier Uhr morgens ist der Chef bereits wieder am verlassenen Ufer. Die Flussschiffer und die erschöpften Fährleute sind noch nicht da. Gestern mussten wir ein Floß aus zwei zusammengekoppelten Kähnen bauen, um die beiden Ufer miteinander zu verbinden.

Um sechs Uhr stehe ich auf und gehe zu Haardt. Als ich durch Girishk komme, treffe ich auf Jourdan, der im Freien seine Sprech-

Afghanistan: Doktor Jourdan hält Sprechstunde in Girishk.
Links von ihm: Oberst Esphandiary-Noury, der Dolmetscher.

stunde abhält, an einem Platz, von dem mehrere Gässchen abgehen. Ich bleibe stehen und beobachte die Szene. Er ist von einer dichten Menge umringt. Wo immer wir anhalten, an den einsamsten Ufern, den entlegensten Orten der Welt, tauchen Kranke in Scharen auf. Heute wirkt der Doktor ziemlich ratlos. Er hört einen seiner Patienten mehrmals ab, stellt ihm wiederholt Fragen. Varnet übersetzt. Die Erklärungen nehmen kein Ende. Schließlich löst sich das Rätsel: Der Mann hatte vor einem Jahr eine schlimme Erkältung und wollte dem Doktor erklären, dass er sie dank seiner guten Konstitution überstanden hat. Wenn hier ein Arzt auftaucht, ist das eine einmalige Chance, die man sich nicht entgehen lassen darf. Nach diesem Zwischenspiel empfängt Jourdan Mütter, deren Säuglinge im Opiumschlaf liegen. Das mag befremdlich klingen, aber in diesen Bergen werden selbst Falken mit Opiumkugeln gezähmt. Die Vögel, die ihrem Herrn treu ergeben sind, bleiben auf seiner Schulter sitzen und warten geduldig, bis sie die winzige Kugel der Träume von seinen Lippen picken dürfen.

Ich gehe weiter und steige zum Ufer hinunter. Ferracci und die Fährleute palavern miteinander. Die Manöver sind langwierig und erfordern viel Fingerspitzengefühl. Die Fähre mit den beiden Lastwagen, die das gesamte Reparaturmaterial mitführen, bekommt Schlagseite. Haardt wird wütend und droht damit, die Lastwagen in Kandahar abladen zu lassen und den überflüssigen Kram über Bord zu werfen. Ferracci rauft sich die Haare vor Verzweiflung; seine Lastwagen müssen unbedingt nach Srinagar kommen, denn sie enthalten das Werkzeug, die Ersatzteile, die Trossen und anderes mehr, alles Dinge, die absolut unerlässlich für die Überquerung des Himalaja und vielleicht auch des Pamir sind.

Ich verstehe Ferracci, der wild entschlossen ist, den Berg zu besiegen, ein Abenteuer, von dem er seit Jahren träumt. Ich werde meinen Mund halten und Haardt nicht sagen, dass es die schweren, langsamen Raupen sind, die uns aufhalten und uns im Durchschnitt sechs Stunden pro Tag gekostet haben. Kostbare Stunden, die an manchen Orten der Forschung zugute gekommen wären oder uns mehr Schlaf und Erholung verschafft hätten, was dringend nötig gewesen wäre. Ich schaue zu, wie mein ›Croissant d'Argent‹ und der Küchenwagen übergesetzt werden. Langsam entfernen sie sich im schäumenden Wasser auf ihrem Floß aus zwei aneinandergekoppelten Kähnen. Ich verfolge mit dem Feldstecher die gefährliche Überfahrt und das Einholen am anderen Ufer. Wieder einmal staune ich, wie gut meine Raupe sich an dem extrem steilen Landesteg anklammert, was ein anderer Wagen niemals geschafft hätte. Brillant, die Citroën-Technik ... Mein übliches Dilemma: Ich bewundere und verfluche diese Technik.

Ich fühle mich plötzlich sehr elend. Die Müdigkeit sitzt mir in den Knochen. Ich kehre in mein Zelt zurück, kann mich aber nicht entspannen, bin bedrückt und ersticke fast in dieser Gluthitze im Zelt. Ich öffne einige Koffer, die ich seit Beirut nicht mehr angerührt habe: Ganze Staubbäche rieseln aus meinen Anzügen, mein Smoking ist völlig überpudert. Der Feind ist sogar in meine ›luftdichten‹ Lederkisten eingedrungen. Ich lasse alles, wie es ist, und klappe die Koffer wieder zu. Laplanche hat mir ein Telegramm gebracht, das gerade dekodiert worden war: Point teilt uns mit, der Zustand von Dr. Delastre sei so bedenklich, dass sie seine Evakuierung in Erwägung ziehen müssten. Ich denke an das kriegsverwüstete China, das unsere Kameraden durchqueren müssen, um zu uns zu stoßen. Ob wir das schaffen werden? Sinkiang bleibt uns nach wie vor verschlossen. Vor dem Aufbruch wurde bei jeder neuen Verzögerung die ›verdammte Expedition‹ schlechtgeredet, aber heute Abend bin ich derjenige, der dieses Abenteuer verflucht.

Mitternacht – der letzte Wagen hat das andere Ufer erreicht. Haardt ist so glücklich, dass er uns eine Runde guten Wein verordnet, Cuvée Félix Potin. Ich spendiere eine Flasche Cognac. Meine Kräfte kehren wieder. Zwischen zwei Zeltbahnen erspähe ich den Vollmond. Es ist, als wollte er mich foppen.

31. Mai – an den Ufern des Helmand
Endlich ist unsere Mannschaft vollzählig. Hackin, der erst in Kabul zu uns stoßen sollte, ist gerade in einem funkelnden Buick mit abnehmbarem Verdeck eingetroffen, den ihm Nadir Khan zur Verfügung gestellt hat. Und dann eine weitere Überraschung: Der Mann, der ihn begleitet und leichtfüßig über den Wagenschlag springt, ist Kapitänleutnant Pecqueur. Nach einer Erkundungstour im Westen Afghanistans und in Kaschmir ist Pecqueur nach Kabul geritten, um dort zu Hackin zu stoßen. Alle beide hatten es eilig, zu uns zu kommen. Nur Haardt ist Hackin schon einmal begegnet, vor ein paar Jahren, vor der afghanischen Revolution 1929. Hackin, Leiter der französischen archäologischen Delegation in Afghanistan (DAFA), war während der blutigen Auseinandersetzungen, die schließlich zur Absetzung von König Amanullah führten, mit seiner Frau in Kabul. Dort saßen sie in der Falle, mitten in der Kampfzone, ohne jede Möglichkeit, nach Frankreich zurückzukehren. Als wieder Ruhe einkehrte, nahm Hackin seine Forschungen im Bamiyan-Tal wieder auf, das er uns nach unserer Ankunft in Kabul zeigen wird.

Alle sind fasziniert von dem Archäologen, von seinem großen Wissen, seiner einfachen, ungezwungenen Art, seinem unwiderstehlichen Charme. Der Mann ist nicht nur interessant, sondern zutiefst menschlich. Er kann auf eine brillante Karriere zurückblicken, aber das scheint ihm nicht bewusst zu sein. Nachdem er 1907 als Sekretär von Émile Guimet im Musée Guimet gearbeitet hatte, wurde er 1913 zum stellvertretenden Konservator ernannt. Seine Forschungen konzentrierten sich bald auf die tibetischen Malereien, die das Leben Buddhas darstellen. Als das Museum umgebaut wurde, nützte er die Gelegenheit, um die Sammlungen auszustellen, die der Archäologe Pelliot aus Chinesisch-Turkestan mitgebracht hatte.

Sein Geniestreich aber war, dass er neben den tibetischen Sammlungen, auf dem Umweg über den Buddhismus, Stücke von Gangara und Zentralasien präsentierte. Damit hatte sich der Angelpunkt herausgeschält, um den sich seine künftigen Forschungen drehen sollten. Als ersten Schritt in diese Richtung schloss er sich 1924 mit dem Gründer der DAFA, dem Archäologen Foucher, zusammen. Monatelang erkundeten sie zu Pferd die nordwestlichen Grenzen zu Indien. Hackin lächelt uns an und erklärt: ›Wenn ich denke, wie oft wir in der Erde gegraben und nichts als Erde gefunden haben! Ich habe die Archäologie wie einen Sport praktiziert.‹

Im Übrigen ist es der erste Kontakt mit Bamiyan. Bamiyan an der Seidenstraße, immer schon Durchgangsort für alle, die nach Chinesisch-Turkestan flüchten mussten. Jene Menschen, die am Beginn neuer Kulturen auf den Pisten Chinas in Richtung Japan zogen. Diesen Pisten werden wir folgen und die Überreste der erloschenen Kulturen erforschen.

Abschließend sagt Hackin: ›Es ist eine große Chance für mich, mit Ihnen durch Zentralasien zu fahren, denn so kann ich Etappe für Etappe den Weg verfolgen, auf dem sich der Buddhismus von Afghanistan bis zu den östlichen Grenzen Turkestans ausgebreitet hat. Ich brauche Sie.‹

Wir sind gern bereit, diesem charismatischen Gelehrten zu folgen und mit ihm die glanzvollen Überreste zu entdecken. Dafür nehmen wir notfalls auch die schlimmsten Schwierigkeiten in Kauf.

Ich kann kaum einschlafen an diesem Abend. Eine Flut von Bildern schießt mir durch den Kopf, Namen von Orten, die mich schon immer fasziniert haben: das Bamiyan-Tal ... Die Taklamakan-Wüste ... Tote Städte in den fernen Tarim-Oasen ... Auf Entdeckungsreise mit dem großen Hackin!«

Auf die fürstlichen Empfänge folgen lange, entbehrungsreiche Tage in den rauen Bergen Afghanistans. Im Morgengrauen oder bei Einbruch der Dunkelheit kreuzen Reiter ihren Weg. Es sind wilde, freiheitsliebende Krieger, jederzeit bereit, an einem Aufstand teilzunehmen. Die regulären Soldaten übersehen geflissentlich diese stolzen Stammeskrieger mit ihren geschulterten Gewehren, an deren Enden Perlen und Quasten baumeln. Die Etappen sind extrem anstrengend. Die steilen Felshänge speichern die Hitze wie Backöfen und werfen ihren Gluthauch über die Raupen.

»So stelle ich mir die Hölle vor«, murmelt Le Fèvre.

»Ja – wie ein endloser Todeskampf ohne Tod«, seufzt Audouin.

Das Thermometer zeigt 50° C im Schatten an. Die Vergaser funktionieren nicht richtig, die Raupen schaffen nicht mehr als 6 km pro Stunde. Bei dieser Geschwindigkeit legen sich dicke Staubwolken, vom Konvoi aufgewühlt und vom »Wind der 120 Wochen aufgewirbelt«, auf die Raupen, dringt der Sand in die Nase, die Augen, die Lungen. Es ist eine ständige Quälerei. Haardt ist krank. Alle leiden schwer unter den Strapazen. Zwei Mechaniker sind so erschöpft, dass sie ihre Fahrzeuge nicht mehr steuern können. Le Fèvre ruft jeden Abend: »Mir kocht das Hirn in der Schale!«

15 Kilometer von Kandahar, am Ausgang eines Engpasses, erwartet sie ein Schild: »Für Ausländer ohne Pass ist das Betreten der reinen, heiligen Erde Afghanistans verboten«. Müssen sie sich darauf gefasst machen, dass die Region von diesem Punkt an gefährlicher wird und der Fanatismus genauso bedenklich wie in Persien?

Mitten im Tal versperrt der Fluss Arghandab die Piste. Sie müssen hinüber. Alexanders Armee hat den Arghandab weiter im Süden überquert, aber hier scheint der Fluss tiefer zu sein. Sie nehmen Sondierungen vor und installieren die Zugvorrichtung.

Vor Kandahar in Afghanistan: Eine der Raupen wird über den Fluss manövriert.

An den vom tosenden Wildwasser unterhöhlten Ufern spielen sich Szenen von bizarrer Schönheit ab: Die Fährleute tragen lange Tuniken mit gebauschten Ärmeln, Pluderhosen, die an den Knöcheln gerafft sind und in der Taille von Patronengurten zusammengehalten werden, und auf dem Kopf den riesigen traditionellen Turban. Von ihm hängt eine Stoffbahn herab, deren Länge das Ansehen des Trägers verrät. Die Kähne sind von reißenden Wasserstrudeln umgeben. Am Ufer stehen die mit den Waffen beladenen Pferde bereit: Ein Afghane hat zwei Freunde, sein Pferd und sein Gewehr. Ferracci, der »Baba Moteur« (Vater des Motors), diskutiert mit dem Anführer der Fährleute, »Baba Daria« (Vater des Flusses), was bei den Umstehenden große Heiterkeit auslöst. Haardt will die Überquerungen höchstpersönlich dirigieren. Er hockt sich auf einen der Lastwagen und brüllt seine Befehle, den Helm schief auf dem Kopf. Vassoigne, der Protokollchef, meint, dass es schwierig sein dürfte, ihn unter diesen Umständen weiterhin als »Seine Exzellenz, Generaldirektor der Expedition Citroën« bei hohen Staatsempfängen vorzustellen. Die Motoren stehen unter Wasser, aber die Raupen kommen hinüber. Am anderen Ufer wurde auf Anordnung des Gouverneurs ein Zeltlager errichtet. Sechs Lastwagen warten dort, mit Material und Personal beladen, unter anderem einem Küchenchef und Boys jeglicher ethnischen Herkunft. Den Citroën-Leuten wird eine Mahlzeit auf königlichem Geschirr vorgesetzt. Ein Gewitter braut sich zusammen, und überall lauern Skorpione.

Das befestigte Kandahar, an der Route gelegen, die an den afghanischen Bergen vorbei nach Indien führt, ist ein wichtiges Handelszentrum, wo indische Händler und russische Handelsagenten ihre Geschäfte machen. Mit seiner Lage zwischen dem Gebirge und der Wüste ist Kandahar auch ein wichtiger strategischer Punkt, der Kabul mit Herat verbindet und von den Engländern scharf überwacht wird. Wer Kandahar kontrolliert, beherrscht Afghanistan.

»3. Juni – Kandahar
Wir wohnen in der königlichen Residenz, die uns von seiner Exzellenz, Mohammed Gul Khan, zur Verfügung gestellt wurde. Nach der roten staubigen Piste eine wahre Erholung. Von meinem Fenster aus bewundere ich die prächtigen Gärten im französischen Stil. Der Gouverneur ist europäisch gekleidet, trägt aber eine Astrachanmütze. Hackin und Pecqueur haben sich von unserer Gruppe getrennt. Der Archäologe war in den Souks, um Münzen zu kaufen, die er als indoparthisch identifiziert hat, von einer Fundstätte, die ganz in der Nähe liegen könne. Jetzt sind sie fortgeritten, um sie zu suchen, und es bricht mir fast das Herz, dass ich nicht mitreiten kann.

Ein Telegramm von Point – seine Position: 42° nördliche Breite, 104° östliche Länge. Sie sind fast in der Mitte der Wüste Gobi angelangt. Nichts über Delastre. Wahrscheinlich musste er doch nicht evakuiert werden.

6. Juni – 43. Biwak, Muktur
Die Abendkühle senkt sich wohltuend auf uns herab, lässt uns wieder aufleben. Und schon treten die Tänzer auf. Längliche Trommeln werden dazu geschlagen. Langsam drehen sie sich vor unseren Zelten. Die grünen und orangefarbenen Schals in ihren Händen flattern im Wind. Sie tragen eng anliegende Westen, und ihre kurzen Hemden fallen über ihre Pluderhosen. Der schrille Ton der Flöte mischt sich mit den tiefen Trommelschlägen. Die Tänzer kommen und gehen, wirbeln herum. Ihre Haare peitschen durch die Luft, und die Schals verschwimmen zu orange-grünen Farbwirbeln über ihren Köpfen. Zwei halbwüchsige Jungen in bestickten granatroten Westen betören die Zuschauer mit feurigen Blicken. Die Neugierigen, die einen Kreis bilden, sind bald ganz im Bann der Musik. Auf einem Panzer und auf einem Lastwagen sitzen Soldaten und verfolgen das Schauspiel. Die alten Schutzwälle von Muktur färben sich rot in der untergehenden Sonne, dann erlischt das Tageslicht.

Ich liege im Zelt und lausche einem Gesang, der in die Nacht aufsteigt, sanft und melancholisch. Aufforderung zu einer Liebesnacht? Auf der hohen Mauer von Muktur singen die kleinen Tänzerinnen.«

Wie jeden Morgen Aufbruch um fünf Uhr; in Muktur gibt es keinen Grund zum Verweilen. Auf der glühenden Straße begegnen ihnen lange Karawanen – Hunderte bewaffneter Männer, die von berittenen Chefs angeführt werden. Wohin reiten diese Krieger? Sind sie unterwegs zu Kampfhandlungen in benachbarte Regionen? Oder sind es Plünderer? Die Soldaten, die die Expedition begleiten (Soldaten der regulären Armee), ignorieren die Männer, und Fragen bleiben unbeantwortet. Hingegen verlangt der verantwortliche Offizier der Truppe einen Halt vor einem eindrucksvollen Monument, einer 20 Meter hohen Säule, deren wuchtiger Sockel einen fünfzackigen

Stern bildet. Zwölf Abschnitte sind in dem Stuck geformt, der den Stein umhüllt. Es ist eine der Siegessäulen, die Sultan Mahmud (971–1030), Gründer eines riesigen Reichs von Chorasan bis Nordindien, errichten ließ, um die Pisten zu markieren, die er auf dem Weg nach Indien genommen hatte. So kündigt sich Ghazni an, die Stadt der tausend Lehmgässchen, wo der Oleander an den heißen Wänden schmachtet. Das Camp wird am Eingang des Tarnak-Tals errichtet, nicht weit vom Cher-Hadan-Plateau, das nach Kabul führt.

*Kabul*

»9. Juni, abends – 45. Biwak
In 800 m Höhe windet sich ein Engpass endlos in den roten Berg hinein – und plötzlich, wie aus dem Nichts, der Hindukusch. Das grelle Licht seines gewaltigen Gletschers überflutet das Tal von Kabul. Hackin erzählt mir einige Episoden aus der blutigen Revolution von 1929, während unser Konvoi in die Stadt einfährt.

›Sehen Sie, die Festung hier trägt noch Spuren von diesem Bürgerkrieg an ihren Mauern. Hier hat der Revolutionär Batscha-i-Sakao, Sohn des Wasserträgers, sein Leben gelassen, als die Munitionslager in die Luft flogen und alles um ihn herum in Flammen stand. Hunderte von Männern wurden hier von den Maschinengewehrsalven niedergemäht. Auch in der Nähe der französischen Gesandtschaft wurde gekämpft. Nach den Kämpfen sind die Plünderer in die Gesandtschaft eingedrungen, haben sich ihre relativ bescheidene Beute genommen, das Personal, das noch da war, um Verzeihung gebeten und sind dann verschwunden. Die Gehängten ließ man in der Sonne verwesen. Auch heute noch sind ›Kanonierungen‹ nichts Ungewöhnliches. Das spielt sich folgendermaßen ab: Der Verräter wird an die Mündung einer Kanone gebunden und von der Kugel zerfetzt.‹

Fotografie von Hackin von 1929; die Helden des Volksaufstands, angeführt von Nadir Khan.

›Und Sie sind nicht aus der Stadt geflohen?‹

›Nein, wir saßen ja in der Falle.‹

Unsere Kolonne hält an. Eine feierliche Einfahrt muss zu einer genau festgelegten Zeit erfolgen. Das Dumme ist nur, dass uns der Protokollchef und die Stadtregierung unterschiedliche Zeiten genannt haben. Da wir beide nicht kränken wollten, einigten wir uns auf einen Mittelwert.

Endlich brechen wir wieder auf. Wir fahren auf einer 6 km langen, mit Weiden bepflanzten Allee entlang, die zwischen zwei Hügeln verschwindet. Gebäude im Stil der 1930er-Jahre säumen diese Allee. Schwarze Fensterlöcher klaffen in ihren Fassaden. Vor einem Denkmal erwartet uns eine Menschenmenge. An dem Denkmal die Inschrift: ›Dieser Krieg ist der Kampf der gebildeten Kräfte gegen die Barbarei‹, und die Schüler der französischen Schule schreien im Chor: ›Vive la France!‹ Wir fahren durch das alte Kabul, unter guter Bewachung. Bei jeder großen Kreuzung gibt unser Führer das Passwort. Überall bewaffnete Soldaten. Endlich erreichen wir unsere Unterkunft, ein schönes Haus, das in grell orangefarbenes Licht getaucht ist. Die Scheinwerfer sind die ganze Nacht mit voller Kraft auf die Mauern gerichtet – wir sind also gut beschützt.

Das Grammofon leiert sein Repertoire herunter. Wir hören es jetzt zum dritten Mal seit unserer Abreise. An den anderen Etappenabenden waren wir einfach zu müde dazu. Williams ist schon schlafen gegangen, aber bei jedem amerikanischen Lied schießt er aus seinem Zelt hervor wie ein Springteufelchen aus seiner Box.

›Ein gutes Biwak, die Nummer 45!‹, sagt Le Fèvre, und die anderen stimmen alle zu.«

*Das Bamiyan-Tal*

Von Kabul nach Bamiyan über Kohistan. Hackin führt die Expeditionsleiter, die Filmleute, den Maler, den Fotografen, den Historiografen, den Kapitänleutnant Pecqueur und Vassoigne zu der archäologischen Stätte, wo er seit Jahren seine Forschungen und Studien betreibt. Am Vorabend war Hackin ganz in Gedanken und beteiligte sich kaum am allgemeinen Gespräch. Er ging früh schlafen und verabschiedete sich in einem ernsten Ton, den man sonst nicht an ihm kennt, von seinen Kameraden: »Bamiyan stellt in der Geschichte der Menschheit einen Knotenpunkt dar, an dem sich mehrere Zivilisationen kreuzen. Es ist das Band zwischen Baktrien und dem chinesischen Zentralasien. Bis morgen ...«

Ohne ein weiteres Wort zog er die Tür hinter sich zu.

»Unglaublich, dieser Mann«, murmelte Haardt.

Die Sonne steigt gerade über einem flachen Bergkamm auf, als die Abordnung sich auf den Weg macht. Sie nehmen eine Piste, die über Karakhan durch einen endlosen Garten führt. Sie betreten den engen, gewundenen Eingang des Ghorband-Tals, überqueren den Siaguir auf einem Steg, der so wacklig ist, dass ihnen die Haare zu Berge stehen. Das tobende, schäumende Wasser unter ihnen ist sechs Meter tief. Auf dem Shibar-Pass (2987 m) erreichen sie die geografische Grenze zu Indien und Zentralasien, die Trennungslinie der Wasser des Oxus (Amu-Daria) und des Indus. Sie begegnen Männern mit Gewehren auf dem Rücken. Diese bewaffneten Bergbewohner, angeblich gefürchtete Krieger, lächeln ihnen zu. Viele erkennen Hackin. Er identifiziert sie an der Form ihres Turbans, an ihren Gesichtszügen: Azaren, Azakhelen, Alilosen ... Vom Shibar steigen sie durch tiefe, zwischen raue Berggipfel gezwängte Schluchten ab.

Auf 2500 Metern öffnet sich das Bamiyan-Tal, das 15 km lang und 3 km breit ist. »Ein grünes Erosionstal, von Trauer- und Korbweiden beschattet. Eine idyllische Ebene wie aus urdenklichen Zeiten.« (Le Fèvre). Am Eingang fällt der Blick auf die Ruinen der prämongolischen Stadt Shar-i-Zoha, die im 7. Jahrhundert von Muslimen zerstört wurde, darüber ragen sassanidische Ruinen auf. Im Süden die Vorberge des Hindukusch. Steilhänge aus ocker- und amethystfarbenen Felsen begrenzen das Tal, fast silbergrau mit grünlichen Adern und Zinkweiß-Einsprengseln. Vor diesem Hintergrund, in den Fels gemeißelt, erscheint das erste buddhistische Monument, der 35 m hohe Buddha.

»Saftiges Grün, so weit das Auge reicht, und man begreift, warum Bamiyan zu allen Zeiten Durchgangsort der Reisenden, Pilger und Eroberer war. Es ist der Weg, den der Buddhismus bei seiner Ausbreitung nach Indien, China und Japan genommen hat.« – Hackin zeigt ihnen seine langjährige Forschungsstätte, die er als »Vorhof der Archäologie in Asien« betrachtet und die sich im Westen zum sassanidischen Persien und im Osten nach Zentralasien öffnet.

Er führt seine Begleiter in sein Forschungslabor. Die Überraschung ist groß. Der Gouverneur von Bamiyan hat dem großen Archäologen auf Empfehlung des Königs Nadir Schah sein Haus zur Verfügung gestellt. Der Gouverneur ist dieser Anordnung mit großer Liebenswürdigkeit nachgekommen, denn die Gesetze der Gastfreundschaft sind den Afghanen heilig: Ein Freund wird behandelt wie ein König. Außerdem darf man nicht vergessen, dass Hackin von Nadir Schah als »Großer Freund von Afghanistan« betitelt wurde. Die Unterkunft geht auf das Tal hinaus, das man von einer Säulen-Loggia aus bewundern kann. Hackin lässt hier seinen Gästen duftenden Tee servieren. Gegenüber von ihnen ragen die beiden in den Fels gemeißelten Götterstatuen auf, umgeben von klaffenden Höhlen, den Felsrefugien.

Bevor er dem Heiligtum einen Besuch abstattet, um die Arbeiten zu überwachen, denn dazu ist die Gruppe schließlich hierhergekommen, weiht Joseph Hackin seine Kameraden in die Geschichte dieser Stätte ein, die noch nicht genau datiert ist:

»Der Buddhismus entstand im 6. Jahrhundert vor Christus in Indien und breitete sich bis nach Afghanistan aus, als die ersten griechischen Könige der Seleukiden-Dynastie, von Alexander dem Großen gegründet, von den Indo-Skythen verjagt wurden. Alexander der Große hatte keinen direkten Einfluss auf den Bamiyan-Komplex. Es zeigte sich jedoch, dass nach der Invasion Alexanders und der Eroberung bestimmter Gebiete durch seine Generäle, die dort Dynastien gründeten, eine fruchtbare Hellenisierung Afghanistans einsetzte. Im 3. Jahrhundert unserer Zeit übernahm die Bildhauerkunst den griechischen Faltenwurf. (Alexander wird mit einer indischen Gottheit in Verbindung gebracht.) Bamiyan erlebte 500 Jahre lang eine außerordentliche Blütezeit, vom 2. bis zum 7. Jahrhundert nach Christus, der Epoche der muslimischen Eroberung. Es gab regelrechte Mönchskollegien und bis zu 2000 Mönche, die in den zahlreichen Felsrefugien um die monumentalen Buddhastatuen herum verstreut waren.

Unser Forschungsprogramm beschäftigt sich vor allem mit dem Kapitel der iranischen Einflüsse. Ich werde Iacovleff die gesamten noch nicht kopierten Malereien zeigen. Zusammen mit den Filmaufnahmen und den Fotografien von Williams ergibt das eine einzigartige Dokumentation, die dazu dienen soll, Vergleiche mit den Werken anderer Stätten zu ziehen, die wir noch auf unserem Weg besichtigen werden, bis nach Chinesisch-Turkestan und in die toten Städte des Tarimbeckens. Diese vergleichende Dokumentation, die wir erstellen werden, soll die Ergebnisse von einigen großen Vorgängern wie Lecoq, Pelliot, Grünwedel ergänzen. Sie haben ihre Forschungen vor 1914 in der Taklamakan-Wüste und in Chinesisch-Turkestan angestellt. Ihr Beitrag wird von großem Wert für die Forschung sein. Wir haben hier die Möglichkeit, Etappe für Etappe die Ausbreitung der buddhistischen Kunst von Afghanistan bis China zu verfolgen. Ich habe mich hier in Bamiyan oft gefragt: Sind wir vielleicht auf der Spur der buddhistischen und sassanidischen Kunst, genau zu dem Zeitpunkt, als ein Teil von Baktrien vorübergehend von den sassanidischen Herrschern erobert wurde? Das könnte eine Erklärung für den sassanidischen Einfluss in der mittelalterlichen Kunst von Turkestan sein. Und nun liegt es an uns, eine Antwort auf diese brennende Frage zu finden.«

Das Identifizieren und Kennzeichnen der Artefakte beginnt. Zwei Nischen, in den Fels gehauen, beschützen die Buddhas. In Joseph Hackins Augen sind die Proportionen des kleinen Buddha (38 m) eindeutig schöner als die des großen (53 m). »Es ist offensichtlich«, erklärt er, »dass das hier ein erster, geglückter Versuch der Darstellung Buddhas war. Dabei ist den Mönchen klar geworden, dass sie auch eine Götterstatue von 53 Metern in den Fels hauen könnten, den großen Buddha.« Wuchtig ragt der beschädigte Buddha auf. Nur der untere Teil seines Gesichts existiert noch, die Hände sind abgeschlagen. Der gesamte Rumpf der Götterstatue ist mit Löchern durchsiebt, damit der Mörtelkalkverputz besser aufgenommen werden konnte. Alle Gewandfalten sind in den Verputz gemeißelt. Ursprünglich war dieser Buddha vergoldet, was der Mönch Xuanzang bezeugte, als er 632 von einer Pilgerreise zurückkam und treuherzig versicherte, dass die Statue aus purem Gold sei. An dem Gewölbe über ihrem Kopf befinden sich eine Reihe von Buddhas mit ihren Stiftern, die mit sassanidischen Attributen geschmückt sind. Diese Stifter waren zum Buddhismus bekehrte Barbaren. Rings um die Buddhas führt eine Treppe zu einem Umgang und den Refugien. Hackin wendet sich an Iacovleff: »Ihre Aufgabe ist es jetzt, die Spuren dieser einzigartigen Werke zu bewahren. Nur dazu machen Sie sich zum Kopisten: um die Erinnerung daran zu retten, bevor die Bilder ganz ausgelöscht sind.«

In einer ersten Höhle weist er traurig auf die Schäden hin: »Das war ein Empfangssaal. Die Kuppel wurde von den Muslimen geteert. Alle Bilder wurden mit Teer überstrichen und dann in Brand gesteckt. Die Muslime wollten das, was in ihren Augen eine doppelte Häresie war – die Darstellung der menschlichen Gestalt – vollständig auslöschen. An manchen Stellen hat sich der brennende Teer unauflöslich mit der Malerei verbunden. Diese Partien konnten nicht gerettet werden. Hier und da konnte der Archäologe Bacquet mit dem Spachtel ein paar Malereien freilegen – das, was Sie hier sehen. Der Rest ... na ja ...« Hackin schweigt nachdenklich. Die interessantesten Höhlen dienten als Kornspeicher, und der Kornstaub, der sich im Lauf der Zeiten anhäufte, bildete einen äußerst widerstandsfähigen Verputz.

Die Reisenden entdecken in den Gängen gemeißelte Rankengirlanden, Doppelbögen, mit Hunderten von kleinen Buddhas geschmückt, einen reich verzierten Raum, dessen Arkaturen Nischen für Götterbilder enthalten, von deren Existenz nur noch die Ausbuchtungen zeugen. Einer der Säle wurde restauriert: kleeblattförmige Bögen, herrliche Fresken an der Wand und in den Nischen bartlose Gestalten mit spitzen Mützen. Die bemalten Höhlen sind die ältesten der Fundstätte; eine Reihe von Sanskrit-Inschriften, als Gloriole gestaltet, sind zum Teil herausgekratzt.

Der große Buddha von Bamiyan, 53 m. Zu seinen Füßen die Künstler und Wissenschaftler der Expedition.

In einer besonders eindrucksvollen Höhle ergreift Hackin wieder das Wort: »Mit seiner Kombination von dekorativen Elementen stellt dieses Heiligtum einen Übergang zwischen den bemalten und gemeißelten Höhlen dar. Am Dachgesims sehen Sie ein Blütenornament, und beachten Sie bitte den Faltenwurf an den Figuren, deren Büsten hervorstehen, und die Verzierung des Kranzgesimses mit den löwengeschmückten Balkenköpfen. Diese Werke stammen von anonymen Künstlern, unterschiedlichen Schulen, viele davon sicherlich von durchreisenden Pilgern, die auf diese Weise ihre Zeche bezahlten. Durch die unablässigen Pilgerströme, die jahrhundertelang hier durchgekommen sind, konnte die Verbindung mit Zentralasien hergestellt werden. Beachten Sie den Botthisatva dort, das ist ein Element, das die ausschließlich modellierte und nicht gemalte Ausschmückung des großen Buddha ankündigt.«

Dieser erste Tag, der dazu diente, die Arbeiten zu definieren und festzulegen, endet bei Sonnenuntergang. Le Fèvre notiert einen letzten Eindruck, geäußert von Hackin, als er an einer Wand vorüberging: »Sehr bewegend, diese Skizzen, die eine nie vollendete Ausschmückung vorbereiten ... diese flüchtig hingeworfenen Bewegungen, die so meisterhaft ausgeführt sind.«

Doch am Abend siegt die Fröhlichkeit und fegt die Melancholie hinweg. Es gibt noch so viele einzigartige Überreste der vergangenen Zivilisationen an diesen Orten. Unsere Künstler werden ab morgen dafür sorgen, dass die Erinnerung an sie bewahrt bleibt.

In aller Frühe baut Iacovleff sein Material auf dem schwindelerregenden Weg auf, der zum Kopf des Buddha führt, um Elemente der Wandmalerei auf seiner Leinwand festzuhalten. Williams, der wie üblich kein Risiko scheut, klettert in den Ruinen und Schutthaufen herum. Die Foto-Dokumentationen, die er anfertigt, werden in den Zeitungen der ganzen Welt publiziert. Das Filmteam wandert auf dem ganzen Gelände herum, um Film- und manchmal sogar Tonaufnahmen zu machen, wenn umherziehende Karawanen mit Hunderten von Ziegen und Schafen durchkommen. Hackin lässt die zahlreichen Interviews über sich ergehen, die Le Fèvre ihm abverlangt. Le Fèvre ist ein Perfektionist und fragt immer wieder nach, ob sich nicht irgendwelche Fehler in seine wissenschaftlichen und historischen Notizen eingeschlichen haben.

Die glücklichen Bamiyan-Besucher ahnen nicht, dass die Dokumente, die sie anfertigen, 70 Jahre später von unschätzbarem Wert sein werden. Einzigartige Dokumente, Zeugnisse der Größe dieser erloschenen Kulturen, deren Überreste 2001 dem Fanatismus der Taliban zum Opfer fielen, zerstört und ausradiert, »von der reinen und heiligen Erde Afghanistans« hinweggefegt.

Die Citroën-Expedition bricht wieder auf. Der Gouverneur ist anwesend. Die Bewunderung und Begeisterung, die alle empfinden und äußern, lassen ihn kalt, was ihn aber nicht daran hindert, äußerst höflich und liebenswürdig zu bleiben. Er grüßt, die Hand auf dem Herzen.

Auf dem Rückweg wendet sich Audouin-Dubreuil an Hackin:

»Als ich diese raffinierte Geste und das halbe Lächeln gesehen habe, mit dem er uns entlassen hat, konnte ich buchstäblich hören, wie unser Gastgeber bei sich dachte: Tut mir leid, aber wir werden uns nie verstehen ...«

»Da haben Sie leider recht. Die Stätte wird weiter verfallen, die Soldaten von Schah Nadir machen Schießübungen an der großen Buddha-Statue. Ein kritischer Geist ist unvereinbar mit religiösem Gehorsam.«

# Zweiter Teil

## Auf dem Dach der Welt: die große Herausforderung

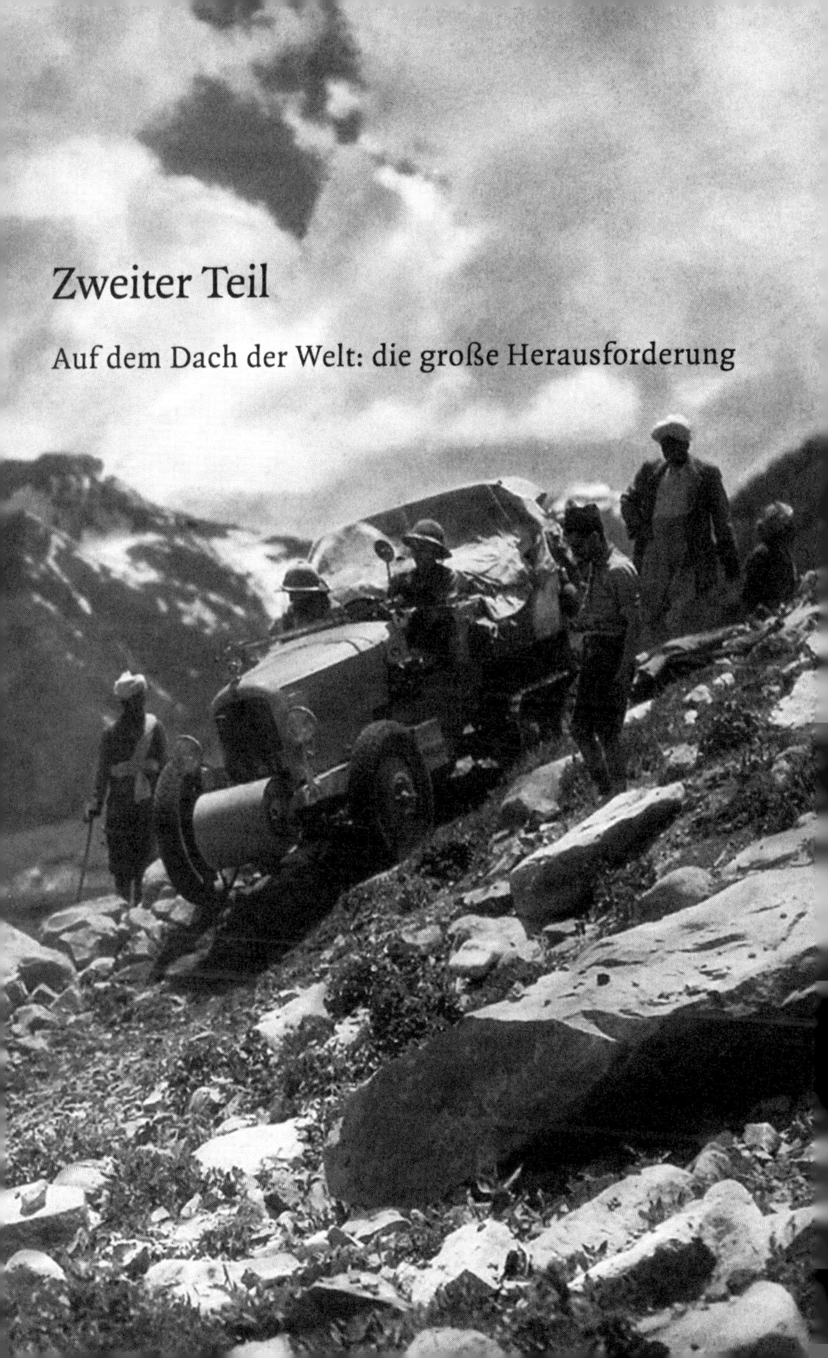

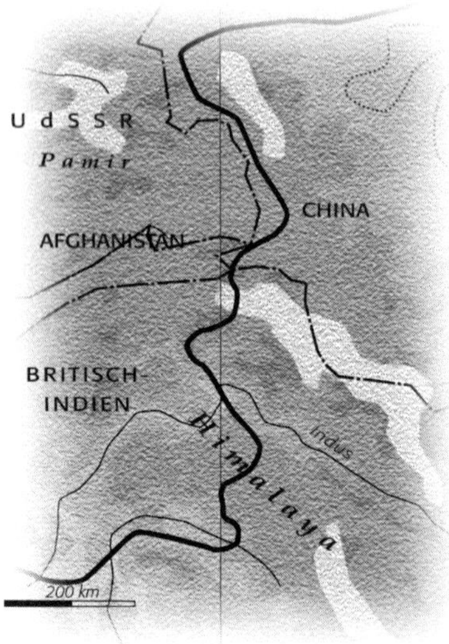


*»Der Chaiber-Pass öffnet dem von Westen kommenden Reisenden das Tor nach Indien. Er steige dann zum Kaschmirgebirge auf, der ersten gewaltigen Treppe des Pamir, aber er hüte sich, in Srinagar in den mongolischen Gärten und den Hausbooten des Jelum zu verweilen, denn der Berg schließt die Karawanen im tödlichen Eis seines achtmonatigen Winters ein.«*

Louis Audouin-Dubreuil, Reisetagebuch

Vorausgehende Doppelseite: Abstieg ins Astor-Tal durch die Ladakh-Schluchten.

## Britisch-Indien

Von Kabul in Richtung Chaiber-Pass geht es langsam abwärts in die Indus-Ebene.

»Heute Morgen Abschied von den afghanischen Soldaten. Der Offizier überschlägt sich fast vor Liebenswürdigkeit, er wiederholt ein ums andere Mal, dass er hoffe, die Aufgabe, die ihm von seinem König übertragen worden sei, zu unserer vollen Zufriedenheit erfüllt zu haben. Er grüßt mehrmals die ›Saillards‹ seiner Exzellenz des großen Chefs der Expedition, womit alle Mitglieder unserer Gruppe gemeint sind. ›Saillard‹ bedeutet auf Afghanisch ›Dichter‹, denn in diesem Land sind Dichter diejenigen, ›die immer auf Reisen sind‹. Die letzten Militärposten, die wir passieren, liegen in einem Tal, das legendäre Kämpfe erlebt hat und vielleicht auch in Zukunft der Schauplatz großer Schlachten sein wird. Es könnte sein, dass hier eine Phase des psychologischen Krieges, den die UdSSR gegen die restliche Welt führt, mit Waffengewalt zu Ende gebracht wird.

Die Angst vor dem Berg. Bisher kannte ich das noch nicht. Ich habe in den Himmel geschaut, um mich von diesem lähmenden Gefühl zu befreien. Aber das Himmelsblau war noch viel grausamer, denn es rief Erinnerungen in mir wach. Vor genau fünf Jahren, am 18. Juni 1926, bin ich in Antibes mit meinem Wasserflugzeug aufgestiegen. Fliegen war meine Leidenschaft, aber an diesem Tag war ich unruhig, ohne Nachrichten von meinem Freund Guilbaud, der sich mit Roald Amundsen auf die Suche nach der Polarexpedition von Nobile gemacht hatte. Als ich auf dem See von Tunis landete, erfuhr ich, dass sie verschollen waren. Mein Flieger-Freund ...

19. Juni – Dakka
Ritt in die Freiheit.
Nach dem bedrückenden Berg grenzenlose Weite. Wir steigen lange in die Indus-Ebene ab. Die Luft wird schwerer, die Hitze feucht, man spürt die Nähe Indiens. Die Vegetation ist geradezu berauschend nach der extremen Trockenheit der Gegenden, die wir in den letzten Wochen durchquert haben. Die Maulbeer- und Mandelbäume, die silbrig schimmernden wilden Olivenbäume werden von Orangenhainen verdrängt, dann tauchen Palmpflanzungen auf. Ein wunderbarer Anblick, wie eine Fata Morgana, fast unvorstellbar für uns, die wir 5000 km zurückgelegt haben. Drei Frauen mit durchsichtigen Schleiern über den Haaren, das Gesicht unbedeckt, mit nackter Brust und in weiten Pluderhosen, kommen uns leichtfüßig und geschmeidig in dem gleißenden Licht entgegen. Inderinnen, freie Frauen mit samtigem Blick. Sackkleider und Schleier mit Augenschlitz im Irak; schwarzes Gewand und Schleier mit Entenschnabel-Sehgitter im Iran; Burka mit Sehgitter in Afghanistan: ein Wunder, dass es noch freie Frauen auf der Erde gibt! Wir sind in eine neue Welt eingetreten.«

Am 20. Juni Überquerung des Chaiber-Passes. Le Fèvre schreibt in sein Reisetagebuch:

»Wir sind auf englischem Territorium. An der anglo-afghanischen Grenze. Zwei Grenzpfosten und eine nicht bewachte Schranke mit rot-weißen Streifen. In der Ferne eine Art Cottage und vor uns ein Schild: ›Frontier of India. Travellers are not permitted to pass this notice board unless they have complied with the passport regulations‹. Der Ort ist verlassen, ein Durchgang zwischen zwei Hügeln. Zum Glück erwartete uns Oberst Vivian Gabriel. Er hat Weisungen von seiner Regierung erhalten, die Durchreise der Expedition zum Kaschmir über den Himalaja und die hohen Pamir-Pässe zu erleichtern. Er ist ein sehr distinguierter Herr, der die Dinge mit einem überraschenden Realismus betrachtet. Er machte keinen Hehl daraus, was er dachte: Die Überquerung des monströsen Bergmassivs im Auto ist undenkbar. Die Nachrichten von Point, die er uns in Peshawar übermittelte, sind auch nicht gerade ermutigend: Victor Point soll sich in der Kampfzone befinden. Er lässt uns wissen, dass er sich mit der gebotenen Vorsicht vorwärtsbewegt. Gabriel ist der Meinung, dass Point seine Gruppe in Gefahr gebracht hat, denn die Zustände, vor denen die Botschaften gewarnt haben, sind in Gansu und Sinkiang besonders schlimm.

›Go slowly, speed limitated five miles through the cantonnement‹. Eine Straße des British Empire, eine Eisenbahn, eine zweite

Der Chaiber-pass, 1931, die Grenze zu Britisch-Indien.

Straße. Über den Sulaiman-Berg nehmen wir den Chaiber-Pass in Angriff, einen neuralgischen Punkt, an dem England die Stellung hält, Durchgangsort der Eroberer und Schauplatz des afghanischen Widerstands gegen die Briten. Der Berg ist eine sehr beeindruckende Festung, wir zählen 37 Tunnels, dazu eine Kulisse von Trutzburgen, grandiose Kunstwerke. Wir begegnen Karawanen mit Hunderten von Kamelen. Schließlich erreichen wir den höchsten Punkt des Passes, den Landi Kotal, ein riesiges befestigtes Lager, breite Straßen, große Gebäude, Läden, Zeltstraßen, angebundene Pferde zu Hunderten. Ein Militärmarsch ertönt, die *Gordon Highlanders* empfangen uns mit den Klängen von Querpfeife und Dudelsack. Die *gurkhas,* von den Engländern rekurrierte Soldaten, bilden ein Ehrenspalier. General Donald Sademan lässt das Bataillon der *sikhs* – Hindusoldaten – Revue passieren und lädt Haardt dazu ein. ›You'll have a drink?‹ Wer würde das ablehnen bei 52° C im Schatten? Mittagessen in der Messe des schottischen Regiments. Bibliothek, Jagdsouvenirs, exquisite englische Gravuren, bequeme Sessel und bei Tisch schönes Tafelsilber. Man könnte sich mitten im Frieden wähnen, obwohl noch immer Tag für Tag englische Soldaten durch die Kugeln der Kaschmir-Krieger *afridis* fallen, die auf den Hängen gegenüber dem Lager postiert sind.

Die englischen Offiziere haben mit Ferracci gewettet, dass er nie zum Kunghi Blockhouse hinaufkommen würde, einem Maschinengewehrstand, der wie ein Adlernest auf einem Steilhang thront. Ferracci hat die Herausforderung angenommen: Motorengeknatter, die Raupenfahrzeuge klammern sich am Hang fest, er erreicht sein Ziel. Mit seiner üblichen Bescheidenheit nimmt er die Gratulationen der Offiziere entgegen und sagt: ›Die Ehre meines Chefs stand auf dem Spiel: André Citroën.‹«

## *Srinagar*

Die Expedition erreicht Srinagar am 24. Juni. Es hagelt schlechte Nachrichten, die seit einigen Tagen die Ruhe des diensthabenden Telegrafisten im Palast des Maharadschas stören. Die National Geographic Society of Washington bestätigt das offizielle Durchreiseverbot durch Sinkiang, und die indische Regierung meldet einen islamischen Aufstand in Chinesisch-Turkestan und Birma. Oberst Gabriel erhält ein Telegramm von seiner Frau, das die Nachricht aus Washington bestätigt. Der britische Regierungsvertreter in Kashgar teilt mit, der *tao-tai,* Präfekt von Kashgar, sei darüber informiert, dass die chinesischen Wissenschaftler aus Victor Points Gruppe entfernt worden seien. Die Gesellschaft zur Erhaltung der chinesischen Altertümer hat an die Regierung telegrafiert, dass ihre Gelehrten, die von Point entlassen worden seien, »ihr Gesicht verloren« hätten. Des Weiteren ließ man die beiden Citroën-Gruppen wissen, dass sie an Ort und Stelle bleiben und warten müssten, welche Maßnahmen ergriffen würden. Oberst Gabriel ist überzeugt, dass der Zorn des Gouverneurs von Sinkiang groß ist. Die Lage ist etwas beunruhigend. Unter diesen Umständen wird die Erlaubnis, Sinkiang zu durchqueren, vielleicht niemals erteilt.

Die Expeditionsleiter können nicht glauben, dass das große Abenteuer im schönen Kaschmirtal zu Ende sein soll. Nichts wird sie aufhalten. Kaum ist Haardt auf der *Pax* installiert, einem luxuriösen Hausboot, das ihm vom Maharadscha von Kapurthala zur Verfügung gestellt wurde, als er auch schon mit Gabriel, Vassoigne und Pecqueur zu einer Erkundungstour nach Bandipur aufbricht, um die ersten Wege der Himalaja-Vorberge ausfindig zu machen. Können die Raupen dort vorwärtskommen? Es ist wahrscheinlich eine Flucht in den Aktionismus, so wie Haardt die Stunden der Einsamkeit flieht, die auf ihm lasten ...

Karte, auf der die Route durch die Vorberge des Himalaja und die Hochpässe des Pamir eingezeichnet ist.

Am 29. Juni abends kehrt er zurück. Auf der *Pax* wird ein Treffen abgehalten. Daran nehmen teil: die Chefs und Kapitänleutnant Pecqueur, der wegen seines Organisationstalents und seines Muts geschätzt wird; Goerger, der Sekretär der Expedition, der praktisch schon die ganze Welt umrundet hat, um die unerlässlichen diplomatischen Beziehungen zu knüpfen; Oberst Gabriel und Waddington, der in Srinagar Station macht und zum englischen Geheimdienst gehört. Eine Entscheidung ist fällig. Kann man die chinesischen Weisungen ignorieren, so tun, als sei man nicht informiert, und die Expedition auf Teufel komm raus fortsetzen? Und ist die Überquerung dieser gewaltigen Bergketten mit zwei Raupenfahrzeugen auf schmalen Maultierpfaden überhaupt realisierbar?

Über die Karte gebeugt, studieren Haardt und Audouin eine gepunktete Linie, die sich in unentwirrbarem Chaos von Bandipur nach Kashgar schlängelt. Im Herzen des Bergmassivs ragt der Himalaja auf. Er zieht sich an Tibet entlang, wie um dessen Gesteinsmassen hochzustemmen, dann rückt er mit seiner Armee von hundert Gipfeln nach Westen vor, während die Karakorum-Kette nach

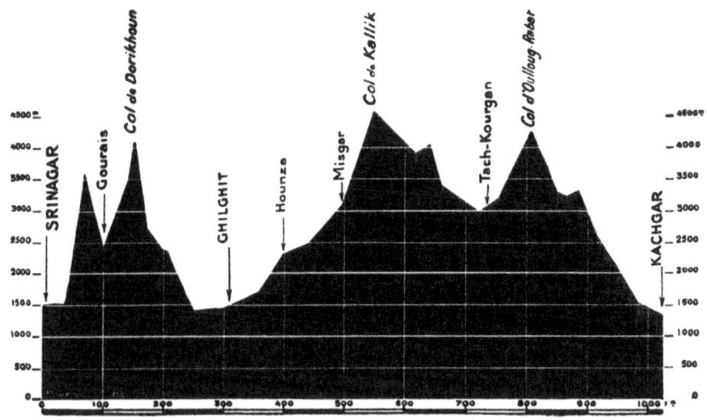


Profil des Pamir-Gebirges.

Nordwesten stürmt, vom Hindukusch gebremst, der von Afghanistan herkommt. Im Norden der Pamir, der höchste Scheideweg der Welt, über den die Seidenstraße führt.

»Seit Wochen sehe ich jetzt schon die Gipfel näher rücken, sie lasten mit ihrer entsetzlichen Masse auf allen meinen Projekten. Ich habe es sehr eilig, hinüberzukommen, es hinter mich zu bringen!«

Haardt richtet sich kerzengerade auf nach diesem Geständnis.

»Welche Vermessenheit«, murmelt Audouin nur.

»Ja, aber wir werden bis an die Grenzen unserer Kräfte gehen.«

»Und wenn Sie den ersten chinesischen Posten in Tashkurgan erreichen, müssen Sie wahrscheinlich umkehren oder vor Ort überwintern«, wendet Oberst Gabriel ein. »In zwei Monaten, wenn die Schneestürme einsetzen und alles vereist ist, werden die Berge unpassierbar sein. In diese Hölle wagen sich nur noch die einheimischen Sarikoli, die als *mail runners* den regelmäßigen Postverkehr sichern. Und viele von den Männern kommen nie zurück.«

Vivian Gabriel scheint es darauf anzulegen, den Citroën-Leuten jeden Mut zu nehmen. Ob die Engländer die verrückten Franzosen davon abhalten wollen, ihr Projekt durchzuziehen, fragt sich Audouin. Die Einträge in seinem privaten Tagebuch bestätigen diesen Verdacht: »Ich habe den Eindruck, dass der Oberst ein Telegramm mit der Weisung erhalten hat, Druck auf uns auszuüben, damit wir auf die Überquerung des Pamir verzichten. Auf der anderen Seite ist Vivian Gabriel, der seit einem Jahr durch diese Berge reitet, der Meinung, dass zwei Drittel der Route mit den Wagen nicht bewältigt werden könnten. Er ist ein vernünftiger und kluger Mann. Wenn er nun recht hat? Dann säßen wir in der Falle ...«

»Was sind das für unheilvolle Schatten, die sich über meine Projekte legen!«, klagt Haardt. »Sie bringen aber auch immer nur schlechte Nachrichten, Oberst. Und Sie verbreiten Panik in meiner Mannschaft! Aber wo in aller Welt sollen wir jetzt hin?«

Gabriel und Waddington sind starr vor Empörung. Was erlauben sich diese Franzosen? Was bilden sie sich ein? Auch Audouin ist bestürzt, denn er weiß, wie wertvoll der Rat und die Hilfe dieser beiden Männer waren. Also macht er einen Vorschlag, der Haardt zufriedenstellt und gleichzeitig die Engländer beruhigt. Vorsichtig ergreift er das Wort:

»Point muss gegenwärtig ungefähr 250 km von Sinkiang entfernt sein, man wird ihn an der Grenze anhalten und nach Peking zurückschicken. Ein Rückzug ist natürlich nicht akzeptabel, aber ...«

»Ich lasse es nicht zu, dass meine Expedition so zu Ende geht! Ich mache weiter!«

Und damit starrt Haardt wieder auf die Asienkarte.

»Aber lieber Freund, wir müssen doch alles in Betracht ziehen ...«

»Na gut, dann ändern wir eben unsere Pläne und fahren nach Osten, durchqueren Arabien, Afrika und fahren als Sieger in Dakar ein!«

Hat er den Verstand verloren? Bestürztes Schweigen herrscht im Raum. Audouin redet unbeirrt weiter:

»Aber unser Ziel ist Indochina. Wenn wir tatsächlich zum Umkehren gezwungen würden, gäbe es eine andere interessante Route. Wir könnten mit einer Karawane von Srinagar zu Lee vorstoßen, denn die Wagen sind nicht für den Schnee ausgerüstet, und der Wintereinbruch kommt früh. Von dort könnten wir an der Nordgrenze von Indien entlangfahren, bis nach Nepal und vor allem Sikkim, wo Hackin wichtige Arbeiten durchführen könnte. Dann könnten wir einen Abstecher nach Lhasa machen und direkt nach Hanoi weiterfahren. Citroën könnte uns Wagen nach Kalkutta schicken, die von dort aus nach Saigon oder Birma gebracht würden. Auf diese Weise können wir Ihre Berge in Angriff nehmen, aber wir sollten auf einen Rückzug in Ehren gefasst sein, der uns von Tashkurgan oder Kashgar nach Indochina führen würde.«

## Die Überquerung

Dann fällt die Entscheidung: den Berg erobern, an die Grenzen der Kräfte gehen. Niemand hat eine Vorstellung, worauf sie sich einlassen, außer vielleicht Ferracci, der Chefmechaniker. Sein Fahrzeug zeigt 6500 km an, als sie den Fuß des monströsen Massivs erreichen. Ferracci, der seinen Optimismus nicht verliert, stellt ein Pannenmaterial zusammen, mit dem sie auch die angeblich unpassierbaren Hindernisse meistern werden.

Eine fieberhafte Aktivität herrscht im Biwak von Srinagar und Bandipur, den Ausgangspunkten für die Überquerung. Niemand ergibt sich tagsüber dem Müßiggang im schönen Kaschmirtal, und nachts breitet die Dunkelheit ihren Schleier über die Stunden, die dem Vergnügen gewidmet sind.

Sie erreichen Srinagar, das auf einer Höhe von 1603 Metern liegt. Die Häuser, die Moscheen, die Verkaufsbuden, die zerbrechlichen Bogenbrücken, alles aus uraltem, verwittertem Holz, spiegeln sich im See oder im Wasser des Jhelum. Drei Städte, vom Wasser vereint: Hindustadt, englische Residenz, Stadt der schwimmenden Gärten. Das Leben spielt sich auf dem Wasser ab. Verkehrsmittel ist das *chicara,* ein flaches Boot, das an Bug und Heck aufgebogen ist. Reiche Leute wohnen in *house boats,* auf denen sie abends ab sechs Uhr im schwarzen oder weißen Smoking Gäste empfangen. Der Maharadscha von Kapurthala besitzt drei Paläste, 100 Polopferde und 80 Rolls Royces. Er stellt den »edlen Reisenden« großzügig eine Flotte von *house boats* zur Verfügung.

Doch es wäre gefährlich, an diesem schönen Ort zu verweilen. Die Gebirgspfade sind nur in den drei kurzen Sommermonaten gangbar. Das restliche Jahr über machen Stürme, Schneefälle und Lawinen die Überquerung der Pässe unmöglich. Die Vorbereitungen müssen so schnell wie möglich getroffen werden, damit die Gruppe in ein paar Wochen hinübergelangen kann. Der Plan ist folgender: Nur zwei Raupenfahrzeuge, der »Scarabée d'Or« und der »Croissant d'Argent«, werden die Überquerung mitmachen, nachdem sie zuvor entladen und von allem Ballast befreit worden sind. Die restlichen fünf Raupen und die beiden Lastwagen werden mit Goerger und einer Abordnung von Mechanikern in Srinagar bleiben, um die Nachhut zu sichern. Dort sollen sie auf die Bestätigung warten, dass der »Scarabée d'Or« und der »Croissant d'Argent« alle Pässe überquert haben und die Mechaniker von dem bezwungenen Berg zurückgekehrt sind. Im Augenblick hoffen noch alle, dass die Expedition Kashgar erreichen wird (wo Point sie mit den für China konzipierten Wagen erwarten sollte). In diesem Fall würden alle Mechaniker mit ihren zerlegten und in Kisten verpackten Fahrzeugen nach Frankreich zurückkehren. Das war bereits vor der Abreise von Paris so geplant. Die Fahrzeuge der Pamir-Gruppe sind nicht für China konzipiert.

Drei Gruppen werden gebildet, die im Abstand von jeweils zehn Tagen aufbrechen sollen, eine Entscheidung, die den Männern durch die Engländer und die schmalen Maultierpfade aufgezwungen wird, auf denen es keine Möglichkeit gibt, aneinander vorbeizukommen oder Verpflegungsnachschub zu erhalten.

Gruppe Nr. 1 soll am ersten Juli aufbrechen. Hackin führt diese Gruppe, er wird, soweit möglich, täglich mit Haardt Kontakt halten, per Telegramm oder Telefon, wo die Engländer Posten installiert haben, oder per »Eilpost« mit Hilfe der *mail runners.* Vassoigne hat den Auftrag, alle Hindernisse zu melden, das Terrain zu beurteilen und eventuelle Erdarbeiten, die für das Durchkommen der Wagen unerlässlich sind, in die Wege zu leiten. Er soll täglich einen

Bericht für Haardt abfassen. Iacovleff und Sivel werden dieser Gruppe zugeordnet. Alle reisen zu Pferd, von einer großen Karawane eskortiert.

Gruppe Nr. 2 soll am 12. Juli aufbrechen, unter dem Kommando von Haardt. Es ist eine gute Mannschaft, jedes Mitglied wurde wegen seiner besonderen Fähigkeiten ausgewählt. Der Chefmechaniker Ferracci und seine Mannschaft: Cécillon, Normand, Corset und Le Roux sind mehr als nur Mechaniker, fast Ingenieure. Kapitänleutnant Pecqueur, der für die Logistik zuständig ist, steht Haardt nahe und erweist sich oft als guter Ratgeber. Morizet wurde statt Sauvage ausgewählt, obwohl doch Letzterer den Expeditions-Film dreht, aber Haardt will die Aufnahmen selbst leiten. Audouin mutmaßt: »Hat Sauvage seine cineastischen Vorstellungen zu kompromisslos geäußert? Seine Originalität, die Auswahl seiner Motive gefallen dem Chef nicht immer. Haardt möchte, dass die ganze Welt dank der bewegten Bilder die Größe *seiner* Leistung und die unglaubliche Widerstandskraft seiner Raupenfahrzeuge ermessen kann.« Doktor Jourdan, der Arzt, der unentbehrlich ist, falls es zu einem Unfall kommen sollte. Williams wird die Überquerung mit seiner Kamera für die Nachwelt festhalten. Er geht den anderen zwar manchmal auf die Nerven, aber seine tägliche Arbeit wird uneingeschränkt bewundert. Bei jeder Etappe nimmt er sich die Zeit, Fotoabzüge in seinem kleinen Labor zu machen, und selbst diese provisorisch entwickelten Fotos sind ausgezeichnet. Gauffreteau, Meister der Gaumenfreuden, aber auch Tierarzt und Hufschmied, ist ebenfalls unentbehrlich für das Leben der Gruppe.

Die Karawane besteht aus zwölf Hindu-Boys, die den Entdeckern für persönliche Dienste zugeteilt sind, 100 sarikolischen Kulis, die je 28 kg auf dem Rücken tragen, 70 Pferden und 70 Maultieren, die eine Last von je 60 kg mitführen. Drei Männer transportieren das Filmmaterial.

Die Gruppe Nr. 3 soll am 20. Juli unter dem Kommando von Audouin-Dubreuil aufbrechen. Er wird täglich mit Haardt korrespondieren und mit Srinagar in Kontakt bleiben, wo Goerger die Manöver der Nachhut leitet. Er nimmt Laplanche und seine Funkstation mit (vermutlich die einzige Möglichkeit, in den nächsten Monaten mit der Außenwelt in Kontakt zu bleiben). Sauvage und Le Fèvre, der Filmemacher und der Schriftsteller, sind nicht dabei, um die Gebirgsüberquerung von Gruppe Nr. 2 festzuhal-ten, was sehr bedauerlich ist. Haardts Entscheidung bleibt vielen unverständlich. Sauvage hegt deshalb einen hartnäckigen Groll gegen den Chef und redet bis Peking kein Wort mehr mit ihm. Auch Le Fèvre ist tief enttäuscht. Er protestiert immer wieder: »Ich bin doch schließlich der Historiograf dieser Expedition, und kein unbeteiligter Zuschauer!« Er kann es kaum verwinden, dass er nun dieses einzigartige Abenteuer verpasst, über das er doch in seinem Buch berichten soll: *Die erste Fahrt mit dem Auto auf das Dach der Welt.*

Oberst Vivian Gabriel fungiert als Verbindungsmann zwischen Haardt und der Nachhut. Er soll Audouin und Goerger über die Fortschritte der Gruppe Haardt auf dem Laufenden halten. Falls Haardt Schwierigkeiten haben sollte, die den Zeitplan in Frage stellen, wird der Oberst Audouins Karawane aufhalten.

Es ist kaum zu glauben, wie dieser endlose dreiteilige Konvoi, der aus 300 Männern und mehreren hundert Lasttieren besteht, die Maultierpfade des Himalaja erklimmt, die oft so schmal sind, dass keine zwei Pferde aneinander vorbeikommen.

Die Citroën-Expedition passt sich dem langsamen Rhythmus der Karawanen der Antike an. Die beiden Chefs wissen, dass es kein Zurück nach Srinagar durch diese gewaltige Gebirgsmasse gibt, über die nur allzu bald der Winter hereinbrechen wird, und ihnen ist auch klar, dass die Durchquerung Chinas weiterhin fraglich bleibt. Wenn alles nach Plan geht, sollen die drei Gruppen in Misgar

(3100 m) wieder aufeinandertreffen, bevor sie den Aufstieg zum Kilik-Pass (4900 m) beginnen. Werden sie es schaffen, Misgar bis zum 1. September mit den Raupenfahrzeugen zu erreichen? Das ist die große Frage.

Die letzten Nachrichten aus China sind alarmierend. Nach sechswöchiger Funkstille wird eine Botschaft von Victor Point aufgefangen: »Rücken langsam voran … sehr vorsichtig … mörderische Unruhen in Gansu – chinesische Gelehrte lassen die Expedition im Stich … Durchqueren Sinkiang.« Danach reißt der Funkkontakt entgültig ab.

»30. Juni 1931 – Srinagar
Gutes Erwachen, gute Gesundheit. Die Diät in Srinagar ist perfekt. Liegt es am Whisky, der die Nieren durchspült, oder am Porridge, der die Muskeln stärkt? Morgen wird Hackin aufbrechen. Die erste Berggruppe ist organisiert. Die indische Regierung ist der Meinung, dass jede Gruppe nur drei Europäer mitführen darf. Und jeder Europäer braucht mindestens zehn Diener: Träger, Boys, Männer, die die Tiere versorgen, die Pferde, Ponys und Maultiere. Wenn wir zu viele Helfer anheuern, kann das zu unliebsamen Zwischenfällen führen, und vor allem wird die Proviantbeschaffung auf den 900 Kilometern im Hochgebirge sehr schwierig sein. Pecqueur hat sich mit großem Engagement um die Gestaltung der Camps gekümmert. Die *yakhdans,* lederbezogene Bergkisten, und die Kisten mit Lebensmitteln wurden mit größter Sorgfalt gewogen. Jeder Träger wird eine Last von 28 kg transportiren und jedes Maultier 30 kg. Unsere Kulis überwachen das Wiegen. Ein Kilo mehr oder weniger macht auf diesen Pisten einen großen Unterschied. Die Küche wird primitiv sein, das Essen auf einem kleinen Holzofen zubereitet. Außer den Hindu-Trägern und -Dienern haben wir Hunza-Männer dabei, raue Bergbewohner, die nicht nur als Führer dienen, sondern

auch die Karawane beaufsichtigen. Diese Hunza gehören einer sehr stolzen und unabhängigen Bevölkerungsgruppe an. Sie finden nichts dabei, die Hindu-Diener zu verprügeln, und es ist nicht leicht, sie in ihrem Eifer zu bremsen. Sie sind groß und schön und tragen die traditionelle Tracht des Königreichs Hunza, dazu die flache weiße Mütze mit den dicken Wülsten.

Da mir die Aufgabe zufiel, Reittiere für die verschiedenen Gruppen zu kaufen, musste ich eine unglaubliche Anzahl von Ponys und Pferden ausprobieren. Ich kann gar nicht sagen, wie viel Freude und jugendlichen Schwung diese Pferde mir geben; es erinnert mich an die Schlacht an der Marne, in der ich als junger Husar zu Pferd kämpfte. Die angebotenen Tiere haben alle verborgene Mängel oder Laster. Ich muss Tricks und Betrügereien aller Art aufdecken. Die Pferdehändler des Landes bringen mir sogar Tiere, die ich bereits unter anderen Namen gesehen habe. Lächerlich hohe Preise werden verlangt. Hier ein Zwischenfall: Ich setze mit einem kleinen Yarkand-Pferd über einen Graben, dann über eine Böschung. Vor den Zelten scheut das Tier und geht durch. Ich treibe es zurück. Plötzlich kommt ein Auto, wieder scheut es und stürzt. Ich möchte abspringen, aber mein Bein bleibt unter der Stute gefangen. Die Vertreter des Maharadschas steigen aus dem Wagen: ›How are you? We are terribly sorry!‹

Wenn das nicht demütigend ist!

Vassoigne ist aufbruchsbereit. Als Mitglied des Jockey-Clubs hat er sich feine Reitstiefel und einen weißen Smoking anfertigen lassen. Anscheinend geben die Engländer im Sommerurlaub vornehme Empfänge in den Resthouses hoch oben in den Bergen.

Hackin macht die Stadt unsicher, auf der Jagd nach Antiquitätenhändlern, seine Einkäufe lassen sich nicht mehr zählen, die Sammlungen der Expedition werden sehr eindrucksvoll sein!

Alles ist fertig. Morgen wird die erste Gruppe, in eine antike Karawane verwandelt, den Berg in Angriff nehmen. Unsere drei

Gruppen werden sehr unterschiedliche Erfahrungen machen, dessen bin ich gewiss. Hackin muss die Überquerung mit den Raupen vorbereiten. Er bildet die Vorhut, aber seine Gruppe muss zugleich die Wege ausbessern und alle Schwierigkeiten auf telegrafischem Weg an die anderen durchgeben.

Auf Haardt warten die schlimmsten Hindernisse. Ich wünsche ihm von ganzem Herzen, dass er durchkommt, aber ...

Ich selbst bilde die Nachhut. Niemand ahnt, welche Euphorie mich bei dem Gedanken an diese lange Reise von ungefähr 1000 Kilometern zur chinesischen Grenze und bis Tashkurgan in 3030 m Höhe erfasst. Ich werfe nur einen Blick auf meine mit Anmerkungen vollgekritzelte Karte, und schon läuft ein Film vor mir ab, wie ich auf dem Rücken meines weißen Pferdes dahinreite.

Wir werden vom Maharadscha erwartet. Vor meinem Zelt sind prächtige Rolls aufgereiht, die uns in den mongolischen Garten mit den uralten Bäumen bringen werden, wo wir am Rand eines klaren Wasserbeckens Tee trinken.«

### *Die erste Gruppe unter Hackin*

Die Hackin-Gruppe, die den Marsch eröffnet, bricht am 1. Juli 1931 zu Pferd nach Bandipur auf. Haardt, der unbedingt die letzten Operationen überwachen wollte, kam mit ratloser Miene zurück. Goerger, der ihn begleitete, schildert das Chaos in dieser ersten Kolonne, die wiederholten Stürze von Sivel, der noch nie in seinem Leben auf einem Pferd gesessen ist, die Sachen, die über mindestens einen Kilometer verstreut waren, der Mangel an Haltung allgemein, all das klingt bestürzend. Goerger ist für seinen schwarzen Humor und seinen kritischen Verstand berüchtigt, aber er sagt immer die Wahrheit.

Dieser 28-tägige Ritt bis Baltit erweist sich als extrem hart. Die vier Berichte, die Vassoigne während dieser Zeit an Haardt richtet, geben

2. Juli 1931. Die erste Gruppe bereitet den Weg durchs Gebirge vor: Hackin, Vassoigne, Iacovleff, Sivel (Zeichnung von Iacovleff).

einen Vorgeschmack auf die Schwierigkeiten, die sie erwarten. Haardt erhält nur den ersten Bericht. Als der zweite eintrifft, sind die Raupen schon in den Vorbergen des Himalaja. Ob Haardt die Überquerung auch dann versucht hätte, wenn ihn die äußerst beunruhigenden Informationen in diesen Schreiben erreicht hätten?

Der erste Bericht wurde in Gurais (2875 m) abgefasst. Hier einige Auszüge:

»5. Juli 1931, abends – Gurais
Cher Monsieur,
unsere Reise läuft hervorragend, trotz sintflutartiger Regengüsse, die seit unserem Aufbruch nicht mehr aufgehört haben. Das hat

die Instandsetzungsarbeiten nicht erleichtert, die wir im Rahmen unserer Möglichkeiten für die Durchfahrt Ihrer Wagen vornehmen mussten. Um die Wahrheit zu sagen, musste ich mich schweren Herzens dazu durchringen, einige Stellen in ihrem ursprünglichen Zustand zu lassen, da ich nun einmal gezwungen bin, mich an den unerbittlichen Zeitplan des Obersts zu halten. Ich fürchte, Sie werden mehr Kulis als vorgesehen für die Ausbesserungsarbeiten einplanen müssen ... und vor allem viel mehr Zeit.«

Vassoigne ist außerordentlich präzise, berichtet in allen Einzelheiten über die Probleme:

»Von Bandipur bis Tragbal wurden zwei Brücken von unten verstärkt und abgestützt. ... Vier Kurven wurden verbreitert; ein bisschen Manövrieren müsste ausreichen, um hinüberzukommen. ... Andere Brücken erscheinen uns passierbar, aber dann werden Sie an eine Hängebrücke kommen, und dort halte ich es für geraten, die Karosserie für die Überquerung abzumontieren. ... Überqueren Sie den Kishanganga, folgen Sie unter keinen Umständen dem rechten Flussufer – es führt zu einer miserablen Piste, wo Sie einen reißenden Fluss ohne Brücke überqueren müssten. ... Der Fluss muss unbedingt ein zweites Mal überquert werden. Der Weg am linken Ufer beinhaltet sehr enge Passagen (50 bis 80 cm). Er mündet in ein Tal mit einer Hängebrücke über den Kishanganga, die auf jeder Seite von vier Stahlkabeln gehalten wird. Zwei Taue verstärken sie an den Geländern. Sie sind von bester Qualität, aber ... Mit den Mitteln, über die ich verfüge, kann ich nichts machen. Auf diesem Abschnitt der Route erwarten Sie 12 Brücken und 26 Kurven, die nur schwer mit Tauen und Winden passierbar sind.

Der Regen nimmt uns die Sicht, die Kälte dringt uns bis auf die Knochen. Die Pferde und Ponys rutschen auf den Hängen, die senkrecht in den Abgrund führen. Unsere Moral ist gut. In Gurais gibt es ein komfortables Resthouse, und die Engländer sind sehr höflich.

Ich empfehle Ihnen, in Gurais 20 weitere Kulis anzuheuern, die von Fall zu Fall die nötigen Ausbesserungsarbeiten machen könnten, Schäden, die durch die Regengüsse entstanden sind, die die Berghänge fortschwemmen.«

So viel zu den Hindernissen. Der zweite Bericht ist noch schlimmer. Haardt erhält ihn, bevor er den Burzil-Pass erreicht, eine äußerst nützliche Informationsquelle, die der Gruppe Nr. 2 vielleicht schwere Unfälle erspart, wenn nicht den Verlust von Leib und Leben.

»7. Juli 1931, abends – Chelam
Cher Monsieur,
ich hoffe, Sie haben mein Telegramm aus Gurais erhalten, in dem ich unsere gute Ankunft nach dieser ersten Etappe angekündigt habe, und meinen ersten Bericht, der bald nachfolgte.

Wir haben gerade den Burzil-Pass passiert. Zu Pferd war die Operation sehr erfolgreich. Aber wir leiden immer noch unter den Regengüssen, die uns die Landschaft verschleiern ...

Was die Route selbst betrifft, kann ich Ihnen leider nichts Gutes berichten. Wir haben viele Kurven verbreitert. Danach werden Sie auf ernste Schwierigkeiten treffen: Wir sind auf 4000 m, und es liegt Schnee. Um von 4000 auf 4575 zu kommen: Auf dem Pass oben werden Sie sich zuerst um ungefähr 250 m am Berghang hinabarbeiten müssen, dann kommt eine relativ starke Steigung. Der Berghang ist wirklich schlecht. Fast alles ist schneebedeckt, mit gewaltigen Verwehungen von 4 bis 5 m in den Senken. Das stellt jedes Mal eine extreme Schräge von 50 bis 60 Grad dar. Diese Überhöhungen sind 40 bis 60 m lang, und um sie zu überwinden, gibt es gegenwärtig nur Maultierpfade, die höchstens 50 cm breit sind und auf denen der Schnee beim Durchziehen der Karawanen festgestampft wurde. Rechnen Sie mit sechs Schrägen auf ungefähr 20 Meilen, die beim Aufstieg überwunden werden müssen. Ich konnte natürlich nichts machen: Mangel an Männern, Mangel an Werkzeug, Mangel an Zeit, und vor allem ist es zwecklos, diese Arbeit zwölf Tage vor Ihrer Durchfahrt zu machen: Der Schnee rutscht ab beim Schmelzen, und der Korridor, den ich Ihnen zu öffnen versucht hätte, wäre vor Ihrer Ankunft wieder zugeschüttet worden. ... Es ist also unerlässlich, dass Sie eine gut ausgerüstete Mannschaft von Kulis mitbringen, wenigstens fünfzig.

Rechnen Sie zwei Tage allein für diesen Abschnitt.

Die folgenden vier Meilen fahren Sie auf Schnee. Vorsicht, es sind 3, 4, 5 Meter, vielleicht auch mehr. Das Tauen ist in vollem Gang, die Pferde sinken bis zum Hals ein. Es ist unerlässlich, die ganze Schneeausrüstung für die Wagen mitzubringen. Die letzten sechs Meilen vor der Passhöhe fahren Sie im Schnee durch Talbildungen, wo es Ihnen möglich sein wird, nach rechts und links auszuweichen ... Aber hüten Sie sich vor den kleinen Sturzbächen, die unter der Schneeschicht durchschießen, wählen Sie die geeignete Stelle zum Überqueren, dort, wo sie unter freiem Himmel fließen. Diese vier Meilen kosten Sie zwei Tage.

Beim Abstieg zwei Meilen Steilhang mit immer noch weichem und tauendem Schnee: Hier müssen Sie sehr vorsichtig sein. ... Dann erreichen Sie das Resthouse, wo ich zwei Kurven habe verbreitern lassen. Organisieren Sie ein Lager von mindestens zwei Nächten in Burzil Chuky, aber kampieren Sie nicht auf dem tauenden Schneefeld.

Nach einer unerlässlichen Erholungsphase an diesem sehr korrekten Ort folgen eine Reihe von ernsten Schwierigkeiten. Der Berghang löst sich vollständig auf, der Weg ist 50 bis 80 cm breit, aber ich kann Ihnen nicht garantieren, dass er den Raupen standhält. Diese werden Ballast abwerfen müssen. Erde und Steine rutschen fortwährend ab und nehmen die Piste mit. Lawinen sind eine ständige Gefahr ...

Bis Hindi gibt es auf fast zehn Meilen eine Serie von Steilkurven, entweder in den Fels gehauen oder mit Geröll und Erde aufgeschüttet. Ungefähr die Hälfte dieser Strecke muss völlig überholt werden, die Einsturzgefahr unter dem Gewicht der Wagen ist groß. Die Steilhalden sind schwindelerregend. … Nach dem Dorf Hindi, das man nur mühsam zu Pferd durchquert, trifft man wieder auf Steilkurven, die auf der ganzen Strecke in den abbröckelnden Berg gehauen sind, ein fast vertikaler Hang. Hier muss viel Arbeit von Hand geleistet werden. Für all diese Arbeiten braucht man meiner Meinung nach mindestens vier bis fünf Wochen. Ich könnte hier leicht 400 bis 500 Männer auftreiben, aber diese Arbeiter besitzen nur kleine Holzschaufeln, die eher an die Holzlöffel der Wäscherinnen erinnern. Zudem würde das alles sehr teuer werden, gut 20 000 Franc, ohne den Materialkauf. Ich habe keine einzige Rupie: Ich weiß nicht, was ich tun soll, und meine Kameraden sind genauso ratlos wie ich.

Wir reiten morgen durch das Territorium von Hunza weiter, dort kann ich, während ich auf Nachrichten von Ihnen warte, die Möglichkeit untersuchen, die Raupen zur Grenze zu verschieben.

Mit den besten Wünschen,
Ihr sehr ergebener
Vassoigne«

Ein Bericht, der nichts beschönigt und bereits ahnen lässt, welche Prüfung dieses kühne, um nicht zu sagen, wahnsinnige Unternehmen darstellt.

Hackin und Vassoigne, Iacovleff und Sivel erwähnen in der Folge noch andere Schwierigkeiten, elende Schuftereien, sintflutartige Regengüsse. Woran sie sich aber vor allem erinnern, ist die Schönheit der Berge. Das Hervorbrechen des Lichts zwischen zwei Stürmen; die Begegnung mit Menschen, die Bevölkerungsgruppen angehören, deren ursprüngliche Traditionen noch erhalten sind. Hackin ist fasziniert von diesen Bewohnern der höchsten Berge der Welt. Er tritt mit ihnen in Kontakt, denn als versierter Sprachwissenschaftler versteht er sie. Sivel, der blutjunge Toningenieur, ist inzwischen ein guter Reiter geworden, nachdem er in der ersten Zeit abends oft nicht mehr sitzen, sondern nur noch stehen oder liegen konnte. Abende, die er nie vergessen wird, ausgelassene Stunden im Kreis der Kameraden, die ihn ordentlich auf die Schippe nehmen. Iaco skizziert in aller Freundschaft seine persönlichen Eindrücke in sein Tagebuch.

Als Ergänzung zum Bericht Nr. 2 fügt Hackin ein paar Worte an Haardt hinzu. Er bestätigt ihm die beschriebene Situation. Im Postskriptum schreibt er: »Iacovleff ist in Hochform. Er hat unverdrossen in Tragbal und Koragbal gearbeitet. Sie sehen es hier!«

Zeichnung von Iacovleff, an Haardt in Srinagar gerichtet: Vassoigne, Hackin, Iaco und Sivel träumen von einer Flasche Cognac am Ende des Weges ...

Unter diesen Worten eine Zeichnung des Malers: vier Reiter, die sich unter tiefhängenden Wolken mühsam den Berghang hinaufquälen. Sie ducken sich unter dem peitschenden Regen, und ihre Gedanken sind in Form einer großen Sonne dargestellt, die hoch über ihnen strahlt, mit einer Flasche Champagner oder Cognac in der Mitte, die sie unwiderstehlich vorwärts zieht.

*Ereignisse im Kaschmirtal*

In Srinagar, wo man auf die ersten Nachrichten der Gruppe Hackin wartet, liegt niemand auf der faulen Haut. Die Mechaniker sind auf dem Kriegspfad; das ist ein Kampf, in dem sie siegen wollen. Der Gewissenhafteste von allen ist Ferracci, der sich manchmal große Sorgen macht. Er hat seine Seile, Trossen, Ersatzteile, Werkzeug aller Art aus den Wegwerf-Aktionen gerettet, die im Lauf der überwundenen Etappen vom Chef angeordnet worden waren. Er hat sogar ein merkwürdiges Gefährt mit drei Rädern versteckt, das er für den Fall entworfen hat, dass seine Wagen nicht durch alle Engpässe kommen. Es wird unumgänglich sein, die Wagen zu zerlegen. Und in diesem Fall würde er die schweren Teile auf sein Gefährt laden. Die Männer könnten die Motoren tragen, die Laufbänder, die Fahrwerke, die Achsen, die Räder, die Lenkung, die Bremsen ... Er vertraut sein Geheimnis Le Fèvre an, der sich, wissbegierig wie immer, auf dem Moon Camp herumtreibt.

Dieses Moon Camp, das für die Mechaniker reserviert ist und vom Maharadscha zur Verfügung gestellt wurde, ist ein unerhörter Luxus. Breite, hohe Zelte werden in der Nähe der geparkten Wagen aufgestellt. Es gibt Strom, Wasser und ein paar primitive Einrichtungsgegenstände, die aber ihren Dienst tun. Das Moon Camp liegt auf einem smaragdgrünen Rasen, von einer Hecke mit leuchtenden Cannas, indischem Blumenrohr, gesäumt.

Eine Anzahl von Hindu-Dienern steht dem Team zur Verfügung. Wenn die Männer mit den Motoren beschäftigt sind, haben sie keine Zeit mehr für ihre Hausfrauenpflichten. Aber das ist ein Fehler! Der Maharadscha äußert bei einem Empfang in seinem Palast den Wunsch, die Raupenfahrzeuge vorgeführt zu bekommen. Die Maharani in ihren prächtigen goldbestickten Schleiern, über und über mit Schmuck behängt, begibt sich zusammen mit ihrem kompletten Hofstaat und einigen englischen Würdenträgern ins Lager. Die Mechaniker sind im Empfangsdress, die Baskenmützen auf dem Kopf. Seine Majestät, stolzer Besitzer von hundert Rolls-Royce, interessiert sich sehr für diese geländegängige Technik. Schließlich möchte er die Zelte und Feldbetten sehen, die speziell für die Expedition entworfen wurden. Die Zelte sind noch in den Anhängern verpackt. Das erste wird herausgeholt und auseinandergefaltet. Ganze Wolken von rotem afghanischem Staub steigen auf. Der Staub besitzt die Taktlosigkeit, sich auf Ihrer Hoheit niederzulassen, und wird eiligst entfernt. Ein Bett, das genauso staubbedeckt ist, wird auseinandergeklappt. Plötzlich kullert eine Flasche heraus, die von dem Schuldigen schnell beiseite geschafft wird. Die Engländer lächeln süffisant. Waddington, der Protokollchef für Kaschmir, flüstert Audouin zu:

»Ihre Mechaniker sind hervorragend, wahre Ingenieure, aber ein bisschen seltsam ... Es sind doch schon zehn Tage her ...«

»Für unsere Mechaniker ist es eben wichtiger, die Ausrüstung zu überholen«, antwortet Audouin wütend.

Am selben Abend wird das Image von Citroën durch die Vorführung des Films *La Croisière noire* wieder aufpoliert. Der Orchesterchef des Maharadschas hat für diesen Anlass eine Musik komponiert, die perfekt zu dem Film passt, mit einem guten Gespür für den Rhythmus und die Fremdartigkeit der Bilder. »Ein Erfolg«, versichert Sauvage.

Am nächsten Tag bezwingt Ferracci den Suliman, einen Hang mit einer Steigung von 45°, und die Bewunderung des Maharadschas kennt keine Grenzen mehr.

Am 6. Juli regnet es in Strömen. Das Tal ist ein unpassierbarer See, der Jhelum führt seit einer Woche bedrohliches Hochwasser.

»7. Juli – Srinagar
Ein Golfgelände erstreckt sich über mehrere Hügel, die noch vom Hochwasser verschont geblieben sind. Der Maharadscha beglückt sein Volk mit dem Schauspiel einer Polo-Partie. Er reitet kraftvoll und spielt sehr gut. Die Inder sagen, dass Polo ein Spiel der Herrscher sei. Der Mongolenkaiser Baber der Löwe wies seine Anhänger an, dieses Spiel zu praktizieren, um sich für den Krieg zu stählen. ›Die Kugel schieben‹ ist also ein nobler Sport, dem der Maharadscha seine Freizeit widmet, in Begleitung seines besten Mannschaftsmitglieds, dem ›Minister der Feder‹. Seine Hoheit hat auch schon Bagatelle in Deauville gespielt. Nach jedem Spiel zieht die Musikkapelle vorbei und spielt schottische Märsche. In einer Umzäunung defilieren Hunderte von Pferden aus den Ställen des Maharadschas vorbei; was uns da vor die Nase geführt wird, ist ein netter kleiner Rennstall von fünf Millionen ... Haardt hat sich in eine Jodhpur-Hose geworfen – sehr smart ...

9. Juli – in meinem regenüberströmten Zelt
Ob Haardt aufbrechen kann? Der Jhelum steigt noch immer. Ich habe mein privates *boat*, die *Helmand*, verlassen. Kähne kommen vorüber, von einer starken Strömung gezogen. Die Händler verschwinden. Die Vögel haben sich unter den Blättern versteckt. Bis Mittag ist der Wasserspiegel um 2,50 Meter gestiegen. Ferracci ist trübsinnig, er fixiert die Dächer der *house boats*, die über dem Deich auftauchen. Flussaufwärts tritt das Wasser über die Ufer und überschwemmt das Land.

Der Deich droht aufzuweichen. Das Lager muss auf höheres Gelände evakuiert werden. Wenn der Deich bricht, liegen wir vier Meter unter Wasser. Und falls das nachts passieren sollte, könnten wir weder die Männer noch die Ausrüstung retten. Wir versetzen das Lager den Hang hinauf. Schlechtes Zeichen: Die Aasvögel kreisen über dem Camp und dem Fluss. Der Regen fällt, der Fluss steigt, Holzhäuser stürzen am anderen Ufer ein, dann eine uralte Moschee, von der der Muezzin zum Gebet gerufen und mit seinen Gesängen den Einzigen Gott gepriesen hatte. Eine graue Dämmerung steigt über der schwimmenden Stadt auf. Der Oberst und Pecqueur springen in einen Kahn für eine Inspektionsrunde. Ich verfolge mit Bangen den leuchtenden Punkt ihrer Lampe auf dem Fluss. Sie kentern nicht, sie kommen zurück. Der Fluss steigt weiter, er führt Tote mit …

10. Juli, 5 Uhr morgens
Der Regen hat aufgehört, aber der Wasserspiegel steigt unerbittlich. Mein Blick fällt auf unsere *house boats,* die über dem Deich aufgetaucht sind. Es sieht aus, als lägen sie auf der Mauer auf. Das bedeutet, dass das Hochwasser 16 m erreicht hat. Pecqueur hat die ganze Nacht mit einer Pioniertruppe und freiwilligen Helfern am Ufer Wache gehalten. Sie verstärken die Deiche und häufen Sandsäcke vor die schrecklichen Risse, die der Wasserdruck verursacht.

Die Sonne zeigt sich wieder, und das Tal ist von Dunst erfüllt. Um 13 Uhr schwillt der Fluss nicht mehr an. Ich höre das erste Vogelzwitschern. Das Motorboot des Maharadschas fährt an den Ufern entlang. Das Volk erkennt seinen Herrscher, und verzweifeltes Klagen und Flehen wird laut. ›Nimm von uns, o nimm von uns die Gefahr, den Tod und den Hunger!‹, flehen tausend Stimmen.«

Am 11. Juli trifft endlich Vassoignes erster Bericht ein. Die Neuigkeiten, die aus den Bergen kommen, sind nicht sehr beruhigend,

Zwischen Tragbal und Koragbal, im strömenden Regen (Zeichnungen von Iacovleff).

werden aber auch nicht als alarmierend gewertet. Wir schaffen es! Was Haardt am meisten beschäftigt, ist Hackins Brief mit Iacovleffs Karikaturen über die Missgeschicke der »Citroën-Ritter«. »Immer diese französische Kritiksucht – diesmal sogar aus den Bergen!«, verkündet er empört. Audouin verkneift sich »die Bemerkung, dass Iacovleff Russe ist, denn jedes weitere Wort würde ihn nur noch mehr gegen den Maler aufbringen.«

Haardt verschiebt seinen Aufbruch nach Bandipur vom 12. auf den 14., in der Hoffnung, dass er die ersten Hänge am 16. Juli erreichen wird.

»11. Juli, abends – Srinagar

Anstrengender Arbeitstag. Haardt wartet immer bis zur letzten Minute mit seinen persönlichen Vorbereitungen. Mir fällt kein einziges Wort mehr ein, das ich den offiziellen Briefen noch hinzufügen könnte, die er braucht und die nach Möglichkeit so elegant und geschliffen wie er selbst sein sollen. Ich denke mit Schrecken daran, dass ich in den Briefen an den Botschafter Berthelot und den

Romancier Pierre Benoït einige fast gleiche Wendungen gebraucht habe. Ich hoffe, dass diese Herren sich nicht so bald begegnen und ihre Briefe miteinander vergleichen. Der Brief an Citroën muss im üblichen optimistischen Ton gehalten werden. Warum immer alles beschönigen? ›Hören Sie, Audouin, wenn es sein muss, machen wir eine Flasche auf, um Sie ein bisschen aufzumuntern.‹

Haardt wühlt mit seinen Boys in den Koffern herum. Ich muss aus den Dutzenden von Krawatten, die er dabeihat, diejenigen Exemplare auswählen, die farblich möglichst besänftigend auf den Gouverneur von Sinkiang einwirken oder optimal mit dem Sand der Wüste Gobi oder dem Schnee in Gansu harmonieren sollen ...

13. Juli, 5 Uhr morgens
Haardt ist nach Bandipur aufgebrochen, wo seine Gruppe ihn mit dem ›Scarabée d'Or‹ und dem ›Croissant d'Argent‹ erwartet ...

Abend: Goerger berichtet mir in seinem üblichen sarkastischen Ton: ›Noch nie haben die Engländer und Hindus eine so zahlreiche und außergewöhnliche Karawane gesehen. Ausbreitung über mehrere Kilometer.‹

Haardts Hartnäckigkeit überwindet alle Hindernisse!«

# Die Raupen bezwingen den Himalaja

Am 14. Juli nehmen die Raupen der Gruppe Pamir die ersten Hänge des Himalaja in Angriff. Die Überquerung dauert 23 Tage. Was das bedeutet, kann man ermessen, wenn man einen Blick auf die Karte der Pamir-Region wirft, in der die vorgesehene Route rot eingezeichnet ist, insbesondere der Weg der Raupenfahrzeuge von Bandipur bis Gilgit, dem Punkt, an dem das motorisierte Abenteuer endet. Auf diesem Kartenabschnitt von 229 cm findet man sehr unterschiedliche Höhen: auf etwas über 2000 m Bandipur, auf 2800 Tragbal, auf 2875 Gurais, und der Burzil- und Dorikhun-Pass auf 4275. Dann in Richtung Astor durch die Ladakh- und Balistan-Schluchten ein »Absturz zum Mittelpunkt der Erde« auf 2395 m. Und schließlich Bundij auf 1415 m und Gilgit auf 1460 m.

Allein diese Höhenschwankungen bedeuten eine enorme körperliche Strapaze für die Männer, die keine Bergerfahrung haben und sich nicht so schnell an große Höhen gewöhnen können. Zudem müssen sie die Kälte der Passhöhen ertragen, die den Reisenden in ihren Eisnächten einschließen, und tagsüber die Gluthitze, die von den Felsschluchten abstrahlt wie von hitzebeständigen Backöfen. Und die Hitze in den tiefen Tälern: Die hohen Gletscher, die darüber aufragen, fangen das Sonnenlicht ein und strahlen die gebündelte Glut in die grünen Bergfalten ab. Auch die Höhenkrankheit macht ihnen zu schaffen, der Sauerstoffmangel, dem sie durch mitgebrachte Sauerstoffflaschen abzuhelfen versuchen. Unter diesen Bedingungen zu arbeiten ist die Hölle.

Aus Vassoignes Berichten, die nichts beschönigen, sondern alle zu überquerenden oder als unpassierbar eingeschätzten Hindernissen aufzählen, geht klar hervor, dass die Raupen nur selten gefahren werden können. Die meiste Zeit müssen sie gezogen, geschoben, abgestützt, abgeladen, in ihre Einzelteile zerlegt und durch Engpässe oder Schluchten transportiert werden, die nur für Mensch und Tier zugänglich sind. Es wird zu einer beinahe übermenschlichen Anstrengung. Wie Haardt gesagt hatte: »Wir gehen bis an die Grenzen unserer Kräfte.« Und oft weit darüber hinaus ...

Je weiter die Expedition voranschreitet, desto unüberwindbarer werden die Hindernisse. Haardt merkt bald, dass Vassoigne keineswegs übertrieben hat. Zwar wurden Brücken verstärkt und abgestützt, wie Vassoigne berichtet hatte, aber nur Ferracci kann ihre Stabilität im Vergleich zum Gewicht seiner Wagen einschätzen. Zwischen Tragbal und Gurais müssen die Fahrzeuge von Hand über sieben schwankende Brücken hoch über dem Abgrund gezogen werden, bei ausgeschaltetem Motor und ohne Fahrer. Ein Menschenleben zu riskieren kommt nicht in Frage. Obwohl es ein Foto gibt, das Ferracci auf der Motorhaube des »Scarabée d'or« zeigt. Hat Haardt seine Zustimmung zu einer derart waghalsigen Aktion gegeben? Ein Stück weiter müssen sie die Karosserien abmontieren.

Und kurz darauf muss eine Brücke gebaut werden. Die Hängebrücke über dem Indus ist unpassierbar. Einer der Männer, der sich daraufwagt, fühlt sich wie auf einer Schaukel. Die Wagen würden über das Geländer kippen und 30 Meter tief ins Wasser stürzen.

Die Arbeiten sind vielfältig und werden mit dem Vorrücken der Kolonne ausgeführt, die immer wieder anhalten muss, bis das Problem gelöst ist. Man kann sich kaum vorstellen, was es bedeutet, wenn 100 Kulis, Träger oder Pferdeknechte und 200 Tiere auf engen Wegen blockiert sind und weder vor- noch zurückkönnen. Jedes Ausweich- oder Überholmanöver ist auf den höchstens 60 bis 80 cm breiten Maultierpfaden undenkbar. Die einen tragen die Lasten, die

Eine Raupe wird mit abgestelltem Motor über eine Brücke gezogen. Morizet dirigiert das Manöver von der Kühlerhaube aus.

sie nicht loslassen dürfen; die anderen halten die unruhigen Tiere am Zügel. Das kann Stunden dauern, in denen keinerlei Proviant zu ihnen durchkommt. Die Männer haben Durst, und die Tiere lecken an den feuchten Felsen. Manchmal ist der Maultierpfad nichts weiter als eine enge Plattform über schwindelerregenden Tiefen. Mückenschwärme, von den Tieren angezogen, und Sandflöhe, deren Stiche unerträglich sind, quälen die Truppe den ganzen Tag. Die angeheuerten Handlanger gehen vor den Wagen her. Sie arbeiten mit den Mechanikern unter äußerst schwierigen Bedingungen, die manchmal akrobatische Fähigkeiten erfordern. Haardt und seine ganze Mannschaft helfen mit.

Felsblöcke werden aus dem Weg geräumt, mit dem Lasthebel hochgestemmt, aus Felswänden herausgebrochen. Dynamit kommt nicht in Frage – das könnte Gesteinslawinen auslösen. Die Kurven der Saumpfade sind so eng, dass die Wagen von Hand oder mit der Zahnstangenwinde hinübergehievt werden müssen.

Am 24. Juli nähert sich die Gruppe Nr. 2 dem Burzil-Pass. Dort erhält der Chef den zweiten Bericht von Vassoigne.

Haardt schätzt die Schwierigkeiten ab, die ihn erwarten. Er hat eine lange Besprechung mit Pecqueur, Oberst Gabriel, Doktor Jourdan und Ferracci. Sollen sie aufgeben? Nach dem Regen, der die Berghänge aufweicht, geht die Schneeschmelze jetzt weiter. Die Wagen sind nicht für Schneeverhältnisse ausgerüstet. Haardt argumentiert, dass es bereits eine grandiose Leistung wäre, bis Misgar vorzustoßen, und wenn dieser strategische Punkt überschritten sei, könne man vielleicht in Erwägung ziehen, von den Pamir-Passhöhen bis Tashkurgan oder sogar Kashgar zu kommen. Ferracci stimmt dem Chef zu: Er wird nicht ruhen, ehe er den Berg bezwun-

Die beiden Wagen nehmen den Burzil-Pass in Angriff.

gen hat. Der Oberst ist wütend; er ist zwei Jahre lang durch diese Berge geritten und versichert Haardt, dass der Weg nach dem Burzil-Pass (falls der Konvoi so weit kommen würde) in einer Sackgasse endet. Dann säßen sie in der Falle, mitten im Winter, und die Männer würden verhungern, denn sie kämen durch Gebiete, die extrem arm sind, und man könnte die Dorfbewohner nicht um ihre Vorräte bringen. Der Oberst funkelt den Chef-Mechaniker böse an: Ein Untergebener hat gefälligst den Mund zu halten. Der kleine Morizet, der so findig und mutig ist, irritiert ihn. Pecqueur ist sich der Gefahr bewusst, aber für ihn ist es undenkbar, Haardt zu widersprechen. Doktor Jourdan fürchtet um das Leben seiner Männer und ist mutig genug, das auch auszusprechen. Allerdings verschweigt er, wie bedenklich ihm Haardts Gesundheitszustand erscheint: ein hartnäckiger Husten, tiefe Erschöpfung, die sich an seinen immer schärfer hervortretenden Gesichtszügen zeigt.

»Bringen wir es zu Ende!«, entscheidet Haardt auch diesmal.

Die Gruppe bricht wieder auf. Es wird vereinbart, dass der Oberst nach der Überquerung des Burzil-Passes der Gruppe Audouin entgegenreiten soll, um die Karawane aufzuhalten. Der einzige existierende Weg darf auf keinen Fall blockiert werden.

Auf 4275 m Höhe, auf dem Burzil-Pass, ist die Schneeschicht vier bis fünf Meter dick, die Pferde sinken bis zur Brust ein. Ferracci und seine Männer bauen mit Hacke und Kreuzhacke neue Wege aus Schnee, die von den Kulis festgestampft werden. Diese Wege werden Meter für Meter sondiert, bevor die Fahrzeuge sich hinaufwagen, um so von Rinnsalen gegrabene Höhlen im Schnee zu umgehen. Zudem werden die Fahrzeuge mit Seilen festgehalten, damit sie sich nicht auf die Seite legen. Das Manöver kostet zwölf Stunden pro Tag, eine Strapaze ohnegleichen. Vassoignes Befürchtung wird noch übertroffen. Die Gruppe braucht drei Tage, um den Pass zu überqueren und das Resthouse in Burzil Chuky zu erreichen.

Jenseits des Passes herrscht absolute Trockenheit.

Die Karawane steigt 1000 m ins Astor-Tal hinab. Es ist ein schwindelerregender Abstieg durch die Ladakh- und Balistan-Schluchten. Die Raupen müssen zurückgehalten werden, damit sie nicht an den Felsen zerschellen. 50 Männer sind pausenlos im Einsatz.

Die Expedition quert den Berghang. 2 km von Godhai, auf einer schmalen Felsbrüstung über dem Astor, kommt es beinahe zur Katastrophe. Cécillon spürt plötzlich, wie das Terrain unter seiner linken Kette nachgibt. Die Raupe kann sich an der Abgrundseite nicht mehr abstützen, ein ganzer Teil der Böschung ist abgerutscht, der halbe Weg verschwunden.

Halt. Der Motor ist abgesoffen. Cécillon brüllt:

»Ferracci, ich sinke ein.«

»Nein, Mann, du hängst über dem Abgrund, rühr dich ja nicht!«

»Aber worauf sitz ich denn?«

»Auf gar nichts, alter Junge, auf gar nichts. Schön stillgehalten!«

Cécillon wird diese sechs Stunden nie vergessen, die er am Steuer seiner Raupe auf der brüchigen Wegstelle ausharrt. Er wagt kaum zu atmen, denn 100 m unter ihm gähnt der Abgrund. Sein Leben hängt von dem prekären Gleichgewicht ab, das einer der Männer aufrechterhält, indem er sich rechts mit seinem ganzen Gewicht an den Wagen hängt. Zentimeter für Zentimeter ziehen ihn die Kameraden, die dabei ihr eigenes Leben riskieren, an dem Überhang hinauf, der jeden Moment unter seinem Gewicht einzustürzen droht. Cécillon wird schließlich geborgen, aber er schlottert noch 48 Stunden danach. Die Einfahrt in Astor, wo sie von Trommelwirbeln und schrillen Flötenklängen empfangen werden, ist sein erster wirklicher Trost: Es kommt ihm wie eine Rückkehr ins Leben vor.

Nach Astor wird der Berg fast unpassierbar. Ständig müssen Erdrutsche und Steinschläge umgangen werden. Die Regengüsse, die wochenlang niedergegangen sind, haben den Berg verwüstet. Dann

Auf dem Weg zum Burzil-Pass. Yves Gauffreteau hat das Steuer übernommen.

stößt die Expedition auf ein neues Hindernis, das die Raupenfahrzeuge nicht überqueren können: eine tiefe Schlucht, eine Spalte von 200 Metern, die durch ein Erdbeben aufgerissen wurde.

Ist das die »Sackgasse«, von der der Oberst gesprochen hat? Das Ende von »Monsieur Haardts Kraftprobe«, wie er bei jeder Gelegenheit stichelt? Doch auf halbem Weg nach Gilgit ist die Citroën-Expedition nicht mehr aufzuhalten. Die Mechaniker treten den Beweis an, dass es für sie ein Kinderspiel ist, die Raupen zu zerlegen und wieder zusammenzumontieren. Sie bauen eine Art Werkstatt, eine lang gezogene Reisighütte, wo Werkbänke untergestellt oder die Einzelteile gelagert werden. Die Fahrzeuge werden auseinandergenommen und in 30 kg schwere Lasten aufgeteilt. In der glühenden Sonne müssen die Getriebe, Hecks, Räder etc. auf dem Rücken der Männer in einem ständigen Kommen und Gehen hinübergeschafft werden. Das seltsame Gefährt, das Ferracci gebastelt hat, erweist sich jetzt als große Hilfe bei den schwersten Lasten.

Alle sind zutiefst erschöpft. Es fehlt an Wasser, Proviant und Futter für die Tiere. Und noch viel mehr an Geld, um die Kulis und Bergbewohner zu bezahlen, die überall in den Dörfern angeheuert werden. Die Träger rebellieren, ein Streik droht auszubrechen, wird aber im letzten Moment mit der Auszahlung einer großzügigen Geldsumme und vielen Versprechen an den *contracteer,* den Chef der Trägergruppe, verhindert. Die Hitze ist unmenschlich. Aber die Expedition kann wieder aufbrechen, und das ist die Hauptsache.

Am 4. August fasst Haardt in einer Botschaft die Strapazen der letzten Tage wie folgt zusammen: »Um 13 Uhr Ankunft in Gilgit; wir haben in drei Tagen nur 29 km zurückgelegt, da wir auf Schritt und Tritt mit Hindernissen zu kämpfen hatten.« Diese Botschaft zum Abschluss der ersten drei großen Etappen enthält sich jeden Kommentars. Keinerlei persönlicher Eindruck zur spektakulären Überquerung der Himalaja-Vorberge. Keine Nachrichten über die anderen. Nichts über Gilgit und den Empfang durch die Sarikol-Bewohner. Und kein Wort darüber, wie es jetzt weitergehen soll.

### *Letzter Blick auf Kaschmir*

»19. Juli 1931 – Srinagar

Wenn ich mich eines Tages an diese glückliche Etappe erinnere, werde ich sagen: Srinagar im schönen Kaschmirtal, dessen Schals unsere Großmütter mit altmodischer Anmut trugen – wie es daliegt, in die Arme des Jhelum-Flusses geschmiegt ... Ich denke an die Stadt, in deren Wassern sich die verfallenen Holzhäuser mit ihrem Kampfergeruch spiegeln, und in einer Biegung des Jhelum, die sich zum See erweitert, der Palast eines Maharadschas, der in der Nacht aufragt und seine tausend Lichter erstrahlen lässt. Oder die

Cécillon harrt volle sechs Stunden am Steuer seines Fahrzeugs aus, das jeden Moment 30 Meter in die Tiefe zu stürzen droht.

ausgemergelten, ascheverschmierten Fakire am Ufer, die in ein glimmendes Holzstück blasen, um die Glut neu zu entfachen, und am Abend die Frauen, die mit zurückgeschlagenen Schleiern ihre bauchigen Krüge auf die Erde stellen, ihre Beine und ihre nackten Kinder mit Wasser besprengen; oder die flachen *chicaras,* mit zwei Ruderern im Bug, die ihre herzförmigen Ruderblätter ins Wasser tauchen. Lange habe ich einem vorbeiziehenden Boot nachgesehen, in dem eine alte Engländerin sehr aufrecht unter einem Sonnenschirm saß, zwischen ihrem Gepäck und ihrem Hund. Srinagar im schönen Kaschmir, das so unerbittlich zu den Armen ist, und so freigiebig zu den Großen. Srinagar, wo der Vollmond, leuchtend gelborange, über dem Jhelum lächelt.

Ich würde gern heute Nacht schweigend auf den schwarzen Fluten des Jhelum entlanggleiten. Meine *chicara* würde mich, sachte an den Seerosen vorbeistreifend, in das schwimmende Dorf tragen, bis zu dem alten Gemäuer, dessen Kuppel blau in der Nacht schimmert und wo ich, wie ich weiß, erwartet werde …

Warum wird man immer in die raue Wirklichkeit zurückgerissen?

Morgen breche ich mit Le Fèvre, Sauvage und Laplanche auf, gefolgt von der unerlässlichen Trägerkolonne.

Letzter Tee beim Maharadscha. Er ist einfach, liebenswürdig, umgänglich, überrascht uns bald mit pariserischem Esprit, bald mit englischem Humor. Der Erbprinz ist in Cannes geboren. Er liebt Frankreich, bewundert André Citroën und hat mich gebeten, ihm zu sagen, dass er ihn gerne in der nächsten Saison in Deauville kennenlernen würde.

Unsere Gespräche sind angeregt, etliche Aperitifs haben die Stimmung belebt. Es wird gescherzt und gelacht, aber einige haben verdächtig feucht schimmernde Augen … Ein Abschiedsessen. Bourgouin, Collet, Jocard, Schuller kehren mit der Mechanikerausrüstung und den Sammlungen, den Filmen und Fotografien nach Frankreich zurück. Goerger bleibt vor Ort, um den Nachschub zu sichern. Von Haardt keine Nachrichten. Wenn wir Misgar erreicht haben und alle drei Gruppen wieder vereint sind, wird Goerger wieder abreisen, und vielleicht können wir dank seiner diplomatischen Bemühungen durch Chinesisch-Turkestan fahren. Die letzte Nachricht, die uns am 16. von Todd erreichte (englische Quelle), ist beunruhigend: Die Kamelkarawane, die uns im Pamir vorausziehen sollte, wurde vom *tao-tai* in Kashgar verhaftet.

Mein Freund Goerger wird mir fehlen, dieser liebenswerte Skeptiker mit seinem scharfzüngigen Witz und seinem nüchternen Urteil. Er gesteht mir mit einem Augenzwinkern: ›Wenn Sie wüssten, wie gern ich in mein bürgerliches Leben zurückkehre!‹

Morgen brechen wir zu unserem über 1000 km langen Ritt auf. Die Reise führt uns von den ersten Himalaja-Hängen zu den höchsten Bergpässen der Welt, die von der Karakorumkette, dem Hindukusch, dem Pamir beherrscht werden ... Eine herrliche Tour im uralten Rhythmus der Karwanen ...«

Noch ahnen Audouin-Dubreuil und seine Mannschaft nicht, dass sie drei Monate unterwegs sein werden und über 1400 km zurücklegen, bis sie endlich in Aksu ankommen.

Am 20. Juli um 4 Uhr morgens gibt Goerger ihm einen Brief für Georges-Marie Haardt, der sehr aufschlussreich die politische Lage schildert.

Die letzte Berggruppe verlässt in der Morgendämmerung eine tote Stadt.

»Srinagar, den 19. Juli 1931
Lieber Monsieur Haardt,
Audouin wird Ihnen diesen Brief aushändigen, da ich ihn nicht gern über Oberst Gabriel schicken möchte. Wie ich erfahren habe (über meine Informationsquellen), ist Paris seit dem 26. Juni über unsere Situation auf dem Laufenden. Weder Monsieur Citroën noch Monsieur Berthelot wollten Sie, denke ich, mit der erneuten Weigerung des Generals K. langweilen, die Expedition durch seine Territorien fahren zu lassen. Am Quai d'Orsay wurden dringende Schritte unternommen, aber wir haben noch keine Nachricht aus Paris ... Schlimmstenfalls müssten Sie vielleicht einige Wochen in Tashkurgan warten oder in Kashgar wie Aurel Stein. Die Wissenschaftler der ganzen Welt fliehen aus China.

Hier ist die Revolution noch am Tag Ihrer Abreise ausgebrochen. Ich wäre fast nicht mehr fortgekommen. Ein muslimischer Prediger, der als Boy einer englischen Dame getarnt war, hat sich in Kaschmir eingeschlichen und aufrührerische Reden gegen die Regierung des Maharadschas gehalten. Er wetterte auch gegen seine muslimischen Brüder, die 92% der Bevölkerung ausmachen, weil sie sich von einer Handvoll Hindus unterdrücken ließen, die unfähig seien, die Wirtschaftskrise zu lösen. Der Agitator wurde verhaftet und ins Gefängnis geworfen. Am nächsten Morgen erwartete den Richter vor dem Gefängnis eine johlende Menge von 5000 Männern, die die Freilassung des Gefangenen forderten. Der Richter und zehn Gefängniswärter wurden mit Stockhieben niedergeknüppelt. Dann kam die Polizei. Verwarnungen, Erschießungen: neun Tote und 20 Verletzte. Am Nachmittag trugen 15000 Muslime die Toten in die Moschee, die Bevölkerung steckte die Läden der Hindus in Brand, und überall brachen Kämpfe aus. Wir sind mit Oberst Gabriel mitten in die schreiende Menge geraten, die sich vor den brennenden Läden versammelt hatte. Wir wussten gar nicht, wie uns geschah, als unser Wagen angehalten und von schreienden Dämonen mit hassverzerrten Gesichten umringt wurde. Zum Glück hat unser Chauffeur sofort begriffen, in welch gefährliche Falle wir geraten waren. Er ist mit Vollgas durch die Menge gebraust, und wir kamen schließlich mit knapper Not davon, von Flüchen verfolgt und von Kugeln umschwirrt, die unsere Haare streiften. Die Ausschreitungen konnten erst in der Nacht vom 13. auf den 14. beendet werden, nachdem eine Hindu-Truppe von 2000 Mann, die 50 km entfernt im Manöver stand, zur Verstärkung angefordert worden war. Inzwischen wurde das Kriegsrecht verhängt. Ihr ergebener Diener ist jedoch in Sicherheit ...

Ich schließe meinen Bericht. In Gedanken bin ich den ganzen Tag auf den hohen Gipfeln. Ich erwarte mit Ungeduld Ihre Entscheidung aus Astor. Können Sie den Aufstieg fortsetzen? Ganz Srinagar und der gesamte Hof verfolgen Ihre Anstrengungen mit großer Anteilnahme.

Mit den allerbesten Wünschen,
Ihr sehr ergebener
A. Goerger

»21. Juli – Koragbal, 2800 m
Ein neues Leben beginnt! Das Leben einer kleinen Karawane. Die Einsamkeit und Freiheit des Geistes in meinem leichten Zelt. Auf meinem Tisch liegt ein neues Heft mit blauen Seiten bereit. Graue Dämmerung, mein stolzer Schimmel, Gefährte meiner Tage. Drei Freunde um das Lagerfeuer. Sie erheben sich regelmäßig, um die Position auf ihrem Dreifuß zu wechseln: schmerzhafte Konsequenzen eines Zwei-Tage-Ritts. Es ist schön, das Schreibmaschinengeklapper von Le Fèvre zu hören, der allmählich wieder auflebt. Sauvage schreibt; er sammelt die visuellen Erinnerungen, die seine Kamera nicht einfangen kann. Laplanche, in Baskenmütze, Trenchcoat und Lederstiefeln, setzt sich immer wieder vor seine Funkstation und lauscht: immer noch nichts aus China. Assuerus, mein perfekter Hindu-Diener im gelben Turban, erwartet meine Befehle. Schönes, freies Leben – hab ich dich wieder! Das Glück, ganz im Augenblick zu leben.

Die Aufstiege sind zermürbend, die Abgründe schwindelerregend, aber seit der Antike stehen die schmalen Pfade den Reitern offen …

24. Juli – Gurais
Der Regen hat uns überrascht, Pferde und Maultiere sind auf den Hängen ins Rutschen gekommen. Wenn die Sonne zurückkehrt, verströmen die Wälder, durch die wir reiten, fremdartige Gerüche. Unterwegs erstaunliche Begegnungen, gestern zum Beispiel zwei Europäerinnen zu Fuß, mit einem Hund als einzigem Begleiter. Hindu-Bergbewohner, markante Gesichter, von der Sonne gegerbt. Die Frauen sind in grobe Wollstoffe gekleidet und tragen ein flaches Diadem auf dem Kopf, an dem Anhänger und Medaillons baumeln.

Samstag, 4. Juli 1931, auf dem Weg nach Koragbal, in einer Höhe von 2800 m (Zeichnung von Iacovleff).

Ein Stück weiter drei englische Offiziere auf dem Weg zu Konsul N. Fitz-Maurice.

Vor Gurais öffnete sich das Tal. Ein Hindu in Turban, weiter Leinenhose und Jackett kam uns zu Pferd entgegen und bat uns, ihm zum Cocktail bei Hauptmann Ambler zu folgen. Ein Galopp durch die Prärie, und wir springen vor einem bezaubernden kleinen Landhaus von unseren Pferden. Eine lächelnde Mrs Ambler begrüßt uns, der Hauptmann ist liebenswürdig, trotz seines stahlblauen Blicks, ein blondes Kleinkind und japsende Hunde. Die Engländer flüchten zu dieser Jahreszeit aus der heißen Indus-Ebene in die Hochlagen, wo sie fischen und jagen. Hauptmann Ambler besitzt eine prächtige Sammlung von Angelhaken, Ködern und Leinen. Das blonde kleine Mädchen zeigt uns seine Picknicktasche: eine Idee, die ich mir für die nächste Reise merken muss.

Hier in Gurais lernen wir Fitz-Maurice kennen, der nach Kashgar will. Der Mann ist ein Diplomat mit viel Fingerspitzengefühl – ob er sich für unsere Sache beim *tao-tai* einsetzen kann? Wir haben ihm unseren ersten Bergtee in dem Teeservice mit dem eingravierten Emblem des »Scarabée d'Or« angeboten.

Eine Botschaft von Haardt – er hat den Burzil-Pass noch nicht überquert. Wir müssen unseren Marsch verlangsamen.

Gebet in einer schmucklosen Moschee in Palmyra, die im Innern eines großen antiken Tempels errichtet ist.

Oben: Überquerung des Tigris in Bagdad.

Unten: Taq-i-Bostan: Basrelief aus dem 6. Jahrhundert, das eine Wildschweinjagd in den Sümpfen darstellt.

Rechts: Das moderne Viertel von Teheran.

Nach der Durchquerung von Herat geht es wieder auf die Piste.

Links: Überquerung des Helmand in Afghanistan. Eine der Raupen wird auf einen Kahn verladen.

Oben: Afghanistan: Schmuckbasar in Kandahar.

Cécillon über dem Abgrund – ein Teil der Böschung ist eingestürzt.

Lager in 4188 m Höhe auf dem Burzil-Pass. Für die Pony- und Pferdekarawane wurde ein Unterstand im Schnee gebaut.

Links: Am Rand der Wüste Gobi, zwischen Hami und Sing-Sing-Hia.

Oben: Im Pamir-Gebirge: Kirgisen aus Kosh-Bel walken den Yak-Filz für ihre Jurten.

Mitte: Die von Mulabai geführte Karawane zieht nach Tashkurgan.

Unten: Nomaden aus Chinesisch-Turkestan in der Gegend von Kashgar.

Links und oben: Überquerung des
Gelben Flusses vor Ningsia.

Im Lamakloster von Sarra-Murren. Prinz Hsi-Hso-Ning ist gerade mit seinem Hofstaat eingetroffen. Chinesisches Neujahrsfest.

Links:
Junge Mädchen von den Bergvölkern des oberen Tonking.

Unten:
Der Preah-Khan-Tempel in Angkor: Drei Tänzerinnen des königlich-kambodschanischen Balletts posieren an einer Balustrade der Allee der Riesen.

Laplanche hat seine Antenne ausgefahren und ruft über *Regulus* Point an. Keine Antwort von unserem Freund. Ist ihr Sender zerstört? Dieses Schweigen ist beängstigend.

26. Juli – Resthouse von Peshawar
Ich weiß nicht, welches die heutige Position der Gruppe Haardt ist. Wir sind alle sehr bestürzt. Wie sollen wir ihm die Nachricht zukommen lassen? Ich fasse die Fakten zusammen, um die Details, die für die Fortsetzung unserer Expedition so wichtig sind, festzuhalten.

Laplanche, der Funker der Expedition, verbringt seine täglichen Sitzungen in gebannter Erwartung. Er versucht die Botschaften aufzufangen, die Victor Point an den Flottenstützpunkt im Chinesischen Meer sendet oder der Station in Beirut übermittelt. Die unvermeidliche Pfeife im Mund, die Baskenmütze auf dem Ohr, in Trenchcoat und Stiefeln, zündet Laplanche seine Lampen an und verteilt seine Kondensatoren über die Markierungen der Wellenlänge. Mit blitzenden Augen hört er die Morse-Wiedergabe ab, die oft von Störwellen, atmosphärischem Rauschen und Knistern beeinträchtigt ist. Er wartet auf den Code von Point, F.B.Q.R., die vier Buchstaben, welche die China-Gruppe mit der westlichen Welt verbinden. Wenn er etwas hört, werden die Rauchwolken aus seiner Pfeife weniger dick. Er nimmt einen Stift zur Hand ... legt ihn wieder weg. Nein. Nichts von China. Eine Station in Java, dann in Russland ... immer noch nichts ... Der Pfeifenqualm verdichtet sich, wird stark und regelmäßig.

Heute Abend taucht Sauvage bei mir auf und reißt mich aus meinen Aufzeichnungen heraus.

›Laplanche hat etwas aufgefangen.‹

›Wir hören China‹, brüllt Le Fèvre.

In höchster Aufregung umringen wir unseren Funker. Er lässt plötzlich seine Pfeife fallen.

›Endlich, F.B.Q.R.!‹

Er kritzelt hastig die Botschaft mit, die Point an *Regulus* geschickt hat, ein Avisoboot, das im Chinesischen Meer patrouilliert. Mit gerunzelter Stirn, die Hände um den Bleistift, nimmt er die kodierte Botschaft. Die Dekodierung dauert fünf Minuten, für uns eine Ewigkeit. Dann liest Laplanche, immer noch unerschütterlich, den Text vor:

›Legafrance – Befehle – sitzen fest Ur… – Stopp – bitte intervenieren Auswär… Am… damit wir Erlaubnis erhalten, drei Wagen der Gruppe Haardt entgegenzuschicken – Stopp – Gouverneur droht, Wagen zu beschlagnahmen – Stopp – wurde selber zehn Tage lang gefangengehalten – bitte F.B.Q.R. unseren Funkspruch weiterzugeben – Stopp – on nous esgourde.‹

›On nous esgourde, heißt das, dass sie malträtiert werden?‹

›Nein, in der Gaunersprache heißt das: Wir werden ausspioniert.‹

›Sie sind alle Gefangene! Sie haben das Menschenmögliche getan, um zu uns zu stoßen! Sie sind Gefangene!‹

Ich bin zwischen Angst und Wut hin- und hergerissen, aber als alter Soldat konnte ich mir die Bemerkung nicht verkneifen:

›Gut, ja – sie müssen durch Sinkiang, wenn sie in Kashgar zu uns stoßen wollen. Aber man überschreitet doch nicht einfach eine Feuerlinie, wenn man nicht erschossen oder verhaftet werden will!‹

Die schlimmsten Szenarien spuken in unseren Köpfen herum. Unsere Freunde sind in eine Falle geraten. Was wird jetzt aus ihnen, verloren in diesem Kontinent, der sich seit 1911 im Krieg befindet? Wir wissen, dass die Muslime in Sinkiang rebellieren, dass sich die gegnerischen Parteien in Gansu bekriegen … Dort wird getötet, gemordet, geplündert …

Point ist wahrscheinlich in Urumchi gefangen. Ur…? Auf der Karte sehen wir nur eine Stadt, deren Namen mit diesen zwei Buchstaben anfängt. Aber sie ist 2000 km von uns entfernt!

Ich telegrafiere die Nachricht nach Astor. Haardt muss inzwischen den Burzil-Pass überquert haben – wie wird er sich entscheiden?

28. Juli – Chellam
Ich habe meine blauen Seiten vernachlässigt; aber ich muss mich zwingen, meine Eintragungen zu machen, wenn ich nach unserer Rückkehr den Schriftsteller spielen will. Wir kämpfen alle gegen ein großes Verlassenheitsgefühl. Um die Traurigkeit zu verscheuchen und mich von dem bangen Warten abzulenken, gehe ich auf die Jagd, sobald das Wetter mitmacht. Ich bin immer noch ein guter Schütze: sechs Ringeltauben, zwei Wachteln und ein Ibex, eine Art Gemse. Sauvage und Le Fèvre wollen den Aufstieg auf einen Hang des Nanga Parbat wagen, dessen Gipfel auf 8490 m liegt. Sie trainieren mit großem Ernst dafür. Wir werden ja sehen, ob sie ihren Traum verwirklichen, wenn der Riese erst über ihnen aufragt. Allerdings hat Sauvage bereits den Crépon bestiegen, also wer weiß …?

Vor zwei Tagen haben wir den ersten Schnee erlebt. Mein Pferd ist in ein Loch gefallen und bis zum Hals eingesunken. Ich musste mich mühsam heraushieven, um wieder in den Sattel zu kommen. Mit den nassen Kleidern und den wassergefüllten Stiefeln ist man wie gelähmt. Der Eispanzer macht den Weg gefährlich, vor allem wenn dieser direkt am Abgrund entlangführt. Pferde- und Ponykadaver liegen an manchen Stellen verstreut, dort, wo sich vielleicht Haardts Halte zu lange hinausgezögert haben. Wir haben trotz des tiefen Schnees ohne Schwierigkeiten den Burzil-Pass überquert. Mein Höhenmesser zeigt 4180 m. Wir haben Überreste der Arbeiten entdeckt, die für die Durchfahrt der Raupen vorgenommen worden waren. Ich kann mir gut vorstellen, welche Strapazen das waren. Jede einzelne Minute muss eine Tortur für sie gewesen sein. Auf dieser Höhe ist allein schon das Atmen anstrengend, ja, sogar schmerzhaft. Ich habe es selbst erlebt. Assuerus war mir eine große Hilfe; er geht mit der Sauerstoffflasche um wie ein gelernter Krankenpfleger.

Die 19-Meilen-Etappe von Burzil bis Chellam (3400 m) ließ mich wieder zu Atem kommen. Die Etappen-Resthouses sind alle nach demselben Muster gebaut, wir haben das Gefühl, immer am selben Ort zu wohnen; es könnten schöne Abende sein, wenn wir nicht so dringend auf Funkbotschaften warten würden. Wir sind zwischen Hoffnung und schwärzester Verzweiflung hin- und hergerissen. Laplanche fängt die Funksprüche des Außenministeriums auf. Beschwichtigende Phrasen, die ich als ›typisch Quai d'Orsay‹ bezeichnen würde. Dann scheint sich die Lage zu entspannen. Paris kündigt seine Entscheidung an, drei Wagen und Funkstationen mit der Transsibirischen Eisenbahn nach Urumchi zu schicken. Salesse wird als Eskorte abkommandiert. Das Außenministerium ›ersucht Gouverneur King um die Aufhebung des Durchreiseverbots. Die China-Gruppe wird gut behandelt, ihre Ausrüstung wird ihnen zurückerstattet.‹ (Ist das, um uns zu beruhigen?)

In meinen Augen bleibt General King, der Gouverneur von Sinkiang, Herr der Lage. Haardt hat unklugerweise lauthals verkündet: ›Mit den Chinesen werden wir spielend fertig.‹ Ich hätte ihm an diesem Tag sagen müssen, wie ich darüber denke. Den Mut aufbringen, ihm zu widersprechen. ›Das ist leicht gesagt, solange man in den bequemen Büros an der Place de l'Opéra sitzt. Aber Sie dürfen nicht vergessen, dass die chinesische Kultur eine der ältesten ist und das Land früher einmal eines der mächtigsten war.‹ Dass sie ihren Ehrenkodex beibehalten haben, trotz der momentanen Zustände, und dieser noch seine ganze Bedeutung hat: Ein Chinese darf nicht sein Gesicht verlieren. Aber meine Freundschaft macht mich feige.

29. Juli – von Chellam nach Godai, Höhe 2800 m
Aufbruch im Schatten des Berges, dann steigt die Sonne auf und wärmt uns. Der Abstieg ist schwindelerregend. Ein Dorf, das ganz aus Baumstämmen gebaut ist. Die Dorfbewohner geraten in Panik, als sie uns sehen, und machen Anstalten zu fliehen. Wir halten Abstand. Mit dem Feldstecher kann ich wieder einmal das Phänomen der Mimesis beobachten, der ewigen Nachahmung: das einförmige Braun der Erde, das Braun der Menschen, ihrer Haut, ihrer Kleidung, ihrer armseligen Hütten mit den durchbrochenen Wänden. Die Leute hier sind bettelarm.

Die Piste wird lieblicher, wir reiten zwischen Weißdorn und wilden Rosenbüschen. Wohlgerüche ... Blumenteppiche ... und im Hintergrund ragt die riesenhafte weiße Gletscherwelt des Nanga Parbat (8490 m, der zweithöchste Gipfel der Welt, wo Mummery sein Leben verloren hat) in das leuchtende Azur.

Hier sind die Berge so hoch, dass der Reisende sich nicht eingeschlossen fühlt. Hier ist es, als ob die Hand der Erde den Himmel öffnete.

Mit dem Wasser eines klaren Baches haben wir uns einen Whisky gemixt, bevor wir in Godai angekommen sind.

Das Resthouse war von einer wichtigen Persönlichkeit aus dem Hofstaat des *mir* von Hunza besetzt, dessen Königreich wir bald durchqueren werden. Ich habe ihn zum Tee eingeladen, der von unserem Chef-Boy Abdullahad im Galagewand serviert wurde. Er sah prächtig aus mit seiner Schärpe und seinem schwarzgelben Turban. Der Service war perfekt, und ich habe mich gefragt, warum Sauvage jede Bewegung von Abdullahad mit Argusaugen verfolgte. Schließlich sagte er mir halb bewundernd, halb vorwurfsvoll:

›Schwarz und Gelb, das ist das Symbol der Expedition Afrika und der Expedition Seidenstraße, und Ihr Diener trägt die Farben auf dem Kopf und um die Hüfte. Sie sind ein Snob, Audouin!‹

Das ist nur ein Zufall, aber die Farben sind prophetisch. Ich habe mir diese Farben schon 1900 ausgesucht. Damals war ich 13. Ich hatte meinen ersten Reitersieg errungen, der mir eine Flut von schwarzen und gelben Schleifen einbrachte. Ich war so stolz, dass ich diese Farben mein Leben lang behalten habe. 1917, in Tunesien, wurde der Rumpf meines Flugzeugs mit einem breiten schwarzgelben Streifen und einem Silbermond darüber geschmückt.

Leider sind solche geselligen Abende auch weiterhin von den fehlenden Nachrichten aus China überschattet.

Laplanche gibt nicht auf. Heute Abend ist der Empfang sehr schlecht. Wir hören Point. ›Verhaftet – Stopp – Befehl Nankin … – überwacht – Stopp – weitermachen …‹

Le Fèvre sagt mir nach einem exzellenten Essen, das ihn optimistisch stimmt:

›Wir dürfen nicht auf unser Programm verzichten, und wenn wir ein Jahr lang im Schnee des Pamir-Gebirges warten, bis sich die Grenze von Sinkiang für uns öffnet. Irgendwann wird China vor der Weltöffentlichkeit kapitulieren.‹

›Die Weltöffentlichkeit pfeift auf uns, mein Lieber.‹

Das ständige Bangen hat mich bitter gemacht.

Laplanche kommt, um uns anzukündigen, dass die Funkbatterien leer sind und wir keine neuen Trockenbatterien mehr haben. Die Batterien unserer Taschenlampen müssen als Ersatz herhalten. Mir ist es lieber, nachts über die Zeltpflöcke zu stolpern, als gar nichts mehr von China zu hören.

30. Juli – Astor, Höhe 2395 m

Gleich nach unserer Ankunft richte ich ein Telegramm an G.-M.H., um ihm mitzuteilen, dass Point bewacht wird, und ihn zu bitten, mir telefonisch Nachricht zu geben und neue Batterien per *mail runner* zu schicken. Die Postamt von Astor ist ein wahres Wunder. Die Engländer sind unglaublich gut organisiert. Ich habe meinen Brief an Haardt noch einmal geöffnet und folgende Worte hinzugefügt: ›Dieser Brief ist nicht von einem eitlen Heroismus diktiert, den man leicht vor sich hertragen kann, solange er nicht auf die Probe gestellt wird, sondern allein von der Vernunft und der Freundschaft.‹

1. August, um drei Uhr morgens
Ein Mondstrahl stiehlt sich in mein Zimmer. Sauvage und sein Kumpel füllen einen 1-Liter-Kanister mit Gin und Whisky. Sie schleichen auf Zehenspitzen hinaus, in dem Glauben, dass ich schlafe. Sauvages Silhouette mit dem an die Brust gedrückten Kanister erinnert mich an Charly Chaplin in *Goldrausch*. Das Geräusch der genagelten Stiefel verhallt. Meine beiden Kameraden sind mit zwei fragwürdigen Führern aufgebrochen, um einen namenlosen Gipfel auf 4850 m zu bezwingen, der sie dem Nanga Parbat näherbringt. Wenn sie den Gipfel erreichen, haben sie optimale Bedingungen für Filmaufnahmen und Fotografien von der ganzen Kette.

Ein schöner, einsamer Tag. Ich esse mit Laplanche zu Mittag, einem liebenswürdigen, nicht sehr gesprächigen Jungen. Seine Wortkargheit macht ihn zu einem angenehmen Gesellschafter. Am Nachmittag nehme ich mir die Karte vor und skizziere den Weg von Mandalay nach Hanoi. Man muss alles in Betracht ziehen.

11 Uhr abends
Sauvage und Le Fèvre tauchen erschöpft, aber glücklich aus der Nacht auf. Ein Marsch von 19 Stunden, zu einem Gipfel auf 5007 m. Sie haben gute Arbeit geleistet.

Sonntag, 2. August – Astor
Heute bin ich 44 geworden, und ich finde, ich bin noch gut in Schuss. Um 7 Uhr Geburtstags-Whisky. Die Dunkelheit senkt sich

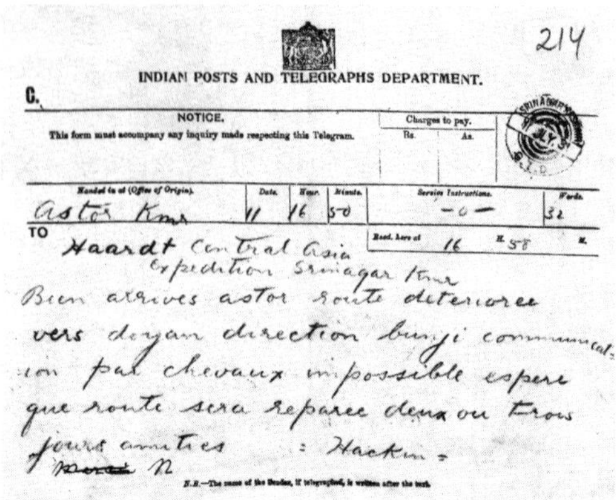

214

INDIAN POSTS AND TELEGRAPHS DEPARTMENT.

C.

NOTICE.

This form must accompany any inquiry made respecting this Telegram.

Charges to pay. Rs. As.

| Handed in at (Office of Origin). | Date. | Hour. | Minute. | Service Instructions. | Words. |
|---|---|---|---|---|---|
| Astor Kmr | 11 | 16 | 50 | —0— | 32 |

TO Haardt Central Asia Expedition Srinagar Kmr

Recd. here at 16 H. 58 M.

Bien arrives astor route deterioree vers doyan direction bunji communication par chevaux impossible espere que route sera reparee deux ou trois jours amities : Hackin

N.B.—The name of the Sender, if telegraphed, is written after the text.

Telegramm aus Astor von Hackin an Haardt. Der Expeditionsleiter ist noch in Srinagar.

über das Tal. Auf dem Tisch vier Silberbecher. Le Fèvre erhebt sich, faltet einen Zettel auseinander und liest vor, während Sauvage ihn mit rhythmischen Gesten begleitet.

Pas de Quatre

Monsieur, Sie sagen uns, seufzend wie ein Kind,
dass sie heute ... geworden sind.
Aber psst!, was nützt es, diese Zahl zu hören,
die gar nicht existiert, das könnten wir schwören!

Also dann – die erste Kerze für Ihren klaren Blick,
die zweite für Ihre Herzlichkeit als Mittelstück.
Und für das, was an Poesie noch in Ihnen bleibt,
die dritte, die sich anmutig vornüberneigt.

Die vierte schließlich, so nobel und elegant,
haben wir sorgfältig für Sie angebrannt,
Für das, was Sie vom Alten Frankreich in sich tragen,
und was uns aufrechterhält seit so vielen Tagen.

Dieses kleine Kompliment
an Ihr vornehmes Wesen,
zur Feier des Tages auf der Seidenstraße gelesen,
uns allen ist's ein Bedürfnis gewesen!

Vorleser: Laplanche
Autor: André Sauvage

5. August – Astor
Ich bin ins Dorf gegangen, um Einkäufe zu machen. Überraschung, Haardt verlangt mich am Telefon. Und es ist tatsächlich Haardts Stimme, die an mein Ohr dringt. Er sagt mir, dass er gestern in Gilgit angekommen sei, und wundert sich, dass ich sein Telegramm nicht bekommen habe. Haardts Stimme ist verändert, klarer, aber man hört ihm eine gewisse Erschöpfung an. Er sagt mir, dass die Lage sich verbessere, dass Citroën Räderfahrzeuge zum Gouverneur von Urumchi geschickt habe, dass vom Quai d'Orsay Druck auf Nanking ausgeübt werde. Er glaube aber, dass damit die Schwierigkeiten nicht beseitigt seien. Er erzählt mir von seiner unglaublichen Überquerung, die nur möglich gewesen sei, weil alle ihr Äußerstes gegeben hätten, besonders die Mechaniker. Er muss nach Misgar aufbrechen, um eine Terrain-Erkundung zu Pferd vorzunehmen ...

Ich bin sehr niedergeschlagen nach dem Gespräch. Er hat mich gebeten, so schnell wie möglich nach Misgar zu kommen und zu ihm zu stoßen, aber seine weiteren Pläne hat er mir nicht verraten. Macht das Gebirge der Citroën-Expedition ein Ende?

Die düsteren Gedanken verfolgen mich. Ich mache Rückzieher, die ich absurd finde, aber ... Auf einmal kommen mir so viele Dinge in Erinnerung: die Organisationsprobleme, die verzögerten Aufbrüche, die Routenänderungen, die gravierenden politischen Umstände, die uns daran gehindert haben, das richtige Fahrzeug für die

Großtat Srinagar–Kashgar zu konzipieren. Eine Großtat, ja, eine einzigartige Leistung! Eine Expedition wie diese wird es nie wieder geben. Auch die Durchquerung Chinas wird eine Großtat sein, die gefährlichste wahrscheinlich.

Was mich tröstet, ist der Gedanke, dass die Erinnerung daran durch unsere Arbeiten lebendig gehalten wird – die Filme, Fotos, Ausstellungen, die sicherlich auf Interesse stoßen werden.

Verfluchte Expedition, die mir so viele Ängste, aber auch so viele glückliche Momente beschert.

19. August – Gilgit, Höhe 1460 m. Residenz von Major Todd
Ich setze meine Aufzeichnungen fort; in zwei Tagen reiten wir nach Misgar, um zu Haardt zu stoßen.

Von Astor bis Gilgit konnten wir uns in vollem Ausmaß davon überzeugen, mit welchen Schwierigkeiten und sogar Gefahren die motorisierte Gruppe zu kämpfen hatte. Für uns, die Reiter, war es eine angenehme Tour, obwohl wir den größten Teil des Wegs nur zu Fuß zurücklegen konnten und unsere Pferde am Zügel führen mussten. Einige Bilder kommen mir wieder ins Gedächtnis: Le Fèvre, der im Schatten eines Pappelwäldchens sitzt und schreibt, in Gesellschaft eines Kindes, das halb Junge, halb Mädchen ist. Der sonnige Wald von Muskin, über dem der Rakapochi aufragt (8365 m) und wo wir unsere Pferde in einem Sturzbach trinken lassen. Der Indus, Schöpfergott des Landes, langer, zementgrauer Fluss, mit seinem ungestümen Lauf, seiner rohen Kraft und den tristen Ufern.

Doyan bleibt mir in schlechter Erinnerung. Im Resthouse finden wir zu unserer großen Überraschung Oberst Gabriel vor. Er hat die Gruppe Haardt verlassen, die zwischen Gilgit und Misgar verstreut ist. Er wirkt reserviert. Beim Essen berichtet er uns von den vielfältigen Schwierigkeiten, die ihm begegnet sind: die Mechaniker-Kolonne und die Pony- und Trägerkarawane, die sich nie einigen konnten; der Proviantnachschub, der nie kam oder unzureichend war, die endlosen Diskussionen vor den Hindernissen, die überwunden werden mussten, die Hitze, der Durst …

Sauvage und Le Fèvre hüllen sich in Schweigen.

Endlich lässt Gabriel die Katze aus dem Sack: ›Monsieur Haardt war sich nicht wirklich im Klaren über die Bedingungen der Überquerung und die Bedürfnisse der einheimischen Trägerkarawanen und der Ponys. Oder vielleicht wollte er es auch gar nicht wissen. Er hat sich einfach darüber weggesetzt, hat alles den mechanischen Erfordernissen untergeordnet …‹

Nach dem Essen vertraut mir Gabriel unter vier Augen an, was er denkt, ohne irgendetwas aus falsch verstandener Höflichkeit zu beschönigen. Ich schätze diese angelsächsische Art, die den romanischen Völkern sonst so missfällt. Der Oberst bedauert zutiefst, dass die Wagen sich als so unzulänglich erwiesen, dass die Kulis sie ständig schieben mussten, und so weiter …

Dann der Abschied. Er kehrt über Bombay nach Europa zurück. Er steigt auf sein kräftig gebautes schwarzes Pony. Weißer Helm, leichte, taillierte Weste, Monokel, das auf der Brust baumelt, sehr aufrecht. So reitet er davon. Er kennt alle Länder und alle Großen der Erde. Ich stelle mir vor, dass er in derselben Aufmachung den Kronprinzen und den Prince de Galles auf ihren Reisen begleitet hat. Und dann verschwindet der ehemalige Gouverneur von Jerusalem hinter der nächsten Wegbiegung.

Wir haben am 10. August mit schwerem Herzen Gilgit erreicht. Wir wussten, dass die Bergroute sich nach der Überquerung der Himalajapässe wieder geschlossen hatte. Monsieur Todd, der in Gilgit stationiert ist, hat uns in seinem Haus empfangen. Die Mechaniker sind von Misgar hergekommen.

Die Männer sind demoralisiert, abgemagert, völlig verausgabt. Ferracci ausgemergelt und erschöpft. Corset bleich, krank an der

Leber, Leroux entsetzlich mager, ein Nervenbündel, sein Blick wie erloschen. Normand freudlos, nervös. Cécillon völlig ausgelaugt ...

Man sieht ihnen an, was sie durchgemacht haben. Ferracci trinkt einen Pernod nach dem anderen. Um seine Truppe aufzumuntern, wiederholt er ständig: ›Wir haben fast den Pamir erreicht, und wir haben den Himalaja überquert. Die Raupen haben gehalten! 290 km!‹

Ich bin sicher, dass ihnen die ganze Ungeheuerlichkeit dieses Unternehmens erst Monate später aufgehen wird, wenn sie ihre mechanischen Großtaten und die unvergesslichen Abenteuer, die sie erlebt haben, auf der Leinwand sehen werden.

Es ist ein stummer, trostloser Abschied, die Männer fühlen sich verwaist und nutzlos ohne ihre Fahrzeuge.

Sie nehmen den »Scarabée d'Or«, zerlegt und in Kisten verpackt, mit nach Hause. Ich hätte mir gewünscht, dass er hier auf dem Berggipfel bliebe, wo der Motor in einer letzten Anstrengung den Geist aufgegeben hat – als eine erste Grenzmarkierung, die Öffnung einer künftigen Route. Mein »Croissant d'Argent« ziert bereits den Schießstand des *mir* von Hunza. Ferracci weigert sich, mit Haardt zu sprechen, der von Misgar aus anruft. Laplanche, mein schweigsamer Freund, reist ab. Vassoigne, wie immer perfekt in Stiefeln und Krawatte, reist ebenfalls ab, etwas beunruhigt wegen der Ausgaben, die er Citroën nun unterbreiten muss: Allein die Überquerung der Himalaja-Pässe hat über 100000 Franc für Träger, Ausrüstung und Verpflegung verschlungen.

31. August 1931 – Misgar

Morgen brechen wir noch vor Tagesanbruch zur chinesischen Grenze auf. Unsere Karawanen sind zu einer einzigen riesigen Kolonne von 175 Ponys vereint, die von den Sarikoli geführt werden.

In aller Eile ein paar Notizen, um die Zeit mit Sauvage und Le Fèvre festzuhalten: drei Freunde, durch schwierige Umstände zusammengeschweißt, einig in der Wahrnehmung der Dinge, einig darin, den Augenblick zu genießen, die Schönheit, die Poesie …

Verlängerte Wartezeit in Gilgit, unerträglich wegen der widersprüchlichen Nachrichten, die zu uns durchdringen: Die chinesische Grenze stehe uns offen; die Durchreise durch China sei uns verweigert worden … Am 21. hat Haardt uns aufgefordert, die Route fortzusetzen; am 23. ließ er mich wissen, dass er Pecqueur als Kundschafter nach Tashkurgan schicken wolle, mit dem Auftrag, wenn möglich bis Kashgar vorzustoßen.

Lange Meditation, der letzte Abend in Gilgit, auf dem Schaft einer Kanone auf dem Schussfeld des *mir* von Hunza sitzend. Ich habe zugesehen, wie die Dunkelheit sich über meinen ›Croissant d'Argent‹ senkte. Mein Wappen mit der Mondsichel wurde von der Nacht verschlungen.

Die ersten Tage auf meiner grauen Stute, meiner ›Morgendämmerung‹ – ›Aube Grise‹ – waren zermürbend in der glühenden Hitze und von Schwärmen von Sandflöhen gepeinigt. Ankunft vor einer kleinen Holztür, Grenzpforte von Naga, ein Land, das acht Monate im Jahr abgeschnitten von der Außenwelt ist, im Eis eingeschlossen und von Lawinen bedroht. Kein Sonnenstrahl fällt je auf den Hunza-Fluss.

Die funkelnden Uhren am Handgelenk des Radschas von Chalt und seines Sohnes bezeugen die Durchreise eines schenkfreudigen Haardt. Das Mindeste, was wir tun können, ist eine Einladung zum Tee mit Musikbegleitung. Josephine Baker und Argentina werden am meisten geschätzt.

Wir durchqueren Hunza, das höchstgelegene Königreich der Welt. In einer Talmulde, von hohen Gipfeln eingefasst, ragt der Palast des *mir* auf einem erodierten, mit üppiger Vegetation bedeckten Felshang auf. Der Weizen wird hier mit der Sichel geerntet. Wir reiten durch die Gemüsefelder von Baltit. Die Luft riecht nach gezu-

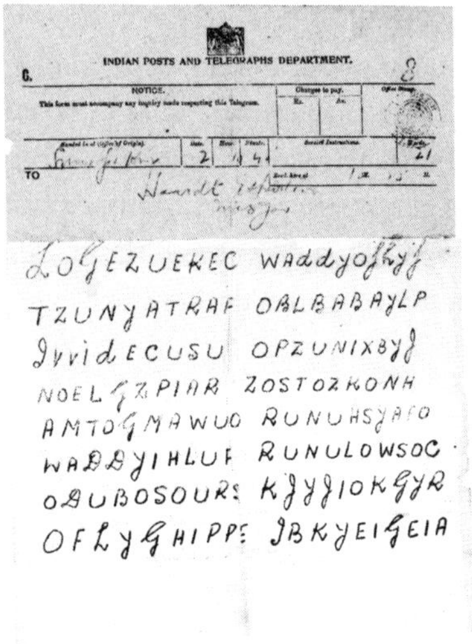

INDIAN POSTS AND TELEGRAPHS DEPARTMENT.

C.

NOTICE.
This form must accompany any inquiry made respecting this Telegram.

TO Haardt

LOGJEZUEKEC WADDYOJHYJ
TZUNJATRAF OBLBABAYLP
JVVIDECUSU OPZUNIXBYJ
NOELGZPIAR ZOSTOZKONH
AMTOGMAWUO RUNUHSJAFO
WADDYIHLUF RUNULOWSOC
ODUBOSOURS KJYJIOKGYR
OFLYGHIPPE JBKYEIGEIA

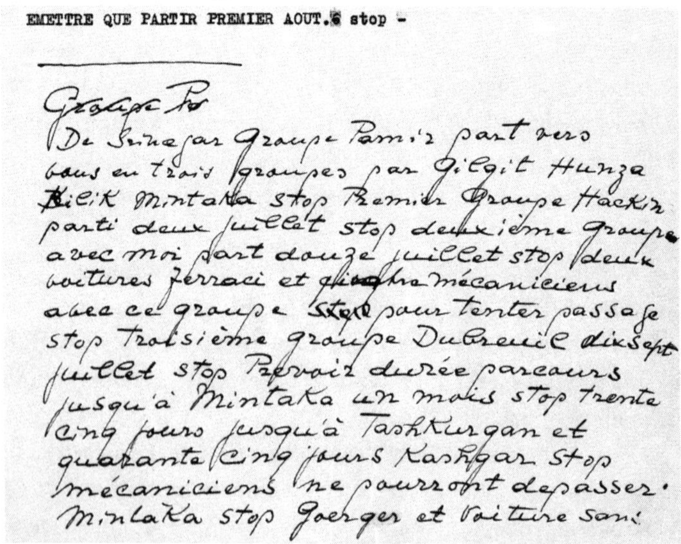

EMETTRE QUE PARTIR PREMIER AOUT. stop -

~~Groupe Pr~~
De Srinagar Groupe Pamir part vers
vous en trois groupes par Gilgit Hunza
Kilik Mintaka stop Premier Groupe Hackin
parti deux juillet stop deuxième groupe
avec moi part douze juillet stop deux
voitures Ferraci et quatre mécaniciens
avec ce groupe ~~stop~~ pour tenter passage
stop troisième groupe Dubreuil dixsept
juillet stop Prévoir durée parcours
jusqu'à Mintaka un mois stop trente
cinq jours jusqu'à Tashkurgan et
quarante cinq jours Kashgar stop
mécaniciens ne pourront depasser
Mintaka stop Goerger et voiture son

Telegramm von Haardt aus Misgar, in Geheimschrift abgefasst. Unten der dekodierte Text.

ckerten Pflaumen und saftigen Aprikosen. Der *mir* empfängt uns in seinem Teehaus, umgeben von seinen Tänzern, hinreißenden Jünglingen, deren Perücken aus dem Haar von armen chinesischen Frauen gemacht sind. Der Salon ist ein Rundbau aus Holz, mit einer Dachkuppel, die von einer Säulenreihe mit eingemeißelten Arabasken abgestützt wird. Der Raum blickt auf die verschneiten Hänge des Karakorum hinaus, und darunter breiten sich eine Vielzahl von Terrassen mit winzigen rechteckigen Behausungen aus Lehm aus, die alle in der Mitte durchlöchert sind, damit der Rauch des Kochfeuers entweichen kann. Von dieser erodierten Bergspitze ist die Sicht herrlich. Es ist, als sei die Bergkulisse auseinandergeschoben worden, um Baltit erstehen zu lassen.

Es folgen Nächte ohne Schlaf, und morgens ist oft der einzige Gedanke, der in mein umnebeltes Gehirn vordringt: Ich möchte schlafen, schlafen, schlafen ...Wie ein Vorhang, der sich nach der Seite öffnet, dreht sich der Berg, je weiter wir vorankommen, und enthüllt langsam die Ketten des Gletschers Rakapochi.

Die Brücken aus verfugten Holzlatten schaukeln unangenehm unter dem Schritt von Aube Grise.

Ganze Bergbrocken stürzen ab. Es vergeht keine Minute, ohne dass diese mineralische Welt von den Dramen erschüttert würde, die sich im Innern der Erde abspielen, wo Fels und Eis seit urdenklichen Zeiten unablässig weiterarbeiten.

Wir überqueren zu Fuß den Gletscher Batur-Ghamu. Er ist 25 km lang. Auf dem Drei-Meilen-Übergang setzt Aube Grise, die sich viel mehr anstrengen muss als ich, jeden Muskel ihres Körpers ein. Eindruck von Kraft und Schönheit. Ich bekomme Körperhaltungen zu sehen, wie ich sie in meiner langen Reiterkarriere noch nie erlebt habe.

Gestern sind wir einen schmalen, kurvigen Felsweg entlanggeritten, wo unsere Pferde ständig in Gefahr waren, einen Huf ins Leere zu setzen. Ich musste meine Schultertaschen abnehmen, damit sie nicht am Fels hängen blieben, mein Pferd aus dem Gleichgewicht rissen und es in den Abgrund stürzten. Am Ende dieser Zitterpartie öffnete sich ein Tal vor uns. Es verbreiterte sich, schmiegte sich an die Biegung des Flusses an. Jemand fuchtelt mit den Armen, es ist Williams, rot vor Aufregung. Ein Stück weiter entfernt filmt uns Morizet mit seiner Eyemo.

500 Meter vor dem Lager taucht Haardt zu Pferd auf. Ich finde, dass er erschöpft aussieht, gealtert, die Gesichtszüge sind verhärtet, treten schärfer hervor, sein Blick ist müde. Seine ganze Haltung verrät, wie strapaziös diese 21-tägige Überquerung war.«

# Die Hochpässe des Pamir

Kapitänleutnant Pecqueur ist auf Haardts Bitte am 23. August auf der Route vorausgeritten, der die Karawane bis Kashgar folgen soll. Der Hauptzweck seiner Mission ist, diplomatische Beziehungen zu knüpfen, die der Expedition die Grenze nach Chinesisch-Turkestan öffnen sollen.

Aus Beyik schreibt Pecqueur zwei Briefe, einen an Haardt, in dem er ihm die Schwierigkeiten des Terrains erläutert und ihm Informationen hinsichtlich des Materials gibt; der zweite, persönlichere, der den Inhalt des ersten etwas »launiger« aufnimmt, ist an Audouin gerichtet. (Beyik ist ein Durchgangsposten an einer imaginären Grenze, die an sogenannten »political districts« entlangführt, wo drei Mächte darauf warten, ihre Flagge aufzustellen, und die chinesische Vorherrschaft schon deutlich spürbar ist.)

Brief an Audouin-Dubreuil nach Misgar:

»Beyik, den 26. August 1931
Lieber Freund,
ich habe heute Nachmittag Kontakt mit dem ersten Vertreter der Regierung von Sinkiang aufgenommen, und die nächste Zukunft kündigt sich weniger finster an, als wir befürchten mussten: Sobald wir verhandeln können, haben wir gewonnen.

Als Erstes möchte ich Ihnen rasch unsere Route beschreiben. Iaco, Sivel und ich fühlten uns leicht und unbeschwert wie Studenten, als wir morgens Kurs nach Norden nahmen und Misgar und das Resthouse hinter uns ließen, dessen Mauern den Blicken des verblüfften Reisenden die Nachbildungen von Hackin, Sivel und Iaco präsentieren werden.

An diesem ersten Tag Halt am Rand des Weidengehölzes von Murkushi an der Kreuzung von Mintaka und dem Kilik. Kleine Etappe, die es uns ermöglichte, am nächsten Tag zwei zurückzulegen und den Pass zu überqueren.

Am ... (leider sehe ich mich außerstande, die genauen Daten zu liefern) Aufbruch um sechs Uhr. Wir durchqueren ein enges Tal, in das ein eisiger Wind fegt, mitten unter Geröll und Steinschutt, wo die Pferde nur mühsam vorankommen. Nach sieben Meilen verbreitert sich das Tal, und wir kommen durch ein Polo-Terrain (›Das höchste der Welt‹, wie unser Freund Williams sagen würde), und ganz im Sinne dieser Tradition stürmen unsere Pferde im Galopp hindurch, um uns die Götter günstig zu stimmen. Und bald findet sich Hâk (eine phonetische Umschreibung, die Hackin vielleicht etwas unorthodox findet) mitten in den Jagdrevieren des Radschas wieder. Der Aufstieg geht pausenlos weiter, um elf Uhr sind wir auf der Passhöhe und dringen flugs ins chinesische Territorium ein, weil die Tür offen ist.

Wegen eines leichten Nebels und der Sonne im Süden konnten wir nur die Spitzen des Karakorum sehen, der Norden des Dachs der Welt und der russische Pamir hingegen boten sich ganz unseren Blicken dar.

Gleich nach der Überquerung breiten sich ausgedehnte Viehweiden vor uns aus. Ein Fluss schießt aus einem Gletscher hervor; das Wasser, das er führt, ist glasklar. Das Wakhjir-Tal, dessen Zugang mir wochenlang vor meiner Abreise aus Frankreich so viel Kopfzerbrechen bereitete, öffnet sich nun vor uns. Hunderte von Murmeltieren, die wir in ihrer Ruhe aufstören, brechen in ein schrilles Pfeifkonzert aus, bevor sie blitzschnell wieder in ihrem Bau verschwinden.

Am Schnittpunkt der beiden Täler ein Kirgisenlager: Kosh-Bel, ein halbes Dutzend Jurten und fast tausend Yaks. Dort schlagen wir unser Camp auf, um uns mit Proviant zu versorgen und zu erholen.

Unsere kleine Karawane hält ungefähr 100 Meter vor den Jurten an, und ich schicke den *jamadar* von Misgar, Fateh Ali Khan, zur Kontaktaufnahme vor. Er kommt bald zurück: Man schickt uns Teppiche und einen Emissär, der uns einlädt. Der *beg* ist nicht im Lager, aber seine Frau heißt uns willkommen, indem sie uns *koshges*-Milch einer Stute und *kaimak*-Käse anbietet und darauf besteht, dass wir in der Jurte der Gastgeber übernachten. Ein benachbarter *bamtadar* stellt sich uns zur Verfügung, und ich erfahre im Lauf des Gesprächs, dass die Nomadenlager auf den Hochebenen den Befehl erhalten haben, uns nichts zu geben, weder Lebens- noch Transportmittel. Das wäre auch tatsächlich die einzige Möglichkeit gewesen, unsere Durchreise zu verhindern.

Zum Glück sind in diesen Breitengraden Befehle nicht unbedingt dazu da, befolgt zu werden. Vor unserem Aufbruch am nächsten Morgen geben uns diese loyalen Untertanen des Gouverneurs von Sinkiang zum Abschied noch ein Schaf, nachdem sie alles geliefert haben, was wir brauchen. Verhungern werden wir jetzt gewiss nicht.

In der Nacht hat es geregnet und geschneit, was uns in der Jurte leider nicht verborgen bleiben konnte. Wir steigen jetzt im Regen unter einem tiefhängenden Himmel durch das breite Tal des smaragdgrün schimmernden Wakhjir-Flusses ab, und ich muss in dieser Ruhe und Stille, von saftigen Weiden umgeben, unwillkürlich daran denken, wie sich unsere Wagen auf einigen Passagen am Südhang hinaufgequält haben, angefeuert von den vielen *chabash* – Peitschen – und »La Illah il Allah« der Kulis aus Astor oder Hatter Pir. Hier hört man nur von Zeit zu Zeit die Rufe von Sivel, der wie ein Zentaur galoppiert und vor Freude juchzt, wenn sein kleines schwarzes Pferd die riesigen Yaks der Kirgisen beim Wettlauf besiegt.

Abends Halt an einem anderen Nomadenlager beim Ausgang des Mintaka-Passes, wo wir zugleich erfuhren, dass die Route vor uns frei ist und dass drei chinesische Abgesandte des *amban* von Tashkurgan in Beyik sind, um die Expedition aufzuhalten. Daran erkennen Sie schon die Art von Auskünften, an die wir uns im Orient, der jetzt immer näher rückt, gewöhnt haben.

Heute Morgen haben wir diese liebenswürdigen Gastgeber verlassen und sind am ersten chinesischen Posten in Beyik angekommen. Der *beg* hat uns empfangen und mir gesagt, dass der chinesische *mumtschi* mit einem *jamadar* aus Tashkurgan verhandle und dass sie sich in einer Minute präsentieren werden. Die Minute, die vier Stunden dauern soll, gibt uns Zeit, unser großes Empfangszelt aufzubauen.

Endlich kommen sie, von drei Leibwachen begleitet. Sofort nach dem Austausch der Karten überreichte mir der Vertreter der Zentralmacht feierlich ein versiegeltes Schreiben, natürlich auf Chinesisch geschrieben, das ich aufmerksam betrachtete und dabei das lebhafteste Bedauern ausdrückte: Der *beg* hatte mich glücklicherweise vorher informiert, dass es sich um ein offizielles Verbot der Durchreise unserer Expedition handle. Dann erinnerte ich mich an den Lieblingsspruch meines alten Freundes Faïz Mohammed Khan: ›Ein Vertrag oder Beschluss ist nichts weiter als eine Verhandlungsgrundlage.‹

Ich hatte also eine Grundlage! Jetzt musste nur noch eine Einigung erzielt werden, was natürlich keine Kleinigkeit war. Ich redete Englisch mit Aziz le Shikari, der meine Worte für den *jamadar* von Misgar in Hindustanisch übersetzte, und dieser wiederum in Brushuski für den *beg* von Beyik, der es dem *jamadar* von Tashkurgan in Mandarin übermittelte, eine ganze Rede also, während ich in der Tat nicht einmal eine einfache Frage gestellt und keinen einzigen Satz gesagt hatte. Denken Sie nur, mit welchem Bangen ich auf die

Antwort wartete, die jetzt den umgekehrten Weg zurücklegen musste, wobei es für jedes Glied in der Kette eine Ehrensache war, noch ein bisschen länger als der Vorgänger zu sprechen.

Kurzum, nach langen Gratulationen und Komplimenten drückte ich schließlich dem chinesischen *jamadar* meinen brennenden Wunsch aus, die Diskussion mit dem *amban* von Tashkurgan fortsetzen zu dürfen. Er war im Prinzip einverstanden, hatte aber offizielle Befehle, uns keinerlei Transportmittel zu gestatten, und Tashkurgan ist ungefähr 60 km von Beyik entfernt. Ich schlug daher vor, allein mit ihm dorthin zu gehen. Er nahm meinen Vorschlag an, versprach mir Pferde für mein Gepäck. Ich zähle darauf, am 29. in Tash zu sein und die Ankunft der sagenhaften Karawane von Mulabai zu erleben, die demnächst durchkommen soll.

Das ganze Palaver hatte bis zum späten Nachmittag gedauert. Mein Gesprächspartner bat mich schließlich, sich in sein Zelt zurückziehen zu dürfen, um bis morgen früh nachzudenken. Wir hatten pausenlos Tee getrunken und Zigaretten geraucht: Ich glaubte begriffen zu haben, dass die Stunde der ›Pfeife des sanften Rauschs‹ seit Langem vorüber war. Ich beglückwünschte ihn zu der höflichen Art, in der er sich seiner Mission entledigt hatte, und ich werde nicht versäumen, ihn bei seinen Vorgesetzten zu loben.

Ich hoffe, dass ich morgen oder übermorgen mit meinem getreuen Mansur Khan und Aziz aufbrechen kann, der Nummer 1 meiner Dolmetscherkette. Iaco und Sivel warten bei Sultan Mohd, der selbst ein ausgezeichneter Dolmetscher ist, auf meine Rückkehr oder Ihre Ankunft.

Das war's fürs Erste. Grüßen Sie alle unsere Kameraden, mit herzlichen Grüßen,

Ihr A. Pecqueur«

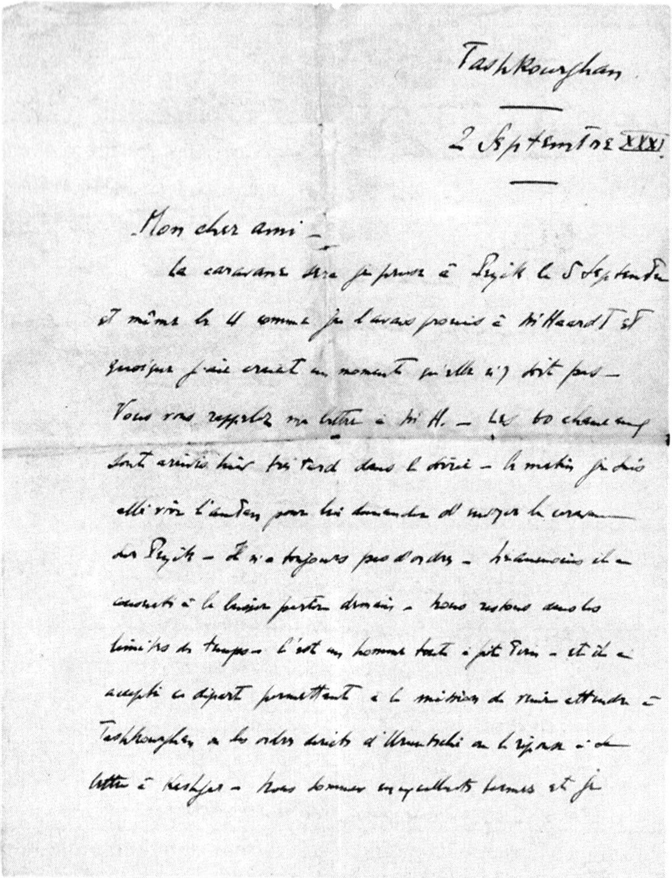

Tashkourghan.

2 Septembre XXXI

Mon cher ami —

La caravane sera je pense à [illegible] le 5 Septembre et même le 4 comme je l'avais promis à M. Haardt et quoique j'aie craint un moment qu'elle n'y soit pas — Vous vous rappelez ma lettre à M. H. — Les 60 chameaux sont arrivés hier très tard dans la soirée — Le matin je suis allé voir l'amban pour lui demander d'envoyer la caravane [illegible] — Il n'a toujours pas d'ordres — Néanmoins il a consenti à la laisser partir demain — nous restons dans les limites du temps — C'est un homme tout à fait [illegible] — et il a accepté ce départ permettant à la mission de venir attendre à Tashkourghan les ordres [illegible] d'Urumtchi [illegible] — nous sommes en excellents termes et je

Brief vom 2. September an Audouin-Dubreuil, von Pecqueur auf seiner Erkundungsreise im Pamir verfasst. Er schildert die Fortschritte bei den Verhandlungen mit den chinesischen Behörden.

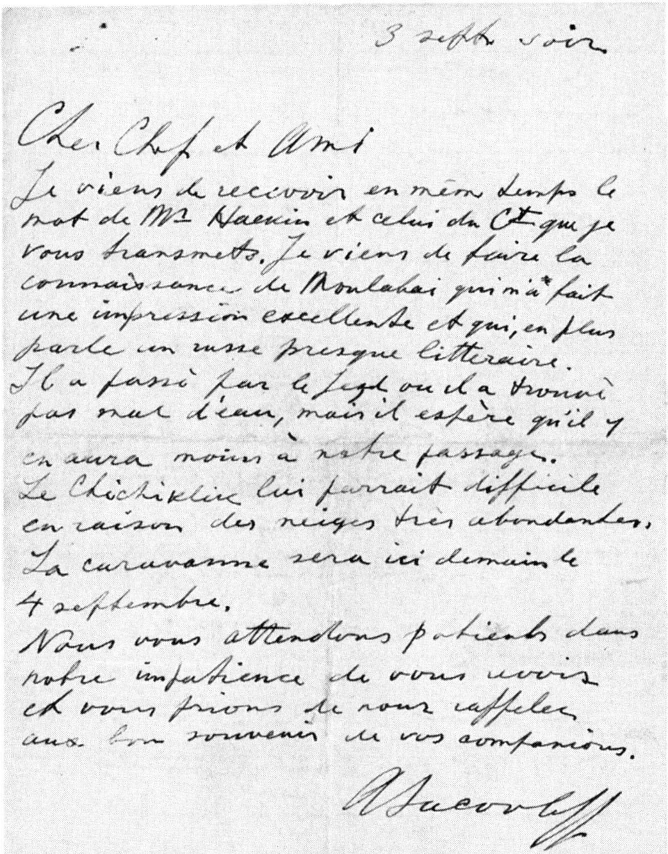

3 sept. soir

Cher Chef et Ami

Je viens de recevoir en même temps le mot de Mr Haeckin et celui du Ct que je vous transmets. Je viens de faire la connaissance de Moulabai qui m'a fait une impression excellente et qui, en plus parle un russe presque littéraire.
Il a passé par le Sept où il a trouvé pas mal d'eau, mais il espère qu'il y en aura moins à notre passage.
Le Chichiklik lui paraît difficile en raison des neiges très abondantes.
La caravanne sera ici demain le 4 septembre.
Nous vous attendons patients dans notre impatience de vous revoir et vous prions de nous rappeler aux bons souvenirs de vos compagnons.

A. Iacovleff

Brief von Iacovleff an Audouin-Dubreuil (3. September). Der Zeichner hat gerade die Mulabai-Karawane mit den 60 Kamelen in Empfang genommen.

Auszüge aus einem Brief an Audouin-Dubreuil, der über Beyik befördert wurde, von wo Iaco ihn weiterschickte:

»Tashkurgan, 2. September 1931
Lieber Freund,
die Karawane wird am 4. September in Beyik eintreffen, wie ich es Monsieur Haardt versprochen hatte. Die 60 Kamele sind spätabends gekommen. Ich bin sofort zum *amban* gegangen, um ihn zu bitten, die Karawane nach Beyik zu schicken, und er hat diesen Aufbruch akzeptiert und der Expedition erlaubt, in Tashkurgan auf die direkten Befehle aus Urumchi zu warten ...

Außer der Karawane, die nur aus Packpferden besteht, habe ich hier alles gekauft, was ich finden konnte. Sie werden drei Reitpferde erhalten. Das Sattelzeug ist nicht sehr elegant, aber bequem. Ich schicke Ihnen mein frisch beschlagenes Pferd auf der Strecke zurück. Ich warte voller Ungeduld auf Sie, aber es ist besser, wenn ich hier vor Ort bleibe, denn die Befehle wechseln so oft.

Der zweite Chef-Karawanenführer, Sidih Yussuf, der bewundernswert Russisch spricht, kann Ihnen den Weg zeigen.

So weit also die jüngsten Nachrichten. Bitte richten Sie dem Prinzen Sivel, der die Marmelade vergessen hat, meine Grüße aus! Auch Ihnen die besten Wünsche,

Ihr Pecqueur

Ich öffne diesen Brief noch einmal, um Ihnen die brandheiße Nachricht, sozusagen in letzter Sekunde, mitzuteilen: Während ich mit dem Militärchef des Landes konferierte, ist der Befehl aus Ur... gekommen, uns durchzulassen. Ende gut, alles gut. Ich wäre Ihnen dankbar, wenn Sie diese Nachricht an Monsieur Haardt weiterleiten könnten.«

Auf der Rückseite des Briefes ist vermerkt:

»Lieber Chef und Freund,
ich habe gerade diesen Brief vom Kommandanten bekommen und leite ihn an Sie weiter.

Ich habe hier Mulabai kennengelernt, der mir einen ausgezeichneten Eindruck macht, er spricht ein fast literarisches Russisch. Er ist auf dem Guez gekommen, der Hochwasser führt. Die Karawane folgt.

Sehen Sie sich die Skizze des Lagers an: Im Norden, 300 m entfernt, der Fluss und sein Arm; ein Bach mit Trinkwasser geht davon ab und fließt in 100 m vorbei; neben dem großen Zelt das Bad; ein mongolisches Zelt für den Küchendienst; das Haus des chinesischen Sekretärs ist 100 m weiter östlich. Es vergeht kein Tag, ohne dass er uns einen Besuch abstattet, und natürlich erwidern wir diese Höflichkeit.

Sivel lernt Turkestanisch. Ich widme mich lieber der Malerei, ein ehrenwerter und sehr angenehmer Zeitvertreib. Als Künstler werde ich sehr geschätzt von den Leuten, die um uns sind, was zu unserer Beliebtheit beiträgt.

Lager in der Nähe des Wakhjir-Passes in den Hochtälern des Pamir.

Wir erwarten Sie geduldig, trotz unserer Ungeduld, Sie endlich wiederzusehen, und bitten Sie, unsere Grüße an die Kameraden auszurichten.

Ihr A. Iacovleff

Am 1. September 1931, nachdem die erste Nachricht von Pecqueur eingetroffen ist, schwingen sich Haardt, Audouin, Jourdan, Williams und Morizet noch vor Tagesanbruch auf ihre Pferde. Die Karawane zuckelt nach Osten. Eines der Ziele: unter allen Umständen zu der Gruppe Victor Point zu stoßen. Es geht das Gerücht, dass vier Wagen in Aksu auf sie warten sollen, einer kleinen Stadt am Rand der Taklamakan-Wüste.

Von der Hoffnung beflügelt, erscheint ihnen kein Hindernis unüberwindlich. Dieser lange Ritt von über 1000 km ist für manche ein willkommenes Abenteuer. Von jetzt an werden sie wie Nomaden auf der Herbstwanderung die höchsten Bergpässe der Welt überqueren, gefolgt von einer langen Kolonne von 185 Ponys und 80 Sarikoli. Sie sind überzeugt, dass sie die Raupenfahrzeuge der China-Gruppe finden werden. Und dann? Das ist das große Unbekannte, das jeden Entdecker reizt.

Die von Pecqueur beschriebene Strecke birgt keine Überraschungen. Nach Murkushi über steiniges Gelände. Biwak in Kak auf 4200 Metern. Langsamer Aufstieg auf den Kilik-Pass bei 4870 Metern und ein erzwungener Halt wegen nicht vorgesehenen Höhenkrankheits-Attacken: Magenschmerzen, Schwindel, Kurzatmigkeit, Pferde sehr erschöpft. Fortsetzung des Aufstiegs durch Schneefelder. Auf 5200 Metern erreichen sie den Pamir. Hinter dem Pass öffnet sich ein weites, schimmerndes Tal. Audouin schreibt: »Wir sind am Schnittpunkt der großen Reiche: Afghanistan, Russland, Indien und China. Auf diesem geografischen Kreisel, von dem aus wir eine ganze Welt, in absoluter Einsamkeit, überblicken, entdecke ich einen klar erkennbaren Durchgang, der den Weg nach China markiert. Hoffnung! Wir sind am großen Knotenpunkt der Seidenstraße.«

Der Berg öffnet sich endlich auf das Hochtal des Kosh-Bel. Die freundlichen Kirgisen servieren ihnen Yakkäse und Yakmilch in ihren Jurten. Die Frauen sind von einer fremdartigen Schönheit, von rein mongolischem Typus. Die Frau des Chefs, die sie empfängt, trägt einen gefütterten Mantel über einem geblümten Kleid und einen Turban mit zahlreichen Kordeln, eine Art Helm, an dem Perlenreihen aus harten Steinen baumeln. Die Expedition kampiert dort zwei Tage, um auf die Karawane zu warten, die jeden Tag mit drei bis vier Stunden Verspätung hinter den Pferden herzuckelt. In Kosh-Bel nimmt das Filmen und Fotografieren kein Ende. Sauvage, Williams und Morizet sind überwältigt. Sie filmen das Leben: eine Herde von über 1000 Yaks; die Herstellung des dicken Filzstoffs, mit dem das Gerüst der Jurten bezogen wird; die Kirgisen, die stundenlang Yak-Häute walken und pressen. Eines Abends veranstalten sie zu Ehren der Gäste ein *burbashi:* Die Reiter haben ein Schaf geopfert. Sobald der Kopf abgetrennt wurde, stürmen alle auf den Kadaver los. Es ist ein fürchterliches Handgemenge, die Männer kämpfen. Einer der Reiter reißt schließlich den blutigen Kopf hoch, er wird verfolgt, die Hetzjagd zu Pferd oder auf dem Rücken des Yaks dauert lange.

Am 4. Septemper erreicht die Expedition den Gletscher, dessen Schmelzwasser den Amu-Daria, den Oxus der Antike, und das Tarimbecken speisen. Bei einer Erkundungsmission zum Wakhjir-Pass auf 5020 m entdecken sie einen See, der in keiner Karte eingezeichnet ist. Die Gruppe Haardt trifft am 11. September in Tashkurgan ein, nachdem sie die Ponys aus Astor gegen asiatische Kamele ausgetauscht haben, die seit einer langen Zeit von Peking unterwegs waren.

# Dritter Teil

## Das Reich der Mitte

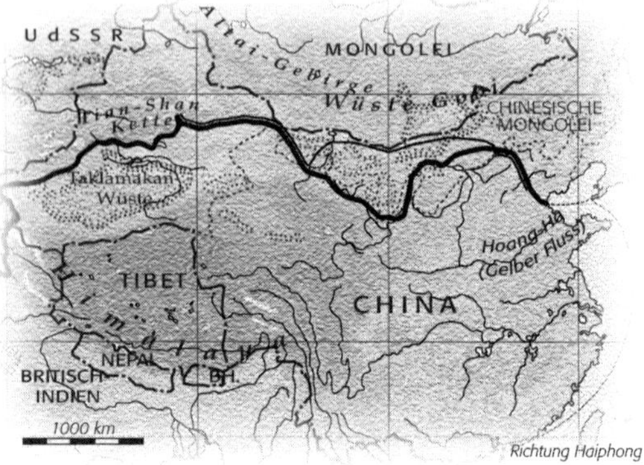


*»Auf der Karte sieht es aus, als habe sich Chinesisch-Turkestan auf der Taklamakan-Wüste ausgestreckt, den Bauch auf den Himmelsbergen und die Füße auf dem Pamir. Der Kopf dieses langen, gebogenen Körpers ruht auf der Wüste Gobi.«*

Louis Audouin-Dubreuil, Reisetagebuch

Vorausgehende Doppelseite: ein Dorf in der Gegend von Kansu. Die Expedition ist auf dem Weg zur Großen Mauer.

## In chinesischem Territorium

Tashkurgan auf 3120 Metern Höhe ist die erste chinesische Stadt nach der Grenzüberquerung. Stadt? Eigentlich mehr ein mittelalterliches Dorf, von einer Festung beherrscht, der Residenz des Militärchefs der Region, des *amban.*

Iaco, Sivel, der Zollinspektor sowie der Privatsekretär des *amban* erwarten die Gruppe Haardt im Biwak. Letzteres wurde mitten auf einem trockenen, sehr gut erschlossenen Platz errichtet, am Rand einer Sumpfwiese, wie der Maler es beschrieben und für Audouin gezeichnet hatte.

Iaco ist in Hochform, nachdem er sich einer Milchkur unterzogen hat (Yakmilch, Stutenmilch, Ziegenmilch). Sivel spricht inzwischen Turkestanisch mit Mulabai; er ist in einem Vorort von Konstantinopel geboren und hat in dieser Sprache vertraute Klänge und Worte aus seiner Kindheit wiederentdeckt.

Die Teezeremonien, sehr beliebt bei dem chinesischen Sekretär, der abwechselnd einlädt oder eingeladen wird, sind sehr zahlreich und eine gute Gelegenheit, sich in der chinesischen Höflichkeit und der Muße des Reichs der Mitte einzuüben: Teezeremonien, zu denen die Expeditionsmitglieder freudig geeilt sind und die sie als bescheidene Menschen, einer solchen Ehre gänzlich unwürdig, auf die Probe stellten; Zeremonien, von den bescheidenen Vertretern Frankreichs für den sehr ehrenwerten, gelehrten Sekretär des mächtigen *amban* gegeben, Vertreter des Herrschers von Sinkiang, des großmächtigen Gouverneurs King.

Iaco hat sich all diese Floskeln gemerkt und bringt sie jetzt feierlich an, ein verschmitztes Lächeln in den Augen. Haardt ärgert sich darüber; eine Ankunft darf theatralisch sein, aber keinesfalls satirisch.

Iaco und Sivel lassen den hochverehrten Mitgliedern der Expedition die Nachricht übermitteln, dass es unerlässlich sei, lächelnd und unter vielen Verneigungen die Kontrolle des strengen Zollbeamten über sich ergehen zu lassen. Die Waffen müssen vorgezeigt werden, genauso wie das künstlerische und wissenschaftliche Material.

Iaco und Sivel verkünden, dass die Expedition noch am selben Abend vollzählig in der Festung des *amban* erwartet werde.

Der Mannschaft bleibt kaum Zeit, sich für diese erste chinesische Feierlichkeit herzurichten. Galakleidung ist ein Muss: weiße Krawatte, blitzende Stiefel, Reitpeitsche und Lederhandschuhe. Der Erste, der vor Iaco und Sivel erscheint, den neuen »Etikette-Beratern«, ist Williams. Er verneigt sich vor ihnen und sagt zu Jussuf, dem sibirischen Karawanenführer, der sich nach Sinkiang verirrt hat und ihnen während der Feierlichkeiten als Dolmetscher dient:

»Ich Herr Wen!«

Iaco und Sivel starren ihn verblüfft an.

»Das war mein Name, als ich in Peking war«, erklärt Williams, der tatsächlich als Reporter in Peking war und ein paar Worte Chinesisch spricht. Er versteht sich bestens mit dem Zollbeamten. Nach den Kontrollen verneigt er sich vor ihm und sagt mit gutturaler Stimme:

»Tschi tschi kha!«

Wer wollte ihm danach noch Benimm-Unterricht erteilen?

»*Wie* heißen Sie noch mal auf Chinesisch?«, fragt Iaco ironisch.

»In Hangchow ich heiße Wen.«

»Wen?«

»Ja, genau – so man nennt den großen Williams, der macht Studien über Reich der Mitte.«

Ankunft in Tashkurgan (3210 m), der ersten chinesischen Stadt nach der Grenze.

»Wen?«

»In Nordchina, Peking, ich Wen. In Südchina, ich Omg, nach meine zweite Vorname Owen, übersetzt O. O, das heißt Frieden. Also – Wen-Mey (Maynard ist erster Vorname) und O. Meine chinesische Name ist Wen-Mey O.«

»Und was bedeutet das, mein Lieber?«

»Der Große Professor aus dem Pazifischen Amerika! Und ich kennen die Sitten. Wenn ein Chinese mich fragen: ›Wie ist Ihr ehrenwerter Name?‹, ich sage: ›Mein elender Name ist Wen-Mey O.‹«

Diesem Dialog, den der Historiograf Le Fèvre in seinen Notizen festgehalten hat, bleibt nichts hinzuzufügen ...

Gestiefelt und gespornt, die Reitpeitsche in der Hand, kann die Citroën-Mannschaft sich sehen lassen. Zu Pferd, um ein bisschen mehr Glanz zu verbreiten, treten sie den Weg zum alten Fort an, das von einer Handvoll Chinesen besetzt ist, die über die sarikolische Bevölkerung herrschen. Ein Mann geht der Truppe voraus. Er hält die Visitenkarte von Georges-Marie Haardt hoch. So begibt man sich zu der Einladung eines Chinesen aus gutem Hause. Die Pferde klettern die steile Treppe hinauf. Die Reiter sitzen ab. Drei Türen werden durchquert, dann zwei Vorräume. Diese obligaten Durchgänge sind wahrscheinlich Überreste der Inszenierungen aus der Kaiserzeit. Der Boden ist aus gestampfter Erde, an den gekalkten Wänden chinesische Inschriften, auf Leinwand getuscht: Es sind Maximen voller Weisheit, von der Hand eines Kaisers geschrieben. Ein imposantes Porträt von Sun Yat-Sen ziert eine ganze Wandtafel in einem der Säle. Der *amban* erwartet sie im dritten Hof. Rasierter Kopf, listige Augen unter der Lidfalte, graue Tunika, grauer Filzhut mit breiter Krempe auf den Knien, Seidenschuhe mit Filzsohlen.

Der Tanz beginnt: Verbeugungen und Ehrenbezeugungen, Höflichkeitsfloskeln, das Gesicht des *amban* angespannt vor lauter Zuvorkommenheit. Der *amban* beachtet sorgfältig die traditionellen Wendungen, teilt mit bescheidener Miene Komplimente aus, lächelt selig über ein elegant formuliertes Kompliment, das ihm selbst gemacht wird. Die chinesische Höflichkeit ist wie ein Rausch, eine Sinneslust, die man als Kenner genießt und bis in ihre feinsten Nuancen goutiert.

Speisen in großer Zahl werden aufgetragen. Jede Speisenfolge besteht aus mehreren Gängen: Suppe, Ragouts, Tintenfisch, Fisch, hundertjährige Eier, gebratenes und gesottenes Fleisch ...

Dazwischen muss man dem Herrn des Hauses zuprosten. Die kleine Metallschale, die vor jedem Gast steht und mit Reiswein gefüllt ist (Sivel flüstert kaum hörbar: Brennspiritus), wird vom Gast erhoben. Er improvisiert einen Trinkspruch, präsentiert die Schale dem *amban,* schüttet den Schnaps in einem Zug hinunter, dreht die Schale um und zeigt sie in die Runde, damit jeder sehen kann, dass sie leer ist. Wenn der Gast sich wieder dem Tisch zuwendet, an dem die chinesischen Würdenträger aus dem Gefolge des *amban* aufgereiht sind, kann er zu seiner grenzenlosen Freude ablesen, dass sein Trinkspruch gebührend geschätzt wird, wenn alle chinesischen Gäste lächeln, den Daumen der rechten Hand erhoben, was bedeutet: Sie verstehen es zu trinken! Die ehrenwerten Mitglieder der Citroën-Expedition, die immer wieder von ihren chinesischen Gastgebern herausgefordert werden, zeigen sich der Situation gewachsen. Ablehnen ist unfreundlich und die Höflichkeit nicht zu erwidern, eine Kränkung. Die erzielten Ergebnisse sind beachtlich: Jourdan 18 Schalen, Hackin 20, und der unerschütterliche Pecqueur kippt 25 Schalen hinunter, ohne eine Miene zu verziehen. Die Ankunft der Reisschale beschließt das Festmahl. Davon zu kosten ist eine grobe Unhöflichkeit, weil es bedeuten würde, dass der Gast nicht satt geworden ist.

Die Gesellschaft begibt sich jetzt in den Tee-Salon. Auf einem langen Tisch stehen zahlreiche Schalen mit bunten Bonbons, verschiedenen Mandeln und Zigarettenschachteln bereit.

Die Atmosphäre dieses Abends, die anfangs noch etwas zurückhaltend, ja, unterkühlt ist, wird zusehends herzlicher – man versteht sich, und eine sanfte Euphorie breitet sich aus. Der *amban,* stets höflich, lässt seinen Gästen französische Musik vorspielen. Als dann plötzlich vom Grammofon, auf das er sehr stolz zu sein scheint, die ersten Takte einer vertrauten Melodie erklingen, springt die ganze Mannschaft auf und steht stramm. Der Hausherr verliert für einen Moment seinen asiatischen Gleichmut, so bestürzt ist er über diese Reaktion. Wie hätte er auch wissen sollen, dass diese martialische Musik die *Marseillaise* ist? Haardt weiß nicht, was er auf die Fragen des Gastgebers antworten soll. Zugeben, dass es die französische Nationalhymne ist, könnte vielleicht als Provokation eines Eroberers missverstanden werden? Jussuf wartet darauf, dass Haardt sich äußert und Iaco ihm die Erklärung auf Russisch übersetzt, damit er sie ins Chinesische übertragen kann. Iaco behauptet kurzerhand, dass es sich um eine religiöse Hymne handle, die für das französische Volk von großer Bedeutung sei.

»Ha, ha …« – Die chinesischen Freunde sind mit dieser Antwort zufrieden.

Sivel hat das Grammofon der Expedition mitgebracht und ein »musikalisches Länderspiel« vorbereitet, wie er es nennt, ein Potpourri von europäischen Melodien, Liedern aus Fernost und der Stimme einer chinesischen Sängerin. Josephine Baker erntet zweifelsfrei die größte Begeisterung.

Die Rückkehr ins Biwak erfolgt zu Fuß, die Pferde werden am Zügel gehalten. Nach dem Fest wirkt die Treppe abwärts noch steiler als aufwärts. Es kommt zu einigen denkwürdigen Stürzen in jener mondlosen Nacht, und es dauert eine Weile, bis sie ihr Camp gefunden haben, aber alle sind der Meinung, dass die Chinesen reizende Leute seien. Sauvage, wie immer leicht entflammt, ruft begeistert: »Wer redet da vom Kampf der Kulturen, von unvereinbaren Traditionen, von unheilvollen Einflüssen …«

Noch ahnen die Entdecker nicht, was sie auf der langen, langsamen Durchquerung Chinas erwartet.

*Letzte Etappe in den Ausläufern des russischen Pamir*

»20. September 1931
Ich führe leichten Herzens meine Eintragungen fort. Jetzt, wo der Wind der Taklamakan-Wüste die blauen Seiten meines Tagebuchs umblättert, jetzt, wo ich die Luft der grenzenlosen Ebene atme, kann ich mich an Augenblicke der Schönheit und Freude erinnern, die ich auf unserem Marsch am russischen Pamir entlang erlebt habe.

Von Tashkurgan nach Kashgar, sieben Etappen in neun Tagen. Am 11. September sind wir immer noch in den Bergen gefangen. Endlos öffnen sie sich auf Täler hinaus, um sogleich wieder zu engen Felsschluchten zusammenzurücken. Der Horizont weicht in unerreichbare Fernen zurück, oder er wird von neuen Hängen versperrt. Die Karawane ist wie eine Flechtkordel, die durch enge Korridore hindurchgefädelt wird. Manchmal löst die Kordel sich auf, und unsere zwölf Kamelführer lassen ihre Karawanen als vereinzelte Kamelgirlanden über eine Ebene ausschwärmen. Dann schließt uns bereits wieder der nächste Berg ein. Wird das je ein Ende nehmen? Unerträglich, dieses Eingesperrtsein!

Tashkurgan zu verlassen bedeutet, offiziell in China einzureisen. Wir sind noch auf über 3000 m Höhe. Wir kampieren in Jurten, wo es sehr gemütlich um das Wacholder- oder *bouta*-Feuer ist. Die Kamele defilieren langsam um das Biwak herum, damit sie in der Eisnacht nicht erfrieren. An Lebensmitteln besteht kein Mangel, denn Haardt bekommt bei jeder Etappe ein Schaf geschenkt, und die Herde ist so groß geworden, dass unser Hunza-Hirte einen zerlumpten Sarikoli angeheuert hat, den er regelmäßig schlägt: Er ist jetzt ein Chef und beschränkt sich darauf, uns zu begleiten.

Karasul – Subashi. Wir sind in der Nähe der sowjetischen Grenze auf 3800 m. Es schneit. Wir kampieren bei einem kirgisischen Lager von über 200 Jurten. Die Kirgisen sind vor den russischen Beschlagnahmungen geflohen, sonst würde man sie zu dieser Zeit nicht auf einer solchen Höhe antreffen. Ihre Frauen werden entführt und den Soldaten der Roten Armee angeboten. Aber bei diesen Steppenvölkern sind Frauen wie Männer unglaublich ausdauernde Reiter, und ihre robusten Ponys können lange Strecken im Galopp zurücklegen.

Wir überqueren den Ulughrobat-Pass auf 4120 m. Der blendende Schnee verätzt die Augen, wer keine dunkle Brille hat, leidet Höllenqualen. Hier verflüchtigen sich die Silhouetten der Bergkämme, und der Himmel verschmilzt mit der Erde. Wir arbeiten uns in diesem fast greifbaren Weiß voran, das in diffuse Graunuancen abgestuft ist.

Ein See bei Mintaka, der durch das Schmelzwasser der Karakul-Gletscher jeden Sommer neu entsteht.

Der Himmel reißt auf, die Sonne strahlt, die Schatten, die von unseren Pferden getragen werden, fallen nach links, das heißt auf die Sonnenseite, ein Phänomen der Lichtbrechung. Ich habe das auch in der Sahara erlebt und versinke in einer seltsamen Nostalgie.

Am 14. September erreichen wir die Ausläufer des kleinen Karakul auf 3280 m. An den Ufern des Sees ein paar verlassene Moscheen, mit Hörnern und Fetischen geschmückt. Die Schneegipfel verschwimmen. Die Berge spiegeln getreulich ihre gebrochenen Farbtöne im glatten Wasserspiegel. Hin und wieder verirrt sich ein Vogel in diese grenzenlose Einsamkeit.

Die Karawane bewegt sich auf Berggrund, und ihre Schatten trüben das Wasser des Tarbashi. Am Ufer: ein kleines Fort, ein Chinese, ein kleines Mädchen in einem roten Kleid. Wir begegnen den ersten zweihöckrigen Kamelen, die Nase von einem Holzpflock durchbohrt. Schwere, klimpernde Glocken hängen an ihrer Brust. Und während die Dämmerung herabsinkt, lausche ich auf das Abendläuten der Hochpässe. Wir beginnen den Abstieg zu einer Sandwüste, auf die sich der Berg in breiten Stufen herabsenkt. Wir erreichen den Guez, wo Hauptmann Sheriff, ehemaliger Konsul von Kashgar, seit zwei Wochen kampiert. Er bietet uns einen Whisky an, dessen köstlichen Geschmack wir nicht so schnell vergessen werden.

Auf 1430 m Höhe folgen wir den Ufern des Guez, der von einem Gletscher überragt wird, ein smaragdgrünes Band in einer Farbsinfonie von roten und schwarzen Felsen. Wir überqueren 16-mal diesen reißenden Fluss, dessen Wasser unseren Pferden bis zur Brust reicht. Es sind dramatische Überquerungen, die Esel werden an die Kamele gebunden, damit sie nicht abtreiben, wir verlieren Schafe dabei, und unser feines Porzellanservice für offizielle Empfänge, das mit dem Goldskarabäus geschmückt ist, geht kaputt.

Um den steinigen Stellen auszuweichen, die für unsere hufeisenlosen Pferde eine Tortur sind, legen wir unseren Weg vom Ufer aus fest.

Allmählich verringert sich die Höhe, der Himmel öffnet sich – ist das endlich der heiß ersehnte Ausgang? Die Kammlinie in der Ferne wird flacher. Wir reiten durch ein Meer von dicht belaubten Bäumen, und eine Goldpappel, die ganz vereinzelt steht, erscheint uns wie ein Fanal, das von neuen Ufern kündet. Auf 1302 m ein wilder Rosenstrauch.

Wir sind drei Etappen von Kashgar entfernt. Zum ersten Mal seit zwei Monaten ist der Horizont nicht von einem Berg versperrt. Die Nacht ist warm, das Atmen leichter, die ersten Bäume kündigen die Ebene an. Wir halten unsere Pferde zurück, sie spüren den Wind, vielleicht auch schon das Gras, das sie mit einem schnellen Galopp erreichen könnten.

Gauffreteau, der Afrikaner, schließt zu mir auf und reitet neben mir. Ich sage zu ihm:

›Die Ebene ...‹

Er antwortet: ›Ja ...‹

Wir kennen die Magie der Wüstentore.

Auf der Ebene ein dunkler Fleck, die Tash-Balik-Oase. Ein unbeschreibliches Freiheitsgefühl erfasst mich nach diesen 60 Tagen in den Bergen.«

*Nach Kashgar – acht bange Tage*

Kashgar, dritte Stadt in Sinkiang nach Urumchi und Yarkand, auf dem Schwemmlandstreifen im Norden der Taklamakan gelegen, breitet sich im Herzen einer fruchtbaren kleinen Insel aus, die »von einer Kette von Oasen begrenzt ist, dem letzten Bollwerk gegen die Wüste«. Die Stadt an der Seidenstraße, die seit der Antike die Verbindung zwischen Okzident und Orient sicherstellt, war lange Zeit der Umschlagplatz für die chinesischen Karawanen, die mit Gold, kostbaren Steinen, Perlen, Elfenbein, Gewürzen beladen waren ...

Marco Polo hat im 13. Jahrhundert darüber berichtet: »Die Leute hier leben von der Kunst und vom Handel. Sie haben viele schöne Gärten, Weinfelder und Besitzungen; Baumwolle gibt es in Hülle und Fülle ... Sie beten zu Mahomet.«

Die Fruchtbarkeit des Landes ist noch dieselbe, die chinesische Stadt wurde ein paar Kilometer entfernt von der turkestanischen erbaut (die vom Eroberer verschont geblieben ist) und ist durch ein Schachbrett von umgrenzten Gärten von ihr getrennt. Karren fahren geräuschlos auf den staubigen Straßen. Die Stadt hat 35000 Einwohner. Die Turkestaner haben ovale, längliche Gesichter, eine braune Hautfarbe und gerade Nasen. Die Tracht der Männer besteht aus meist blauen, gegürteten Tuniken, einer weiten Hose, weichen Stiefeln, die in Filzbabuschen stecken, einem Schädelkäppchen und einer pelzgesäumten Mütze. Die Frauen tragen gerade geschnittene, leuchtend bunte Kleider mit Rankenmuster. In der Stadt werfen sie einen leichten Schleier über ihr Haar. Sie scheinen freier zu sein als in islamischen Ländern und reden mit den Männern.

Der Herrscher über diese Provinz ist der *tao-tai,* Bruder des gefürchteten Gouverneurs von Sinkiang, Monsieur King.

Pecqueur, der vorausgeritten ist, um den Lagerplatz auszusuchen, steht vor einem schwierigen Dilemma, das er in einer kurzen Nachricht schildert: »... Ein ehrenwerter Beamter hat uns einen Garten der Regierung vor der Stadt draußen zur Verfügung gestellt. Leider mussten wir feststellen, dass es the *best place in the world* für die Aufzucht von Fröschen und Pilzen ist. Nach meiner höflichen Ablehnung, die den liebenswürdigen und ehrenwerten Beamten sehr zu bestürzen schien, müssen wir uns jetzt in ein paar Zimmern im ersten Stock eines großen Hauses zusammendrängen, mit einer offenen Veranda, die auf einen Innenhof geht. Ein Zimmer kann für unsere Arbeiten umfunktioniert werden. Die Pferde werden in einem benachbarten Stall untergebracht.«

Die Latrinen in der Nachbarschaft verbreiten einen unerträglichen Gestank. Sie wissen nicht, wo sie ihr Gepäck aufbewahren sollen, das man besser nicht aus den Augen lässt, die Karawanenführer installieren sich mit ihren Pferden, Eseln und Kamelen im Stall. Die Unbequemlichkeit ist groß, aber ist das ein Grund, dass Audouin sich in aller Öffentlichkeit wäscht? Vor den Augen von Williams, der einen roten Kopf bekommt und zu den anderen Insassen dieses Gefängnisses sagt:

»Ooooh! Ich glauben, unser Chef wird noch Muslim. Bald waschen er sich seine Stift im Schatten!«

»Nein, das ist in der Sahara Brauch«, scherzt Gauffreteau.

Aber der mangelnde Komfort ist gar nichts im Vergleich zu der Unruhe, die sich jeden Tag mehr in ihnen breitmacht. Wann endlich werden sie Kashgar verlassen können? In den ersten Minuten nach ihrer Ankunft im »Serail«, wie Jourdan ihre Unterkunft nennt, taucht eine merkwürdige Persönlichkeit namens Monsieur Lu, Abgesandter des *tao-tai,* als Übersetzer auf. Er hat den Auftrag, die Herren Künstler und Wissenschaftler zu kontrollieren. Monsieur Lu hat einen Buckel, was nach Iacos Meinung von den vielen Verbeugungen kommt. Außerdem, so der Maler, habe er ein Spitzelgesicht. Acht Tage vergehen, in denen die Expeditionsmitglieder zum Tee oder sonstigen Empfängen bei bedeutenden Persönlichkeiten eingeladen werden, die sie mit kalter Höflichkeit empfangen. Der englische Konsul Fitz-Maurice, der erst seit Kurzem an seinem Posten ist, erklärt Haardt, dass Geduld mit Wohlwollen belohnt werde und dass es unklug sei, die geringste Ungeduld erkennen zu lassen. Der Konsul lebt in Kashgar genauso, wie er in England leben würde. Seine Einrichtung ist äußerst komfortabel, stammt aus einer Werkstatt in der Stadt und wurde nach seinen Anweisungen und Skizzen vom chinesischen Schreiner angefertigt. Die niedrigen Tische quellen über vor Büchern, und in seiner Bibliothek stehen kostbare Werke. Der Herr Konsul ging sogar so weit, eine Brücke abzureißen, nur um einen Pfeiler daraus zu bergen, in den der Prinz von Orléans seinen Namen eingeritzt hatte.

»Sein Gesicht wahren«: Diese Losung beherrscht von nun an die Expeditionsmitglieder. Man muss gute Miene zum bösen Spiel vor dem *tao-tai* machen, der sie höchstpersönlich abholt und in seine Residenz etwa 10 km außerhalb der Stadt fährt. Er kommt in einem alten, olivgrünen russischen Landauer, mit riesigen Scheinwerfern an der Seite. Mehrere Kaleschen folgen ihm. Er ist liebenswürdig, aber kalt. Die Männer drängen sich in die Wagen. Die Durchquerung der Turkstadt ist eine Tortur. Der Landauer des *tao-tai,* in den Haardt die Ehre hatte zu steigen, fährt rücksichtslos in vollem Galopp durch die Menge. Die gutturalen Schreie des Kutschers sollen die lästigen Passanten aus dem Weg scheuchen, und es hagelt Peitschenhiebe auf das Volk herunter. Ein Karren samt seinem Esel wird umgeworfen, ein alter Mann verletzt, an dem die Kutschen um Haaresbreite vorbeisausen. Nach so viel Lärm und Brutalität ist die Fahrt durch die Gemüsefelder der Ebene, mit dem Wind, der die Gesichter liebkost, geradezu berauschend. Und noch schöner ist es, langsam zu Fuß die schattige Allee hinaufzuwandern, die von überdimensionalen Kürbissen gesäumt ist und zur Residenz des *tao-tai* führt.

Aufwühlende Kontraste, Widersprüche zwischen Worten und Verhaltensweisen: Wie soll man je die chinesische Mentalität verstehen? Beim Tee wird Haardt so zuvorkommend behandelt, dass er es wagt, dem *tao-tai* die Ziele der Expedition darzulegen. Dieser antwortet kalt, dass er sich, was die Aktivitäten der Expedition betreffe, strikt an die Weisungen aus Urumchi zu halten habe. Haardt lächelt; seine Geduld wird ihm das Wohlwollen des obersten Chefs einbringen. Das Gespräch wird noch liebenswürdiger. Jedes Wort, das die Expeditionsmitglieder äußern, scheint von der chinesischen Umgebung auf die Goldwaage gelegt zu werden. Ein wichtiger Würdenträger beauftragt Monsieur Lu, das folgende Kompliment an Haardt zu übersetzen: Mein armseliges Leben wird von heute an stets von dem unvergesslichen Glück erfüllt sein, das mir durch Ihre Durchreise zuteil wurde. Haardt ist entzückt: »Diese Chinesen verstehen die Bedeutung meiner Expedition.« Audouin und Pecqueur, deren Skepsis den Chef manchmal kränkt, behalten ihre Zweifel für sich: Werden sie Kashgar verlassen können, um zur China-Gruppe zu stoßen? Bisher wurden ihnen noch keine Pässe ausgehändigt. Wird Point ihnen mit den Wagen bis Aksu entgegenkommen? Dürfen die Wissenschaftler und Künstler der Expedition ihre Studien durchführen, insbesondere an den Stätten, die Hackin ihnen ans Herz gelegt hat?

Es gilt, das Gesicht zu wahren, auch wenn die Zeit nutzlos verstreicht und jeder weitere vergeudete Tag sie praktisch dazu zwingt, in China zu überwintern. Sie irren durch die Stadt, wann immer sie der angenehmen Gesellschaft von Monsieur Lu entkommen können. Hackin entdeckt bei einem Spaziergang zufällig einen kleinen christlichen Friedhof. Die Gräber sind mit Kreuzen geschmückt, die seiner Meinung nach von alten nestorianischen Friedhöfen stammen, aus der glücklichen Zeit, als in dieser Gegend noch so viele verschiedene Religionen friedlich nebeneinander existierten: Nestorianer, Manichäer und Buddhisten. »Ein kleiner christlicher Friedhof, isoliert unter den fanatischen Muslimen und den gleichgültigen Chinesen«, äußert Hackin bestürzt. Iacovleff porträtiert den *tao-tai* mit Gefolge und ist wohlgelitten am Hof. So viel Talent ist einfach unwiderstehlich.

Das Gesicht wahren, unter allen Umständen, ist die Devise. Aber die Mannschaft ist ständig in Gefahr, gegen dieses Gebot zu verstoßen. So wird der Besuch der Kaserne einigen unfähigen Reitern für immer in schrecklicher Erinnerung bleiben. Die Garnison, die Fitz-Maurice verächtlich als »die verweichlichten chinesischen Streitkräfte« bezeichnet, besteht aus 500 Männern, die mit englischen Gewehren »aus der Zeit von Wellington«, Mehrladern und russischen Maschinenpistolen bewaffnet sind. Die Soldaten gehen barfuß, aber ihre in Russland geschneiderten Uniformen sind mit glänzenden Goldknöpfen verziert, die das Hammer-und-Sichel-Symbol tragen. Die Expeditionsmitglieder in Stiefeln, Helm und Handschuhen und voll Stolz auf ihre sauber gestriegelten Pferde, legen einen eindrucksvollen Auftritt im Kasernenhof hin. Aber dieses Gefühl verflüchtigt sich schnell, als drei unerwartete Kanonenschläge ertönen. Die Pferde steigen, die Reiter werden beinahe abgeworfen, und Sivel landet unter dem Bauch seines Pferdes, wo er sich verzweifelt festklammert. Einzig seine Jugend bewahrt ihn vor einem Gesichtsverlust. Er hievt sich in den Sattel zurück, was ihm einiges an Akrobatik abverlangt, und macht ein Gesicht, als wollte er sagen: Falls ihr gerade etwas gesehen zu haben glaubt, habt ihr das nur geträumt, okay?

Das Gesicht wahren ist nun einmal alles. Am 26. September wird die Durchreise genehmigt, aber die Erlaubnis, wissenschaftliche und künstlerische Arbeiten durchzuführen, ist immer noch nicht aus Urumchi gekommen. Der oberste Chef von Kashgar gibt ein Abschiedsessen. Das Problem der nicht genehmigten Arbeiten an den archäologischen Stätten hängt die ganze Zeit unausgesprochen im Raum – es wäre unklug, das Thema anzuschneiden. Die Atmosphäre wird immer drückender. Immer öfter herrscht peinliches Schweigen, vom Geräusch der Kürbiskerne unterbrochen, die die chinesischen Würdenträger mit den Zähnen aufknacken. Hinter den Gitterfenstern spürt man eine stumme Neugier. Als der Tee zum Abschluss dieses »Liebesmahls« gereicht wird, erlebt Haardt eine große Demütigung. Der *tao-tai* händigt ihm ein Telegramm aus, das schon vor mehreren Tagen eingetroffen ist und nicht weitergereicht wurde: Der Gouverneur von Sinkiang verbietet kategorisch jede künstlerische oder wissenschaftliche Betätigung. Er beordert die »Herren Franzosen« nach Urumchi.

Am 27. September steht der Chef der Zollbehörde im Morgengrauen vor der Tür. Die Waffen und alles, was zu eventuellen Arbeiten oder zum Sammeln von Informationen dienen könnte, werden beschlagnahmt und versiegelt. Adieu, die Fotoapparate, die Filmkameras, ja, sogar Papier und Bleistift. Große Streifen aus braunem Papier mit chinesischen Schriftzeichen zieren die Kisten. Das Gepäck ist extrem leicht geworden.

Auch die Karawanenführer kehren nach Hunza zurück.

Die Entdecker sind gezwungen, noch einmal in die Residenz des *tao-tai* zurückzukehren, von einem Trupp Soldaten eskortiert. Sie werden feierlich empfangen. Williams kann sich nicht beherrschen und beklagt sich, dass ein Soldat ihn daran gehindert habe, seinen Fotoapparat mitzunehmen. Der *tao-tai* lächelt.

»Sehen Sie jetzt, wie nützlich es ist, wenn man sich verständigen kann! Deshalb gebe ich Ihnen Monsieur Lu und Monsieur Young mit, die Sie gut verstehen und daran hindern werden, noch weitere unabsichtliche Irrtümer zu begehen …«

## Die Taklamakan-Wüste Richtung Aksu

Zwischen dem Himmelsgebirge im Norden und der Taklamakan-Wüste im Süden durchquert der Tarim, gespeist von den Gletschern des Karakorum, die Provinz Sinkiang, lässt Oasen erblühen und verschwindet in den Salzsümpfen vom Lob-nor. In der Ebene, einer Halbwüste, atmen die Reiter den Wind der Weite ein, der mit dem Geruch der angewehten Gräser befrachtet ist. Die Hoffnung verleiht ihnen Flügel: Die Pamir-Gruppe und die China-Gruppe werden bald zusammentreffen.

Aber die wiedergefundene Weite ist nicht gleichbedeutend mit Freiheit. Während die Pferde lautlos im Sand dahintraben, erinnert sie das Klirren der Säbel an den Steigbügeln beständig daran, dass sie von Monsieur Lu und Monsieur Young sowie vier Soldaten eskortiert werden, die alle sehr wohlwollend und verständnisvoll sind.

Trotzdem lässt sich nicht leugnen, dass Audouin-Dubreuil diesen Zwölf-Tages-Ritt durch die Halbwüstenzone, die sie noch von Aksu trennt, mühelos, ja, geradezu freudig hinter sich bringt. Zumindest geht das aus seinem Reisetagebuch hervor, in dem er die Zwischenfälle auf dieser Etappe schildert und ein paar kleine Geheimnisse verrät.

»10. Oktober – Aksu
Vor 48 Stunden gab es ein aufwühlendes Wiedersehen.

Elf Kameraden von der Pamir-Gruppe schlossen die acht Kameraden der China-Gruppe, die ihnen entgegengekommen war, in die Arme. Vor sechs Monaten haben wir die Ufer des Mittelmeers verlassen, und sie den Hafen von Tientsin, um in aller Frühe Peking zu durchqueren, da sie bereits wussten, dass sie in Gefahr waren.

Ich lasse die Erinnerung an diesen Moment ruhen, der mich zutiefst erschüttert hat. Ich werde an anderer Stelle auf unsere Wie-dervereinigung zurückkommen. Aber mein Gedächtnis ist nicht unfehlbar, und das einzige Mittel gegen das Vergessen ist Schreiben. Daher also meine Eindrücke nach unserer Abreise aus Kashgar ...

Endlich wieder in der Enge des Zelts! Die lang entbehrte Einsamkeit! Endlich sind wir von der allzu großen Nähe befreit, die für alle schwer zu ertragen war, besonders für mich. Die Vollmondnächte. Grüner Mond, wie die grüne Sonne bei Sonnenuntergang in dieser Landschaft Turkestans. Das Glück, auf Aube Grise zu reiten, die erschöpft, aber so tapfer und ausdauernd ist, die auf dieser öden Piste bis zu den Knien im Staub einsinkt, durch die glühende Hitze geht. Ich bereue es bitter, dass ich kein Kamel gemietet habe, das die Gerste für sie transportiert. Ein bisschen Extrafutter hätte ihr mehr Kraft gegeben. Meine arme Aube Grise.

Ja, die wiedergefundene Freiheit! Was kümmern mich da die Mücken und Moskitos. Ich bin ganz Auge. Ich bewundere den runden, grünen Mond. Ich beobachte eine Grille, die einen Moment meine Einsamkeit verzaubert. Dann werde ich in meinem Zelt von dem ungestümen Gobi umgeworfen, was mich entzückt, denn dieser gute Hund schätzt die Freiheit genauso sehr wie ich. Hackin hat ihn in Misgar erworben. Einige von den Kameraden können ihn nur schwer ertragen. Er bellt, obwohl er kein Wachhund ist ... Er jagt den Leuten Angst ein, dabei haben wir ihm beigebracht, nicht mehr zu beißen. Jede Expedition hatte ihr Maskottchen dabei. Gobi ist fantastisch.

Der Mannschaft geht es ziemlich schlecht seit unserer Abreise aus Kashgar. Haardt ist leidend, finster. Er träumt vom Ruhm. Er diskutiert lange mit Iaco über den Ort unserer Ausstellung, die in 16 Monaten geplant ist. Der Louvre? Die Salle du Jeu de paume ...?

Haardt reitet neben mir, wir sprechen über unsere früheren Reisen. Irgendwann versteigt er sich zu der Behauptung: ›Komme, was wolle, dieses Land wird unseren Fingerabdruck behalten!‹

Das erscheint mir unglaublich arrogant. Ich antworte ziemlich scharf: ›Wir haben 1923 unseren Abdruck schon in Afrika hinterlassen – die Sandpiste, aus der eine Straße wird. Aber hier in China?‹

Die Untätigkeit schlägt einigen auf die Stimmung, das Arbeitsverbot wird zur Tortur, und das ist nur zu verständlich. Zum Beispiel in Urdan-Kara-Gulgum, einem winzigen Ort, malerisch, sehr bunt – was hätte man hier für fantastische Fotografien und Filmaufnahmen machen können! Sauvage grummelt pausenlos vor sich hin, während der Toningenieur seine Zeit damit verbringt, mit der flachen Klinge seines Messers auf alle Wassermelonen zu klopfen, die ihm in die Hände fallen.

Dann erhalten wir eine telegrafische Nachricht von einem Träger, der aus Aksu kommt. Die Raupen sind eingetroffen – der *amban* von Aksu hält sie dort fest. Aber was kümmert es uns, wenn der Marsch sich verlängert – Hauptsache, die Kameraden sind gekommen! Große Erleichterung.

Manchmal bläst morgens ein böser Wind über der Expedition. Wir beladen die Pferde und die Kamele. Stundenlang herrscht Schweigen über der Karawane. Reiter und Pferde haben ihren Rhythmus gefunden. Man könnte wochen- und monatelang so weitermachen: Marsch, Halt, Staub, Zelt, Serail, Moskitonetz, Traurigkeit, Ruinen ...

Ich gebe zu, dass mir dieses Einswerden mit der Zeit angenehm ist, weil man dabei gut nachdenken kann oder vor sich hinträumen oder auch gar nichts machen kann ... Zeit, in der ein kleines Nichts in Erinnerung bleibt, die langen Stunden überstrahlt. Ich denke an einen kurzen Augenblick, der mir den ganzen Tag das Herz erwärmt: Ich bin heute Morgen vom Gesang zweier Kameltreiber aufgewacht. Ihre Stimmen hatten einen schönen, ernsten Klang in der Morgenstille. Dieser Tag wird für immer die Stunde der Kameltreiber in der Morgenstille bleiben …

Tumshuk bleibt mir in trauriger Erinnerung, vor allem wegen Hackin. Die Taklamakan, an der wir entlangreiten, dehnt sich im Osten bis zur Lob-nor-Wüste aus, sie ist von mehreren Flüssen durchzogen, in deren Umkreis man noch eine karge, verkrüppelte Vegetation findet. Die ganze restliche Wüste besteht aus hohen Dünen. An manchen Stellen, die jetzt trocken und verlassen sind, entdecken wir Spuren einstiger Besiedlung. Verzierte Pfeiler, Fundamente antiker Städte zeugen davon. Hackin hat uns gesagt: ›Nach der vorherrschenden heutigen Meinung handelt es sich um verlassene Vorposten, die von der Wüste zurückerobert wurden. Aber anderen Theorien zufolge haben hier früher ganze Städte existiert. Das ist auch meine Meinung, denn wir nähern uns Tumshuk.‹

Er springt vom Pferd und geht zu einem Haufen Balken, die einige verkohlte Stellen aufweisen. Lange untersucht er diese Überreste der Vergangenheit – vornübergebeugt, unendlich traurig, ein Arm hängt herunter, eine Hand betastet die Holzstruktur. Ich erkenne unseren brillanten Archäologen in diesem von stummer Verzweiflung verzehrten Mann nicht wieder. Und prompt taucht der unvermeidliche Monsieur Lu auf, Hackin richtet sich wieder auf und steigt wortlos und mit undurchdringlichem Blick in den Sattel.

Wir biwakieren im Serail von Tumshuk, nicht weit von den Ruinen. Abends sitzen wir bei einem Tee und einer guten Pfeife mit Hackin zusammen. Er trägt jetzt seine ungeheure Enttäuschung gefasst. Er schwelgt in Erinnerungen an den Archäologen Pelliot und erzählt uns, mit welcher Begeisterung er damals, 1920, beim Umbau des Musée Guimet, die Sammlungen präsentierte, die dieser aus Turkestan mitgebracht hatte.

›Bei der Konzeption des Katalogs für die Sammlungen des Museums habe ich einen neuen Ansatz gefunden, den Zugang über den Buddhismus, und wir haben neben Artefakten aus Tibet andere aus Gandhara und Zentralasien präsentiert.‹

Um diesen Angelpunkt sollten sich von da an Hackins Forschungen drehen. Das war der einzige Grund für ihn gewesen, an unserer Expedition teilzunehmen: Er wollte die Ausbreitung des Buddhismus von Bamiyan bis an die Grenzen von Chinesisch-Turkestan mitverfolgen, um die Einflüsse der Zivilisationen auf die Kunst von Gandhara zu analysieren, insbesondere hinsichtlich der Fresken, die ›Szenen aus dem Leben Buddhas‹ darstellen. Er bedauert unendlich, dass er jetzt nicht Tumshuk besichtigen kann, eine der Stätten, an der seine Vorgänger wichtige Entdeckungen gemacht haben. Die Arbeit von Pelliot, Lecoq, Sir Aurel Stein und Grünwedel waren durch den Ersten Weltkrieg unterbrochen worden.

›Meine Vorgänger haben lange nicht darüber gesprochen, was sie in Tumshuk und den Fundstätten im Tarimbecken zurückgelassen hatten. Diese Gegenstände vor Ort zu sehen hätte uns die Möglichkeit gegeben, viele Details mit anderen Augen zu betrachten und in Verbindung mit den Zivilisationen zu bringen, die dort aufeinanderfolgten. Uns fehlen Dokumente, um unsere vergleichenden Studien fortzusetzen …‹

Am 6. Oktober brechen wir auf der Staubpiste nach Chotakutok auf. Wir sind niedergeschlagen, doch zum Glück behelfen wir uns mit Humor. Sivel ruft unserem Reporter zu:

›Monsieur Williams, singen Sie uns doch noch mal das Lied, das Sie heute Morgen gesungen haben. Bitte!‹

Williams erfüllt ihm bereitwillig diesen Wunsch, stolz wie ein Kind vor dem Schulinspektor.

›Danke, Monsieur Williams. Ich hab Sie extra gebeten, Ihr Lied heute Abend zu singen, damit Sie es morgen früh nicht mehr tun müssen. Dann kann ich wenigstens eine Stunde länger schlafen.‹ Williams reißt einen Moment verdutzt die Augen auf, dann schlägt er sich auf die Schenkel und brüllt vor Lachen.

Ich kehre in mein Zelt zurück, bleibe einen Augenblick auf der Schwelle stehen und genieße die wunderbare Weite. Auf meinem Tisch falte ich die Karte auseinander. Nördlich des Punktes, an dem wir uns befinden, Chotakutok, ziehen sich die Taratakakan-Berge entlang, die Teil der Himmelsberge sind. Ich schätze, dass wir noch 700 km vom Issykul-See entfernt sind. Vom Norden dieses Sees wären wir nach Sinkiang weitergereist, wenn die Russen uns nicht ihre Grenzen versperrt hätten. Ich schlafe ein, den Kopf voller Bilder.

Im Morgengrauen begegne ich Kameraden, die eine sehr unruhige Nacht hatten. Sie glauben Zuggeräusche in der Ferne vernommen zu haben. Für den einen hörte es sich an wie ein Zug, der in vollem Tempo dahinrattert, für den anderen war es ein Geräusch, als seien mehrere Waggons ineinandergekracht. Ich selbst bestätige ihnen, dass mir ein paar durchdringende Pfiffe, wie Notsignale, die Ohren zerrissen hätten.

Dabei wissen wir alle, dass die nächste Eisenbahn Hunderte von Kilometern entfernt ist, in Russisch-Turkestan. Eine Massenhalluzination? Ich rufe mir die Karte ins Gedächtnis, die ich als kleiner Junge so oft betrachtet habe. Ich erinnere mich genau an die fein gezeichnete Eisenbahnlinie, die an der Taklamakan-Wüste entlangführte, um dann in der Höhe von Turfan nach Osten abzuzweigen. Dieses rotgoldene Buch, in dem die Karte enthalten war, ein Buch, das meine Träume von großen Abenteuern beflügelte, war von Jules Verne. Also frage ich mich: Kann es sein, dass wir vielleicht den Zug von Claudius Bombarnac gehört haben? Ich werde nicht mehr auf meine Karte sehen, aus Angst, dass die Eisenbahnlinie nicht existiert. Und ich verrate meinen Kameraden nichts von meiner verrückten Idee. Es genügt mir, ab und zu an den kleinen Zug zu denken, der am Rand der Taklamakan-Wüste entlangdampft, nicht weit von Chotakutok.

In Gewaltmärschen nähern wir uns Aksu.

Wir kommen durch Dörfer mit staubverwehten Straßen und niedrigen, fensterlosen Lehmhäusern. Im Schatten der Pappeln, Trauerweiden und Tamarisken sitzen Turkmenen mit gleichmütigen, reglosen Gesichtern und sehen schweigend zu, wie diese neuen Eroberer an ihnen vorüberziehen. Sie tragen noch die Kennzeichen ihrer arischen Vorfahren: den ovalen Gesichtsschnitt, die helle Hautfarbe, die gerade Nasenlinie. Wie es scheint, haben sie jede Vermischung mit den sich stetig folgenden Eroberern vermieden. Bei jedem Quartier in einer dieser Städte Frauen in bunten Lumpen, unverschleiert, die uns mit ihren Kindern im Arm entgegenkommen, gefolgt von ihren Männern.

Das überrascht uns nicht mehr; die Wüstenläufer, die schneller sind als wir, verbreiten in Windeseile die Nachricht von der bevorstehenden Durchreise eines Arztes. Jourdan hält seine Sprechstunde ab, die von Turkmenen und Sarten besucht wird. Die Kranken lauschen andächtig auf die Worte des Dolmetschers, der das Urteil des Doktors übersetzt. Eltern und Freunde sind aufmerksam und respektvoll. Jourdan versorgt schreckliche Wunden, die mit Asche verschmiert sind. Kröpfe sind hier häufig und die Hunde räudig. Die Bevölkerung ist sehr arm und elend.

8. Oktober 1931 – das Wiedersehen.
Es ist unerträglich heiß – ein trostloser, brütender Herbsttag in der Provinz Sinkiang. Plötzlich zeichnet sich ein Reiter am endlosen Horizont ab. Eine Luftspiegelung? Nein, ein Reiter, der in einer Staubwolke direkt auf sie zugaloppiert. ›Carl!‹, brüllt Hackin. Umarmungen, Gelächter, Nachrichten werden ausgetauscht. Aksu

rückt näher. Hinter einer Wegbiegung taucht die Silhouette des Jesuitenpaters Teilhard de Chardin auf. Eine lange, knochige Gestalt, fast nur Haut und Sehnen, ein fein gezeichnetes zerfurchtes Gesicht. ›Da seid ihr ja! Endlich!‹, ruft er, und in seinen Zügen spiegelt sich die Freude wider, die alle empfinden.

*Die Odyssee der China-Gruppe*

Im Lager vier nagelneue Raupenfahrzeuge, säuberlich nebeneinander aufgereiht, die französische Flagge und die Standarten flattern im Wind. Penaud und seine Mannschaft in großer Galamontur. Unter dem Weinspalier hängen Lampions und chinesische Girlanden. Ein blumengeschmückter Tisch mit 20 Gedecken. Um die Ankommenden zu trösten, bietet Penaud einen Vorkriegs-Pernod an, der vom Französischen Freundeskreis von Tientsin spendiert wurde. Rauschende Feststimmung.

Zwei Männer fehlen jedoch an diesem Abend: Victor Point, der General King mit einem Raupenfahrzeug und einer Funkstation in die Kampfzone begleiten muss, und Petro, der noch immer in der

Aksu: Die Kavallerie reitet eine Attacke auf die Raupenfahrzeuge (Zeichnung von Iacovleff).

Stadt Hami festsitzt, die von den islamischen Shantou belagert wird.

Die China-Gruppe unter dem Kommando von Victor Point und seinem Stellvertreter Charles Brull ist noch ziemlich mitgenommen von ihrer extrem schwierigen und gefährlichen Durchquerung der Wüste Gobi und des östlichen Sinkiang. Eine Nachricht von Victor Point, die Audouin-Dubreuil erst jetzt erreicht, gibt diese Erlebnisse ungeschminkt wieder – es sind die Eindrücke eines Mannes, der viel durchgemacht hat:

»Expedition Citroën – Wissenschaftliche und künstlerische Mission in Zentralasien
Urumchi

Lieber Freund,
ach, was gäbe ich nicht darum, wieder bei euch zu sein! Ich habe Schlimmes durchgemacht in den letzten fünf Monaten, manchmal wirklich zum Fürchten.

Es hat mich zwei Monate zähes Verhandeln gekostet, bis ich endlich die Erlaubnis erhielt, euch vier Wagen entgegenzuschicken, und als Gegenleistung muss ich nun ins Kriegsgebiet reisen und die Funkstation installieren, die ich dem Gouverneur überlassen habe.

Ich reise also morgen nach Hami ab, während Maurice Ihnen mit den vier Raupen entgegenfährt – das Telegramm von Monsieur Haardt, in dem er von Aufgeben spricht, nehmen wir nicht allzu ernst!! Ich hoffe sehr, dass ich Petro mit zurücknehmen kann, der seit zwei Monaten dort unten festsitzt, der Arme!

Es gibt so viel zu erzählen, und ich kann es kaum erwarten, alles über Ihre Reise zu hören!

Delastre wird Ihnen sagen, wie sehr es hier an schönen Frauen oder Frauen überhaupt fehlt! Die muslimische Revolte gewinnt täglich an Terrain.

Um die Wahrheit zu sagen, Tapferkeit ist nicht gerade jedermanns Sache ... Ich kann Ihnen in dieser Beziehung ein paar Geschichten erzählen, über die Sie sich sehr amüsieren werden. Falls die Kämpfe auf die Region Kucha oder Aksu übergreifen, sollten Sie schleunigst Ihren Weg fortsetzen. Von den muslimischen Rebellen haben Sie nichts zu befürchten, aber seien Sie auf der Hut vor den aufgelösten oder besiegten chinesischen Truppen.

Kampieren Sie, wenn möglich, niemals in einer Stadt oder in einem Dorf!

Delastre und ich erwarten Sie voller Ungeduld.

Bitte grüßen Sie alle ganz herzlich von mir, besonders Pecqueur und Iacovleff. Möge Sinkiang Sie gastfreundlicher empfangen als mich. Mit freundschaftlichen Grüßen,

Ihr Victor Point«

Penaud, der Chefmechaniker der China-Gruppe und ständiger Chauffeur von Haardt, ergreift jetzt das Wort. »Alles hat schlecht angefangen, und so ist es auch weitergegangen, Monsieur Haardt! Wir haben es zwar nicht zu unserem Treffpunkt in Kashgar geschafft, aber wir sind mit allen vier Wagen nach Urumchi gekommen.«

Penaud ist stolz, alle hängen gebannt an seinen Lippen.

»Als wir im Hafen von Tientsin gelandet sind – Monsieur Brull, Monsieur Delastre und meine ganze Mannschaft (Balourdet, Rémillier, Piat, Dielman, Conté, Nuret, Kégresse, Gauthier) und ich, war Monsieur Point schon da und hat uns in Empfang genommen. Die sieben Wagen waren in ihren Kisten hinten in einer Garage im Hafen versteckt. Die Chinesen mögen keine Fremden, sie unterstellen ihnen böse Absichten. Wir haben 14 Tage für die Vorbereitungen gebraucht, wir mussten zwei Lastwagen mieten und mit der Ausrüstung beladen, fast zwei Tonnen Gewicht pro Wagen. Am 6. April sind wir endlich aufgebrochen, morgens um drei, weil wir keine

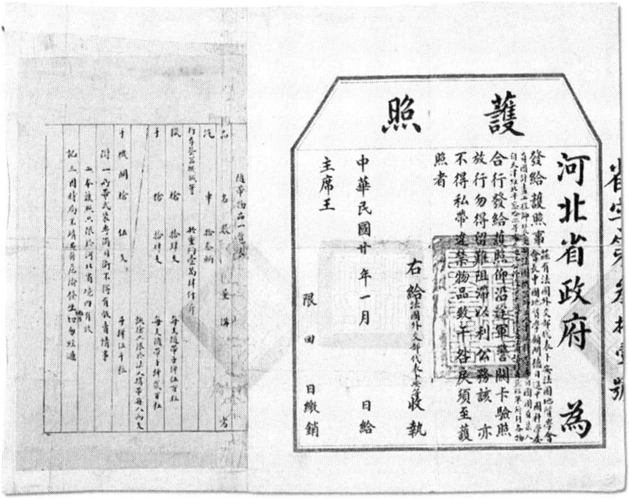

護照

河北省政府為

發給護照事

合行發給護照仰沿途軍警關卡驗照放行勿得留難阻滯以利公務該 亦不得私帶違禁物品致干咎戾須至護照者

右給 收執

中華民國廿年一月 日給

主席王

限 日繳銷

Dieses Schreiben ermächtigt die Expedition, Proviant und Ausrüstung mit einer Kamelkarawane von Peking nach Kashgar zu transportieren und Vorratsdepots auf der Route anzulegen. (Dokument Victor Point, 1929)

Spitzel anlocken wollten, aber in Peking sind Studenten auf unseren Konvoi aufmerksam geworden. Wir haben unser Tempo beibehalten. Wir wollten ihnen keine Zeit lassen, die ganze Stadt zu alarmieren. So was macht verdammt Angst, selbst wenn man im Krieg war wie ich. Wir hatten auch große Angst, dass wir mit chinesischen Nationalisten zusammenrasseln würden.

Auf der Kaiserallee hatten wir dann die ersten Pannen. Also, das ist mir bis heute schleierhaft. Unsere Raupen haben in der tunesischen Wüste viel größere Strapazen mitgemacht. Sie haben sich bei allen Testfahrten bestens bewährt, und dort, auf diesem Terrain, lassen sie uns plötzlich im Stich! In Kalgan, 178 km von Peking entfernt, die nächste Zwangspause, außerdem war eine Kette kaputt. Wir mussten auf den Ersatz warten, den Javel uns mit der Transsib schicken wollte. In der Zwischenzeit haben wir den Grund für die Kettenbrüche herausgefunden: ein defektes Gussstück, das zu Verbiegungen geführt hat. Brull hat ein neues Gussstück entworfen, Kégresse hat es gezeichnet, dann sind sie nach Peking gefahren, um das gesamte defekte Material umzubauen. Point war schon in die Hauptstadt vorausgefahren, um mit den chinesischen Behörden zu verhandeln, die wütend waren, dass unsere Wagen ohne die chinesische Flagge durch Peking gefahren sind, wo wir doch für sie die ›chinesisch-französische Expedition‹ sind. Ich bin in die Werkstatt von Lemoine und Plessis in Tientsin gegangen, der dortigen Citroën-Vertretung. Drei Wochen haben sie für die Herstellung der Ersatzteile anberaumt. Da habe ich mich an eine chinesische Werkstatt gewandt, die in acht Tagen perfekte Arbeit geliefert hat.

Wir also wieder los, diesmal mit Pater Teilhard, der inzwischen von Peking zu uns gestoßen ist. In Kalgan sind die bestellten Raupen angekommen, mit der Transsibirischen Eisenbahn oder was weiß ich. Diesmal halten die Ketten, die Teile sind perfekt geschmiedet. Drei Wochen Verspätung! Wir fahren durch ein Chaos von Felstrümmern, über Wege, auf denen der Staub 50 cm hoch liegt, so dass die Lastwagen sich ständig festfressen. Wir verfahren uns auf den Pisten, gehen den Banditen aus dem Weg, vor denen man uns gewarnt hat. Und endlich erreichen wir Bailingmiao.«

Teilhard de Chardin fährt in dem Bericht fort und wendet sich an Haardt:

»Wir sind am 19. Mai in Bailingmiao angekommen. Kervizic konnte zum ersten Mal den Funkmast aufrichten. Er hat bis zwei oder drei Uhr morgens gesendet; Ihre Gruppe hat nicht geantwortet, lieber Freund! In Bailingmiao wurden uns die chinesischen Wissenschaftler präsentiert, und wir hatten noch die Hoffnung, dass wir uns gut mit ihnen verstehen würden. Aber es war ein kalter

Empfang. Professor Tsu Ming-Yi war so abweisend, dass ich ihn kaum wiedererkannte. Er ist jetzt Mitglied des Zentralkomitees des Kuomintang und hat mir klargemacht, dass er sich als Chef unserer wissenschaftlichen Mission betrachte. Yao, der in Saint-Cyr war, trug einen geprägten Jadeblock als Anhänger, etwas sehr Wertvolles, das Siegel des Gouverneurs von Nanking. Tiao kommt aus einer sowjetischen Militärakademie. Professor Ho von der Universität Nanking hat mit Doktor Humel Sinkiang erforscht. Liou, der Botaniker, hat keinerlei Interesse bekundet, seinen Kollegen Reymond kennenzulernen. Chow, ein Journalist, hatte keine Einladung von uns bekommen, und ich war sehr befremdet über seine Anwesenheit. Und Young, der im Service géologique de la Chine mein Stellvertreter war, hat so getan, als würden wir uns zum ersten Mal sehen. Es war klar, dass man uns eine Überwachungsmannschaft aufgezwungen hatte. Es kam auch rasch zu Zwischenfällen.

Sobald wir in die Wüste Gobi kamen, waren sie ganz aus dem Häuschen vor Angst. Wir haben eine Route genommen, auf der es 1500 km weit keine Möglichkeit gab, Hilfe zu holen oder Verpflegung zu erhalten. Bei jedem Halt bin ich mit einem Touristenauto hinausgefahren, um die Felsformationen zu studieren; Reymond hat die asiatische Fauna erkundet oder Skorpione gefangen; Petro und Carl waren mit kartografischen Aufzeichnungen beschäftigt. Spetch hatte einen zweiten Wagen für die Filmaufnahmen, so dass sie gezwungen waren, zwei Bewacher mitzunehmen. Die ganze Zeit wurden wir von den chinesischen Kollegen bespitzelt. Point hat dieses feindselige Klima nur schwer ertragen. Jede Nacht, wenn er anhand der Sterne unsere Position ermittelte, ist Ho ihm gefolgt wie ein Schatten. Eines Tages hat Point ihn angerempelt, als er vor Spetchs Kamera vorbeispaziert ist. Und weil Ho auf diese Weise sein Gesicht verloren hat, ist er mit der erstbesten Karawane, der wir begegnet sind, verschwunden. Die Spannung war enorm.

Als wir Bailingmiao verlassen haben, mussten wir einen weiteren Passagier an Bord nehmen, General Yao, der sich von uns nach Suzhou bringen ließ, wo wir wohl oder übel hinmussten, um uns mit Proviant zu versorgen. Wir haben uns an den Karten orientiert, die der Archäologe Sir Aurel Stein angefertigt hat. Unser Führer Gao, der an den langsamen Rhythmus der Karawanen gewöhnt war, hat im Auto die Orientierung verloren. Mehrmals haben wir uns auf schwierigem Terrain verirrt. Wir waren vor entlaufenen Soldaten gewarnt worden, denen wir aus dem Weg gingen, indem wir in die Berge fuhren, denn die Chinesen fürchten sich vor Berggeistern und Wölfen. Dort sind wir in einen Sturm geraten, der tagelang gewütet hat, die Hitze war unmenschlich ...«

Penaud, der fast platzt vor Ungeduld, fällt ihm ins Wort:

»Die gelbe Erde schlägt uns allmählich aufs Gemüt. Aber das Schlimmste ist, dass die Wagen Kondensatoren bilden, sie laden sich mit Elektrizität auf. Wir müssen jeden Augenblick darauf gefasst sein, dass die Funken unsere Benzintanks in Brand setzen. Und dann, in Tiensan, ungefähr 450 km von Suzhou, sehe ich, dass wir nicht mehr genug Benzin haben, um das Depot zu erreichen. Wir fahren noch 250 km, dann ist Schluss. Kein Benzin mehr und nichts mehr zu beißen. Wir hatten so viel Benzin geladen wie nur möglich, ohne die Raupen und Lkws hoffnungslos zu überlasten, weil wir mit schlechtem Gelände gerechnet hatten, aber es war schlimmer als alles, was ich mir jemals hätte vorstellen können, und der Verbrauch war unglaublich! Wir haben die Raupentanks geleert und die leichten Wagen und zwei Lastwagen damit gefüllt. Monsieur Point ist mit seiner Abteilung aufgebrochen. Sie sind nach Süden gefahren, ins Kriegsgebiet, in Richtung Suzhou. Das war gefährlich, aber wir hatten keine andere Wahl. Solange sie weg waren, sind Banditen gekommen, um mit uns zu verhandeln. Monsieur Brull hat seinen Revolver gezogen, bevor er sich auf das Palaver mit ihrem Chef eingelassen hat. Die Männer hatten gerade eine Karawane geplündert. Als sie begriffen haben, dass wir bewaffnet sind, wurden sie vorsichtig, aber einer der Banditen ging zum Wagen von Balourdet und wollte ein Gewehr stehlen, das auf dem Rücksitz lag. Balourdet hat ihm einen Faustschlag verpasst, und da sind sie geflüchtet. Monsieur Point ist zurückgekommen.«

Dann wendet sich Pater Teilhard wieder an die Expeditionsleiter.

»Unser Freund Victor Point hat in jeder Lage eine unglaubliche Courage und Geistesgegenwart bewiesen. Er ist Risiken eingegangen, aber es waren kalkulierte Risiken. Unsere beiden Gruppen mussten unbedingt zusammentreffen, das stand für uns fest. Und je weiter wir in feindliches Territorium vordrangen, desto klarer wurde es uns. Wenn unsere Gruppe es schaffte, nach Kashgar zu kommen, würde man Sie über die Grenze lassen. Als der Benzinkonvoi zurückkam, haben wir uns dazu durchgerungen, noch einmal nach Suzhou zu fahren, um die sieben Raupen mit Benzin vollzutanken und Ersatzteile und Proviant aufzuladen. Wir sind also wieder nach Süden gefahren, obwohl wir den direkten Weg nach Hami hätten nehmen können. Seit Points Karawane durch Suzhou gekommen war, hatte die Stadt einen Angriff erlebt, und was wir dort zu sehen bekamen, war entsetzlich. Unter den Festungswällen lagen die Leichen der Erschossenen, und wir mussten mitansehen, wie die Hunde sich über sie hermachten.«

Pater Teilhard verstummt, von der Erinnerung überwältigt. Nach einer Weile fährt er fort.

»Als wir die drei Stadttore durchquert haben, sind wir in eine Falle gelaufen, aber wir wussten es nicht. Wir wurden durch ein Gewirr von engen, krummen Gässchen in einen ummauerten Innenhof geführt, wo wir bleiben mussten. Penaud, der zum Depot gehen wollte, um eine Bestandsaufnahme zu machen, ist auf eine Wagensperre gestoßen, an der er nicht vorbeikam. Da haben wir begriffen,

In der Wüste Gobi. Pater Teilhard de Chardin überwacht die Zubereitung der Mahlzeit (Januar 1932).

dass wir Gefangene waren. Man hat uns die Pässe weggenommen, und wir durften keine Funksprüche mehr durchgeben. Die Wagen wurden beschlagnahmt, aber unsere Waffenverstecke waren sicher, und die Maschinengewehre wurden nicht entdeckt. Point musste wieder einmal verhandeln. Es folgten endlose Palaver, die nach fünf Tagen zu einem Ergebnis führten. Und in diesen fünf Tagen haben die chinesischen Wissenschaftler, die sich hier sicher fühlten, die Situation ausgenützt und uns regelrecht erpresst. Sie erklärten, sie würden die Reise mit uns fortsetzen und uns helfen, unsere Durchreise mit den chinesischen Behörden oder mit den Kampftruppen auszuhandeln, auf die wir unterwegs stoßen würden, aber nur, wenn Victor Point die Leitung der Gruppe abgeben würde; ansonsten wollten sie nach Peking zurückkehren. Tsu hatte die Kränkung durch Monsieur Ho nicht vergessen; er rächte sich jetzt, indem er dafür sorgte, dass Point ebenfalls sein Gesicht verlor. Point akzeptierte die Bedingung, denn wir konnten nicht riskieren, dass die Regierung von Nanking uns ihre Protektion entzieht. Die ›Verträge von Suzhou‹ wurden unterzeichnet und Brull zum Chef der chinesisch-französischen Mission ernannt. So viel vergeudete Zeit!

Mit gutem Benzinvorrat und einigem Proviant sind wir wieder aufgebrochen. Wir hatten uns verpflichtet, die Wüstenroute zu nehmen und so das Kriegsgebiet zu umgehen, aber davon konnte keine Rede sein. Wir sind auf ein Schild mit chinesischen Schriftzeichen gestoßen. Monsieur Point hat es von Petro übersetzen lassen: ›Zutritt verboten – Krieg!‹ Wir waren inzwischen nach Sinkiang gekommen und mussten noch weiter ins Land hinein. Wir hatten keine andere Wahl, denn wir wussten, dass zwei der Depots auf unserer Route geplündert worden waren. Wir sind über Schlachtfelder gekommen, die mit Toten und Verwundeten übersät waren. Unter Delastres Anleitung haben wir die Überlebenden verarztet, aber es waren nicht viele. Ich habe mich nach Verdun zurückversetzt gefühlt, wo ich als Sanitäter eingesetzt war. Der Medizinwagen, der hervorragend ausgestattet ist, und die moderne Ausrüstung waren uns dabei sehr nützlich.

Auf dem Weg nach Hami haben Waffenkonvois unseren Weg gekreuzt, und wir sind durch zerstörte Dörfer gekommen. Hami hatte gerade einen Überfall von Ma Chung-Yin abgewehrt, und es drohten neue Angriffe. Aber wir mussten in die Stadt hinein, um an unsere Depots zu kommen. Der Prinz von Hami hat uns einen Passierschein bis Turfan ausgestellt. Die chinesischen Gelehrten, die bei dem Gedanken an eine Shantou-Revolte in helle Panik gerieten, stahlen sich eines Nachts klammheimlich davon. Petro wollte die Stadt auf keinen Fall ohne seinen Lastwagen verlassen, der einen Motorschaden hatte. Er sagte, er würde in Urumchi wieder zu uns stoßen. Seither keinerlei Nachricht von ihm. Er hat zehn Jahre in China gelebt, er kennt die Mentalität der Chinesen und spricht ihre Sprache … Es besteht also Hoffnung … Wir sind jedenfalls wieder aufgebrochen, wenn auch schweren Herzens. Wir haben uns große Sorgen gemacht.«

»Zu Recht, mon père«, wirft Penaud ein. »Überall in der Stadt waren Leichenteile von massakrierten Muslimen an die Bäume genagelt – Köpfe, Herzen, Lebern, Füße ...«

Er verstummt und Brull erzählt, wie das Abenteuer zu Ende ging:

»Schließlich kommt die China-Gruppe, die sich in dem feuchtschwülen Klima von Turfan, bei 50° C im Schatten, auch noch die Ruhr geholt hat, unter meinem Kommando in Urumchi an. Die Männer fiebern, sind ausgemergelt, die Ausrüstung ist abgenützt und ramponiert. Point, der nach seinem Aufenthalt in General Kings Gefängnissen ganz zerzaust aussieht, erwartet uns auf der Straße. In Turfan hatte er vom Generalgouverneur den Befehl erhalten, sich auf der Stelle in die Hauptstadt von Sinkiang zu begeben und sich bei ihm einzufinden. Er war seit zehn Tagen in Gefangenschaft, zusammen mit Chauvet, und hatte mir eine Botschaft zukommen lassen, dass wir unbedingt die Waffen verstecken sollten. Das war nicht leicht, denn die Chinesen sind wachsam. Die Soldaten von Gouverneur Kings Leibwache, die in Turfan zu uns gestoßen waren, um uns nach Urumchi zu führen, hatten uns im Visier. Zum Glück weiß Penaud, wie man eine Panne simuliert, so dass Rémillier, unserer alter Saharafahrer, genug Vorsprung auf der Piste bekam.

Auf diese Weise haben wir die Wachen überlistet und konnten die Waffen im Gebirge bei Turfan verstecken, wo wir Markierungen im Boden angebracht haben. Eines Tages holen wir sie uns wieder! Point hat auf uns gewartet, wie ich schon sagte. Er war auf einem Pferd geflüchtet und ist uns entgegengeritten, um uns in ein kleines Wäldchen außerhalb der Stadt zu führen, wo die Raupen sofort ›zu Reparaturzwecken‹ zerlegt wurden. In Wahrheit wollten wir natürlich verhindern, dass sie beschlagnahmt wurden. Unsere rollenden Panzer sind für Monate verstummt. Wir saßen in unserem ›Widerstandslager‹ und haben auf die Haardt-Gruppe gewartet. Als Gefangene.«

Der französische Champagner fließt in Strömen. Brull nimmt an der allgemeinen Freude teil, aber die schrecklichen Erinnerungen lassen ihn nicht los. In einem Brief an Audouin-Dubreuil von 1933 schreibt er:

»... Ich werde meine Aufzeichnungen nicht veröffentlichen. Ich erinnere mich an derart düstere Gefühle, dass ich sie gar nicht wieder zu lesen wage. Ich spreche von der grauen Monotonie der Stunden, die so freudlos waren und manchmal ohne jeden Antrieb. Von allen Übeln, die einen in der Fremde befallen, ist der Asienkoller, der Horror vor diesen endlosen, leeren Ebenen, am schlimmsten. Ich fühlte mich wie die Fliege im Netz, und ich kann Ihnen gar nicht sagen, wie sehr ich mich nach der Sonne der Sahara und den Tänzen am Flussufer gesehnt habe!«

*Letzter Abend in Aksu*

Es dauert zwei Tage, die vier Wagen und ihre Ladung zu präparieren. Die 60 Kamele und die Pferde brechen nach Kashgar und Gilgit auf.

»9. Oktober 1931, 5 Uhr morgens – Aksu
Ich habe lange Aube Grise nachgesehen, wie sie sich in ihrem ausgreifenden, ruhigen Gang entfernte, in eine goldene Staubwolke gehüllt, die in den Morgenhimmel aufstieg. Gumbo kehrt nach Hunza zurück, er hält mein treues Pferd am Zügel. Ich denke an die schönen, glücklichen Etappen, die wir zusammen erlebt haben, wahrscheinlich die schönsten und glücklichsten der ganzen langen Reise. Jetzt wird meine Aube Grise dem Generalkonsul Fitz-Maurice vermacht, ein wahrhaft königliches Geschenk.

Abend

Ich bin lange Zeit im Lager umhergeirrt. Jourdan hat ein kleines Mädchen operiert. Der Medizinwagen ist unglaublich gut ausgerüstet. Die Stadt ist von schattigen Wegen durchzogen, und der Fluss Koum Aksu lässt Tamarisken, Weiden und Pappeln gedeihen. Die Moscheen in der Umgebung sind bescheiden, aber ihre große Zahl zeugt von der Macht des Islam. Unterwegs bin ich einem sehr zerstreuten Hackin begegnet. Morgen brechen wir wieder auf, auf der Piste, die an Kizil und Kucha vorbeiführt, dann etwas weiter, an Sorchuq vorbei, einige Kilometer von Karashar entfernt. Der Gedanke, dass er diese Stätten nicht besichtigen darf, ist eine Qual für Hackin. Ich rate ihm, am Abend mit unseren Kameraden darüber zu sprechen.

Später sitzen wir um den Archäologen herum, in der vertrauten, herzlichen Atmosphäre, die sich abends manchmal einstellt, und hören ihm aufmerksam zu.

›Seit dem Bamiyantal folgen wir den Spuren des Buddhismus auf seiner Ausbreitung nach Zentralasien. Wir sind an Tumchuq vorbeigekommen, aber ... es ist ein Jammer ...‹

›Ja, es ist schrecklich ... eine Niederlage, wie Haardt sagen würde ...‹

›Ach was, Niederlage – eine Tragödie ist das!‹, brüllt Sauvage. ›Kein einziges Bild, das die Erinnerung an diese Stätte für die Nachwelt bewahrt, an die Ruinenfelder, die zerstörte Stadt ...‹

›Umso wichtiger ist es, dass wir wenigstens Kizil und Kucha besichtigen können, und ein Stück weiter auch Sorchuq. Ich werde Notizen machen, wenn wir schon keine Fotos haben, und Iaco könnte Zeichnungen anfertigen. Aber wie sollen wir unsere Bewacher überzeugen, dass wir nicht gekommen sind, um ihre Kunstschätze zu plündern, sondern im Gegenteil, um die letzten Überreste ihrer Vergangenheit festzuhalten, die Spuren einer großartigen Zivilisation, die einst ihren Ruhm ausmachte?

Wenn wir von Urumchi nach Osten zum Fuß der Bogdo-Berge ganz im Norden des Tarimbeckens fahren, kommen wir außerdem an den Städten des Turfan-Komplexes vorbei: Bezeklik, Kaza-Khoja, Sangim. Das sind Stätten, die nicht nur eine Besichtigung verdienen, hier sollten wir auch die Arbeiten durchführen, die eines der Ziele unserer Expedition sind. Wir können also nur hoffen, dass die Genehmigung für diese Forschungsarbeiten inzwischen in Urumchi eingetroffen ist. Und vor allem, dass Gouverneur King sie auch an uns weiterleitet und nicht seine Macht als Herrscher von Sinkiang ausspielt und sein Veto einlegt.

In den nächsten Tagen werden wir nicht weit von Kizil und Kucha durchkommen, und ein paar Tage später in der Nähe von Sorchuq: Wie sollen wir die Verbote umgehen?

›Wir hängen unsere Begleiter einfach ab!‹, erklärt Penaud lakonisch. Wenn unser Freund aus Poitiers das Wort ergreift, dann redet er nicht einfach so dahin. Er hält, was er verspricht. Und so wird im Schutz des Zelts ein Plan ausgearbeitet, im Flüsterton natürlich, denn der Wächter hat gute Ohren. Wir einigen uns darauf, die chinesischen Bewacher in den letzten Wagen des Konvois zu setzen. Dieser wird eine Motorpanne haben, was den anderen Wagen mehrere Stunden Vorsprung verschafft, um die beiden gräkobuddhistischen Stätten Kizil und Sorchuq zu besichtigen. Williams stößt ein lautes ›Wow‹ aus, und seine Augen funkeln verschmitzt. Wozu die ganze Aufregung? Er zerrt ein Päckchen aus seiner Jacke, das in schmuddeliges Tuch gehüllt ist, und wickelt es langsam auseinander.

›Hier – der große Maynard Owen Williams kennt natürlich ... so Tricks. Ein Reporter nie geht ohne seine Kamera!‹

Und damit hält er seinen verblüfften Kameraden den Fotoapparat unter die Nase.

›Und ich dachte schon, dass Sie einen Bauch kriegen! Ich habe mir Sorgen um Ihre Gesundheit gemacht! Bravo, mein lieber Williams!‹

Haardt ist also zufrieden, und Williams wird rot. Ein Glück, dass nun doch einige Arbeiten durchgeführt werden können. Hackin gibt einen kurzen Überblick über die Geschichte der archäologischen Stätten. Diese Vorträge werden von Le Fèvre mitgeschrieben und gesammelt.

›Die Oasen im Tarimbecken erlebten durch den buddhistischen Einfluss der Indo-Skythen im Hochmittelalter über Jahrhunderte hinweg eine große Blütezeit. Um 400 bis 425 n. Chr. überfielen die Hunnen das Sogden-Reich und Baktrien, zwei von den Nachfolgern Alexanders des Großen gegründete und von den Indo-Skythen eroberte Königreiche. Die Indo-Skythen wiederum gründeten eine Dynastie, deren berühmtester König, Kamichka, über ein Gebiet herrschte, das Chinesisch-Turkestan, Afghanistan und Kaschmir umfasste. Von den Hunnen verjagt, flüchten die Indo-Skythen nach Osten und siedeln sich dort an, wo Leben noch möglich ist, in Chinesisch-Turkestan. Dort gründen sie Königreiche in Kucha, Karashar und Turfan. Sie nehmen wieder Kontakt mit den Iranern auf, mit denen sie eine entfernte Blutsverwandtschaft verbindet. Die sogdischen Reiter bringen kostbare Ladungen aus Persien mit.

Die buddhistischen Pilger beeinflussen mit ihrer Spiritualität die kuchanische Aristokratie, die sehr empfänglich für die neue Religion ist, ebenso wie die unabhängigen Völker von Turfan und Karashar. So entsteht in den entlegenen Oasen, mitten in der endlosen Wüste, eine glänzende Zivilisation, die fünf oder sechs Jahrhunderte überdauert. Von der gräkobuddhistischen Kultur, die in der indoafghanischen Region ausgelöscht wurde, existieren 300 Jahre später nur noch einige hellenistische Einflüsse, die an der Kunst des Tarimbeckens ablesbar sind. In den Oasen von Kucha, Karashar und Turfan sprechen die Bewohner indoeuropäische Sprachen (Iranisch und Sanskrit) sowie europäische Sprachen (Italo-Keltisch-Slawisch) und Ostiranisch in der Region von Kashgar.

Für das China der Tang-Dynastie, das die Herrschaft über Oberasien anstrebt, sind die Oasen des Tarimbeckens unverzichtbar, um die Karawanenrouten nach Indien und in den Iran zu kontrollieren. Kaiser Taizong setzt alles daran, sie in seinen Machtbereich zu bringen. Die nächstgelegene Oase ist die von Turfan, wo sich der chinesische Einfluss auch am stärksten bemerkbar macht. Turfan wird 640 von den Armeen des Kaisers erobert. Alle Königreiche werden 647 unterworfen.‹

Hackin hält nachdenklich inne.

›Über die Geschichte von Kucha, das wir morgen besichtigen werden, hat Grousset geschrieben: ›Der Kaiser schickte gegen die kuchanische Armee den türkischen Condottiere ins Feld, der in seinem Dienst stand und eine Armee von regulären chinesischen Soldaten und tatarischen Söldnern anführte. Die glänzende kuchanische Reiterei wurde in der Wüste bei Kucha in einen Hinterhalt gelockt und vernichtet. Es war das Ende der Unabhängigkeit für die indoeuropäische Stadt Gobi, das Ende einer zauberhaften, hochentwickelten Welt ...‹

Der chinesische Buddhist Xuanzang durchquerte zweimal die Oasen des Tarimbeckens, 629–630 auf dem Weg nach Bamiyan, und 644 bei seiner Rückkehr. In dem Bericht, den er über seine Reise schrieb, schildert er das Leben und die Pracht der besuchten Königreiche.‹

Wenn er über die ausgelöschten Städte in der Taklamakan-Wüste und in Sinkiang am Fuß der Bogdo-Berge spricht, nehmen Hackins große blaue Augen einen verträumten Ausdruck an, so als zögen Bilder an ihm vorbei, die wir nicht sehen können. Wir sind alle ganz gebannt von seinem Bericht.«

## Zu den Städten des Tarimbeckens

Am 10. Oktober 1931 um fünf Uhr morgens dröhnen die Motoren des »Scarabée d'Or« und des »Croissant d'Argent«. An den Windschutzscheiben der vier Raupen flattern die Wimpel. Die beiden Bewacher, die das Spitzelteam des *tao-tai* von Kashgar abgelöst haben, sind äußerst perplex und wissen nicht, wie sie reagieren sollen: Sind das etwa aufrührerische Embleme auf diesen Wimpeln? Penaud und Chauvet, die bereits am Steuer sitzen, grinsen. Sie fahren los, sobald Haardt und Audouin sich leichtfüßig auf ihre Sitze geschwungen haben. Lautes Knattern und Hupen sorgen dafür, dass der Aufbruch von einer möglichst großen Menschenmenge registriert wird. Die Leute drängen sich am Tor des ummauerten Hofs, aus dem die Monster auf Rädern auftauchen, die so viel Ähnlichkeit mit den chinesischen Fabeltieren haben. Männer wie Frauen sitzen stolz auf ihren Pferden, ohne Sporen und auf Fellen anstelle von Sätteln.

Der Weg zu General Kings Hauptstadt kostet sie 21 Tagesmärsche mit etlichen Zwangspausen dazwischen.

### *Kizil – Kucha*

14. Oktober – das Biwak wird nachts im Muzart-Tal aufgebaut. Bei Tagesanbruch stellt Hackin sofort fest, dass der Lagerplatz nicht weit von den ersten Siedlungen von Kizil liegt. Die umliegende Ebene ist im Norden von Steilhängen begrenzt, woraus Hackin schließt, dass die Höhlen von Kizil praktisch vor seiner Nase liegen und eine Besichtigung möglich wäre. Der liebenswürdige Bewacher

will nichts davon hören. Haardt und Pecqueur können schließlich den *amban* der Stadt von der Notwendigkeit eines längeren Reparatur-Halts überzeugen, indem sie ihm ein Auto zeigen, das kurz vor einem Achsenbruch steht. Mit viel Diplomatie, zahlreichen Komplimenten über die große Vergangenheit Chinas und wie wichtig es sei, diese in Europa bekannt zu machen, gelingt es ihnen, dem *amban* die Erlaubnis für eine Besichtigung zu entlocken. Kein Papier, kein Bleistift, kein Fotoapparat ...

Die Höhlen von Kizil sind in den Felshang gehauen. In den langen Gängen schreitet man durch Rundbogen, wie sie in der persischen und arabischen Architektur zu finden sind. Die Decken sind ausgekragt, die Fresken stellen religiöse Szenen dar. Hackin datiert sie auf das sechste bis siebte Jahrhundert. Er ist überwältigt von der Vielfalt der noch vorhandenen Malereien und Bildmotive. Über die Fresken, auf Gips gemalt, gibt der Archäologe ausführliche Erklärungen, und die Mannschaft hört ihm fasziniert zu.

»Diese Ruinen gehören zu den Monumenten, die Grousset in die buddhistische Gruppe von Kucha einordnet. Sie wurden von Grünwedel, von Lecoq und Pelliot erforscht und sind äußerst repräsentativ für eine eklektische Kunst, die vielfältigen Einflüssen unterliegt. In der Epoche, die durch diese Ausgrabungen zutage gefördert wird, kommt die Kunst des Tarimbeckens direkt aus den buddhistischen Werkstätten Afghanistans, in ihrer doppelten, gräkobuddhistischen und iranobuddhistischen Ausprägung ...

Die Stukkaturen von Fondukistan, die meine Frau, Carl und ich zwischen Kabul und Bamiyan entdeckt haben, waren typisch für die buddhistische Kunst Afghanistans, die bei den Buddha-Gestalten immer noch hellenische Vorbilder und bei den weltlich-männlichen Gestalten persisch-sassanidische Vorbilder reproduziert. Genau diese Verbindung kehrt in den Fresken wieder, die wir hier betrachten. Sie stammen aus der ersten Periode, zwischen 450 und 650 ...

Das Ganze beweist uns, dass zwar die spirituelle Kultur einer Oase wie Kucha damals dank des Buddhismus eindeutig indisch geprägt war, die materielle Kultur jedoch einen starken sassanidisch-persischen Einfluss aufwies. Wie Sie sehen, bezeugen die weltlichen Herren und hier sogar die Prinzessinnen die direkte Imitation der iranischen Modelle. Was könnte aufschlussreicher für die Rolle dieser Karawanen-Oasen nicht nur als Pilgeretappen zwischen China und Indien, sondern auch als Handelsstationen zwischen China und dem Iran sein? Und was wir über die Wandmalereien in Kizil sagen, gilt auch für die von Sorchuq, falls es uns gelingen sollte, dorthin zu kommen, und die Stukkaturen dieser glänzenden Stadt noch existieren.«

Hackin gelingt es, ein paar hastige Notizen in ein winziges Heft zu machen, das er in der hohlen Hand verbirgt. Dem Bewacher wird es zu anstrengend, so dass er sich schließlich an den Eingang der Höhle setzt und friedlich auf sie wartet, eine Nachlässigkeit, die die »hochehrwürdigen Herren Archäologen« sehr zu schätzen wissen.

Iacovleff macht einige rasche Skizzen von allem, was Hackin am interessantesten und wichtigsten erscheint. Der Maler bedauert sehr, dass er die Fresken nicht mit der Technik der Temperamalerei festhalten kann, die er gerne angewendet hätte.

Williams hat die Gruppe nicht begleitet, da er ohnehin keine Fotos machen konnte.

»16. Oktober – Kucha
Die Wüste hat ihren Mantel aus Sand und Staub über die indoeuropäische Stadt Kucha geworfen, wo sich im Hochmittelalter eine glänzende Kultur entwickelte. Eine zauberhafte, hochentwickelte Welt, die spurlos verschwunden ist. Bei Sonnenuntergang, zu der Stunde, wo jede noch so winzige Erdfalte sich scharf in dem

orangefarbenen Licht hervorhebt, bin ich lange durch die Ebene marschiert. Meine Fantasie hat mir das unbeschreibliche Kampfgetümmel vorgegaukelt, das sich abspielte, als die stolze kuchanische Armee auf die des Kaisers von China unter dem Kommando des unbesiegbaren türkischen Condottiere traf. Eine Fata Morgana; die Fata Morganas sind so schön in der Sahara ... In der Taklamakan-Wüste muss die Fantasie sich solche Trugbilder selber schaffen.

Als ich zu den Ausläufern der Stadt zurückkehre, ein weiteres Trugbild: eine alte Europäerin mit einem altmodischen Hut, langen Rock und einer Jacke, wie sie die Damen um 1900 trugen. Eine Fata Morgana? Nein, eine schwedische Missionarin. Sie wohnt seit 20 Jahren in Kucha.«

Karashar – Sorchuq

Bei der Besichtigung von Sorchuq wird der unliebsame Begleiter auf die zuvor vereinbarte Weise abgeschüttelt. Während der Konvoi in Richtung Karashar fährt, schwenkt Audouin, der den weniger strengen der beiden chinesischen Bewacher an Bord hat, von der Piste ab. Der Fahrer beschleunigt halsbrecherisch, denn sie müssen die drei folgenden Wagen abhängen, der Filmwagen mit seinem versiegelten Material soll zu ihnen stoßen, mit Williams an Bord, der immer noch seinen Fotoapparat unter der Jacke mitschleppt. Die Raupe mit dem strengen Bewacher beschließt den Konvoi.

Trostlos ragen die Ruinen in der verlassenen Landschaft auf. Die Mannschaft sucht in aller Eile nach dem Buddha-Tempel. Er wurde niedergebrannt. Was vor ihnen liegt, ist ein Feld der Verwüstung. Auf dem Boden finden sich Lehmstatuen, im Feuer gehärtet und dadurch erhalten. Köpfe mit griechischen Profilen, harmonische, feingliedrige Körper, Fragmente von Draperien, Rosetten, zarte Hände, meisterhafte Frauentorsi ... Die Besucher sind im ersten Moment wie vom Donner gerührt, starren fassungslos auf das

Desaster ... Hackin sammelt das Fragment einer Figurine auf, die noch Spuren einstiger Bemalung aufweist.

»Diese Skulptur erinnert an Hadda. Sie zeugt von großer Eleganz und Anmut, einem überraschenden Manierismus.«

Der Bewacher macht einen Schritt auf Hackin zu, um irgendein Verbot auszusprechen. Doch der Archäologe kommt ihm zuvor: »Hier behalten Sie Ihre Schätze!«

Und damit lässt er das Corpus Delicti in die große seidene Tasche im Gewand des Chinesen gleiten. Die anderen folgen seinem Beispiel. Bald reichen die Taschen nicht mehr aus, um die Ausbeute zu fassen. Das Gewand, jetzt hochgeschürzt wie ein Sack, füllt sich zum Bersten. Schließlich kehrt der Bewacher mit leuchtenden Augen zum Wagen zurück. Die Citroën-Mitglieder studieren in aller Seelenruhe die Kunstschätze von Sorchuq, ehe sie mit leeren Händen zum Wagen zurückgehen. Auf dem Rückweg kommt ihnen der Wagen mit dem strengen Bewacher entgegen, der fast platzt vor Wut und diesen Fahrzeugen längst nicht mehr traut, die so oft defekt sind. Ein Stück weiter wartet der Filmwagen, der tatsächlich eine Panne hat, auf Penaud und das erforderliche Reparaturwerkzeug. Willliams läuft um die Raupe herum, rot vor Wut und Enttäuschung. Er hat die Besichtigung der Stätte verpasst, und vor allem die Gelegenheit, einzigartige Fotos zu schießen.

Nachts sucht ein Schatten den *yamen* von Karashar heim. Der Mondschein erleuchtet die Höfe des Serails, die Säulenhallen und geschweiften Dächer, deren steile, rutschige Schrägen vor den bösen Geistern schützen, indem sie diese in die Luft zurückwerfen. Ein namenloser Schatten nähert sich dem großen Zelt. Ein Geheimnis, das gut gehütet werden wird, über das die Nacht ihren Schleier breitet. An diesem Abend findet eine äußert lukrative Transaktion im Biwak statt. Kostbare Fragmente der Vergangenheit werden durch menschliche Habgier gerettet. Acht Monate später findet man ganz unten in Medizinkästchen und Tabaksdosen kostbare Souvenirs von Sorchuq.

Um nach Urumchi zu kommen, muss man den Engpass bei Toksun auf den ersten Ausläufern der Himmelsberge in 1740 m Höhe überqueren. Aufklärer marschieren zwischen den Felstrümmern vor den Wagen her. Die Raupen haben sich schon durch enge Wege laviert, die von Hand freigeräumt wurden, aber diese vorgebahnten Ausgänge in dem unentwirrbaren Labyrinth müssen erst einmal gefunden werden. An der Stelle, wo der Weg sich verbreitert und der Boden sandig wird, tauchen plötzlich zwei Reiter in vollem Galopp auf. Ein Freudenschrei steigt von der Mannschaft auf.

»Point! ... Petro! ...«

Point strotzt nur so vor Jugend und Übermut. Er springt ab und ruft: »Jetzt hab ich den Gouverneur King zum dritten Mal reingelegt. Er wird noch sein Gesicht verlieren!«

Auch Petro, drahtig und unerschütterlich wie immer, trägt eine Siegermiene zur Schau – dabei haben alle geglaubt, dass er in Hami gefangen sitzt.

»24. Oktober – Toksun-Pass

Im Biwak stundenlang geredet und gelacht. Unsere Kamaraden haben uns einen Teil ihrer Abenteuer erzählt. Wie Point mit Chauvets Hilfe die Sperre in Hami zu durchbrechen versuchte und sein Lastwagen von Kugeln durchsiebt wurde. Er hat uns mit sichtlicher Bewegtheit den erzwungenen Rückzug über die gefährlichen Pässe von Kou-Tsin-Tze geschildert, nachdem er Petros Rettung verloren geben musste. Petro selbst erzählt von seinen dreieinhalb Monaten in Hami. Wir lauschen gebannt, als er die Angriffe der Muslime auf die Stadt und die Truppen von Ma Chung-Yin schildert.

Ein Krieg wie im Mittelalter: Leitern, die von den Belagerern an die Wand gelehnt werden, archaische Geschosse ... Seine Flucht war

Eines der Raupenfahrzeuge auf dem Toksun-Pass.

ein Geniestreich – nachts, auf seinem Lastwagen, im Schutz eines neuen Angriffs. Ich stelle mir vor, wie er Hami mitten im Kampfgetümmel verlässt, zwischen Artillerie und Maschinengewehrfeuer, Sieger und Besiegte wild durcheinander im Abendlicht. Seine Fahrt durch die brennenden muslimischen Dörfer, die schwarzen Rauchsäulen. Der Auszug eines ganzen Volks in Waffen, vom Krieg vertrieben. Eine Flut von menschlichen Wesen, Kamelen, Reitern, Karren voller Kinder und Kadaver, all das vor einem blutroten Himmel. Gefahren über Gefahren, die er bestehen musste, um durch die Linien der rebellierenden Shantou zu kommen! Ich bewundere seinen Mut.«

# Urumchi, eine verbotene Stadt

»28. Oktober, abends
Urumchi in seiner spätherbstlichen Pracht, schimmernd im eisigen, von den Bogdo-Bergen reflektierten Licht, ist der unzugänglichste Ort der Welt. Im Norden die Steppen von Dschungare, dann Sibirien; 700 km weiter westlich die Sowjetunion; im Osten, nach der Wüste Gobi und gottverlassenen Landstrichen, die reichen Provinzen Chinas. Wenn man sich der Stadt nähert, durchquert man ein paar Pappelwäldchen und kommt an kleinen, von Bergbächen gespeisten Seen vorbei. Dann, in der kahlen Ebene, in geringer Entfernung, die Stadt. Die alten Mauern strahlen Trostlosigkeit und Verzweiflung aus. Nicht selten trifft man auf ein Rudel Hunde, die sich an einem Kadaver satt fressen. Die Stadt zerfällt in zwei Viertel, im einen leben Russen und Turkmenen, das andere ist für Chinesen reserviert. Die Straßen sind gestampfte Erdwege mit aufgeschütteten Wällen, die oben mit Brettern abgedeckt sind und Trottoirs bilden. Alle Häuser stehen nach hinten versetzt in großen Höfen mit hohen Mauern und einem riesigen Portal am Eingang. In diesen Höfen werden oft auch Jurten aufgebaut.

Wir verfügen über drei Häuser. Im ersten sind Haardt, Jourdan, Pecqueur, Iaco, Brull und ich untergebracht. Im zweiten der ›kleine intellektuelle Kreis‹ um Teilhard de Chardin, der sich in den letzten drei Monaten gebildet hat: Carl, der Architekt und Archäologe, Reymond, der Naturforscher des Naturgeschichtlichen Museums in Paris, alles Mitglieder der China-Gruppe. Hackin, Le Fèvre und Williams leisten ihnen in ihrem Domizil Gesellschaft. Im dritten Haus logiert Penaud mit seiner Mannschaft: Rémillier, Balourdet, Piat,

Dielman, Gauthier, Chauvet und Nuret. Drei Jurten vervollständigen unser Habitat. In der einen: Point, Delastre, der Arzt der China-Gruppe, und Petro, der zwei Jahre lang die Verpflegung auf unserer Route nach China organisiert hat. In der zweiten sind die Filmleute versammelt: Sauvage, Spetch, der schon bei der Afrika-Expedition dabei war, Morizet, der Kameramann von Victor Points Gruppe, und Sivel. Im dritten Mongolenzelt schließlich hausen: der schwer kranke Kégresse, der an einer Bauchfellentzündung laboriert, Kervizic, der Funker der China-Gruppe, und unser unersetzlicher Yves Gauffreteau, Koch, Sattler und Hufschmied in einem. 30 Männer, die mitten in Sinkiang festsitzen, der Willkür des Generalgouverneurs King ausgeliefert.

Kégresse müsste dringend über Russland nach Frankreich evakuiert werden. Doktor Jourdan würde ihn begleiten, ebenso Brull, der nach den ausgestandenen Strapazen erschöpft ist. Die Frage ist nur, ob wir die Pässe bekommen. Und wenn ja, wann? Morgen erfahren wir es vielleicht, denn Haardt ist zu einem offiziellen Treffen mit dem Gouverneur geladen.

Ich schreibe in der Wärme eines russischen Ofens, der mit einem Brennstoff beheizt wird, den Marco Polo, als er durch Urumchi kam, begeistert als ›die schwarzen Steine, die aus den Bergen gehauen werden und brennen wie Zunder‹ bezeichnete.«

Haardt, der gehofft hatte, er könne seine finanziellen Transaktionen mit General King zügig abwickeln und einen Kollektiv-Pass für die Weiterreise nach Peking beschaffen, wird auf eine harte Geduldsprobe gestellt. Die Verhandlungen zwischen der Citroën-Leitung und General King über die Einreise nach Sinkiang haben endlich zu einem Ergebnis geführt: Drei Raupenfahrzeuge und mehrere Funkstationen sollen via Russland nach Urumchi geliefert werden.

Die Expedition wartet nun auf den Konvoi, der von Salesse angeführt wird. King schuldet den Citroën-Werken 800000 Franc für diese Ausrüstung. Haardt hat den Ehrgeiz, André Citroën im Tausch gegen dieses kostbare Material Goldbarren nach Frankreich mitzubringen.

Haardt eröffnet die Verhandlungen mit dem mächtigen General King. Die erste Audienz findet am nächsten Tag statt und ist ein glatter Fehlschlag. Keines der Probleme, die Haardt beschäftigen, wird angeschnitten.

»Für alle Fragen bezüglich Ihrer Expedition sind meine verschiedenen Ministerien zuständig. Sie werden am Sonntag Bescheid erhalten, wenn Sie meiner Einladung zum Essen folgen.«

Haardt antwortet mit der passenden Höflichkeitsfloskel, die im Protokoll vorgeschrieben ist. Er wendet sich an Petro, den Dolmetscher, der perfekt Chinesisch spricht.

»Sagen Sie Seiner Exzellenz, dass ich ihm für das Gespräch danke, aber ich will ihm nicht zu viel von seiner kostbaren Zeit stehlen. Ich weiß, dass er eine bedeutende Persönlichkeit ist und viel wichtigere Dinge zu tun hat.«

Der Gouverneur nickt äußerst würdevoll, obwohl jeder weiß, dass das Opiumrauchen zu den Hauptbeschäftigungen seiner Exzellenz zählt.

Die Enttäuschung ist groß, ebenso die Angst. Wie viele Wochen werden sie hier festsitzen? Der Winter kündigt sich bereits mit Schneetreiben an. Haardt bleibt optimistisch, Petro weniger: Der Außenminister hat ihm auf Chinesisch einen Kommentar von General King hinterbracht, den er seinem Chef wohlweislich nicht übersetzt: »Warum hat Monsieur Haardt es so eilig? Ihr Chef ist vielleicht mächtig in seinem Land, aber hier ist er nichts!« Worte, die ihnen vertraut sind, die sie bereits vom *tao-tai* in Kashgar gehört haben.

»10. Oktober
Langweiler Tag, graues Wetter.
Teilhard de Chardin hält uns Vorträge über die Erde, deren Geheimnisse er zu ergründen versucht.«

Jahre später, 1946, schreibt Teilhard: »Die Erde ist eine Parzelle des Universums, die in ständigem Werden begriffen ist, also eine Erde, die sich bewegt, die lebt, die nicht tot und starr ist ... Mein Beruf als Paläontologe und Geologe gestattet es mir, die Gegenwart und das packende Menschheitsabenteuer zu überblicken, das sich im Lauf von Jahrmillionen abgespielt hat ... Der Firnis der Farben und Landschaften langweilt mich zu Tode. Was ich liebe, sieht man nicht mehr.« (C. Rivière: *En Chine avec Teilhard*)

Teilhard de Chardin begleitet 1931 die Seidenstraßen-Expedition von Peking nach Aksu, eine Strecke von fast 1000 km, auf der er zahlreiche wichtige geologische Fakten sammeln kann, wie er von Urumchi an seine Schwester schreibt: »Eine wahre Erleuchtung ...« Der Pater ist in diesem Herbst ganz im Bann seiner Entdeckungen, durch die er bestimmte Forschungsarbeiten ergänzen und einige seiner Hypothesen erhärten kann.

Zwischen 1923 und 1927 war Teilhard de Chardin mehrmals in China, wo er Professor Licent, den Gründer des Museums von Tientsin, auf seinen Reisen in der Mongolei und im Ordos-Gebiet begleitete. Außerdem nahm er an der amerikanischen Expedition von Roy Chapman Andrews teil, dessen Arbeit sich vor allem auf die Geologie und Paläontologie Chinas und auf die Erforschung großer Fossilienvorkommen konzentrierte. In den 1930er-Jahren gingen diese Entdeckungen in eine Studie über das chinesische Tertiär und Quartär ein.

1929 ist Teilhard Berater des Service géologique de Chine, Abteilung Geologie und Paläontologie. In dieser Eigenschaft wird er zu den Ausgrabungen von Chou-Kou-Tien herangezogen, einem Fossilienvorkommen, in dem der Sinanthropus pekinensis entdeckt wird. 1929 nimmt Victor Point Kontakt mit Teilhard de Chardin auf und macht ihm im Auftrag von André Citroën das Angebot, die Expedition von Tientsin bis Kashgar als Geologe zu begleiten, mit anschließender Rückkehr nach Peking.

Der Gelehrte erfasst sofort die wissenschaftliche Bedeutung dieses Angebots, das ihm die Chance bietet, die neuesten Entdeckungen auf dem Gebiet der Paläontologie und Geologie in China zu erweitern und zu ergänzen.

Die Expeditionen, die er bisher begleitete, waren langsame Reisen (zu Pferd oder zu Fuß), von langer Dauer (monatelanger Aufenthalt an einer Stätte), auf weniger weiträumige Gebiete beschränkt, was ein methodisches Arbeiten, eine eingehende Untersuchung einzelner Parzellen ermöglichte. Für Teilhard kann es also bei dieser Expedition nicht darum gehen, sich mit Forschern wie Roy Chapman Andrews, Mongolei-Experte, oder Sven Hedin, Spezialist für Kansu und Sinkiang, zu messen. Hingegen könnte eine rasche Durchquerung Chinas auf dem 42. Breitengrad von Osten nach Westen eine optimale Momentaufnahme des asiatischen Kontinents liefern, den bisher kein Entdecker in seiner Gesamtheit bereist hat. Es ist also eine einmalige Gelegenheit, umfassende Kenntnisse über Asien zu sammeln.

Teilhard schreibt am 7. Juli aus Turfan: »Die Arbeit wird immer umfangreicher. Ich befinde mich hier mitten in einem der geheimnisvollsten und heiligsten Gebiete der Erdgeschichte. Und ich glaube, dass ich es durch eine – Schritt für Schritt erarbeitete – Verbindung mit Ostchina erklären kann ... Im Turfanbecken geht das Plateau der Wüste Gobi unmerklich in die Vorberge der großen

Nanchang-Kette über. Das Gleichgewicht wird zugunsten einer neuen Struktur der gobischen Steppenebene gebrochen, und es treten zwei neue Elemente in Erscheinung: die Nanchang-Kette und an deren Fuß das Loch von Turfan, die Senke von Tarim.«

Am 27. August schreibt Teilhard, der seit Wochen in Urumchi festsitzt: »Trotz aller Aufregung im Lager beginne ich mich allmählich zu erholen und ein wenig zu schreiben. Es ist eine erste Einschätzung, ein Memorandum über die Resultate meiner Untersuchungen in Kalgan und Urumchi ...« Der Pater trifft Eric Norin, Geologe von Sven Hedin, und seinen Mitarbeiter Yuan, die seit vier Jahren in Urumchi vor Ort arbeiten. Erfreut schreibt er: »Wir haben stundenlang die Geologie Zentralasiens entworfen, und ich habe das seltene Vergnügen genossen, über die weiten Räume zu sprechen, die wir kennen.« Im Übrigen setzen die drei Gelehrten ihre Forschungen um die Ebene von Sinkiang fort, die sich auf 860 m Höhe zwischen der Bogdo-Kette und den letzten Ausläufern der Himmelsberge ausdehnt. 1932 werden zwei Routen-Karten in der *Revue de géographie physique et de géologie dynamique* veröffentlicht. Teil-

Fotositzung in Turfan. An der Kamera: Morizet, rechts Sauvage.

hard kommentiert diese Publikation: »Topografisch gesehen liegt ihre Hauptbedeutung in der Nutzung gemessener Distanzen, was durch den Einsatz der Automobile mit ihren Präzisionsgeräten ermöglicht wird. Ihr geologischer Wert besteht in der Tatsache, dass sie zum ersten Mal die Bausteine eines deutlich von Ost nach West führenden Gesamtprofils des mongolischen Plateaus liefert und so eine Verbindung zwischen den bisher getrennten Geologien Ostchinas und Turkestans herstellt.«

Zum ersten Mal wird eine dynamische Karte von China erstellt, dank der Mitarbeit von André Reymond und Wladimir Petropavlovski, die unterwegs die topografischen Gegebenheiten gesammelt haben.

Pater Teilhard kann die Aufgabe, die er sich gestellt hat, nicht in ihrer Gesamtheit erfüllen, insbesondere die Erforschung der Fossilienvorkommen in der Region zwischen dem Gelben Fluss und den Liu-Pan-Chan-Bergen oder die Untersuchung der Alashan-Wüste mit ihrem Hinterland, was seine ersten Arbeiten sehr bereichert hätte. Als die Citroën-Expedition durch diese Gebiete kommt, ist bereits alles mit Eis bedeckt.

Der junge Naturforscher Reymond richtete ursprünglich sein Hauptaugenmerk auf die Entomologie. Unter Teilhard de Chardins Einfluss überschreitet er diesen eng begrenzten Bereich. Seine Arbeit verlagert sich schließlich auf die Biogeografie, eine Vernetzung von Biologie und Geologie, zwei wissenschaftliche Disziplinen, die bisher weitgehend getrennt behandelt wurden. Reymond war der Erste, der den Versuch unternahm, die Verbreitung der Flora und Fauna in den zentralasiatischen Wüsten von Kalgan bis Chinesisch-Turkestan zu erforschen und zu erklären. Der Wissenschaftswagen ist hervorragend ausgerüstet für die Untersuchung und Konservierung von Tier- und Pflanzenexemplaren. Zudem steht den Wissenschaftlern ein leichter Wagen zur Verfügung, mit dem sie sich rasch von der Gruppe entfernen und ihre Forschungen auf der gesamten Länge des 42. Breitengrads durchführen können, in dem schönen und fruchtbaren, aber manchmal auch gefährlichen chinesischen Frühling.

In Urumchi können die Gelehrten ungestört arbeiten, ohne sich um Zeitpläne zu kümmern!

### *Ausweg aus der Mausefalle*

Haardt verliert allmählich die Geduld, und die Audienzen am Sonntag entwickeln sich zur Zitterpartie. Am Eingang des Gouverneurspalasts stehen bewaffnete Wachen, die Macheten in der Hand. Der Gouverneur empfängt seine Besucher in Generalsuniform. Die Begrüßung läuft streng protokollarisch ab, die Gastmähler sind üppig und verschwenderisch und ziehen sich endlos hin. Überall im Saal stehen Soldaten mit Gewehren und Pistolen herum, die jeden scharf im Auge behalten. Es ist nicht ratsam, allzu schnell ein Taschentuch herauszuziehen, selbst wenn man vor dem Essen seinen Revolver im Vorzimmer abgeliefert hat. Der General wird von einer strammen Garde weißrussischer Frauen bedient.

Jedes Gesuch, das Haardt vorbringt, wird vom zuständigen Ministerium geprüft. Das führt zu weiteren Gelagen bei den Ministern, und dort muss man ziemlich trinkfest sein, um die zahlreichen Schalen Reisschnaps zu verkraften. Die Wertschätzung, die einem Gast entgegengebracht wird, hängt von der Alkoholmenge ab, die er in sich hineinschütten kann. Pecqueur, der seit kurzem Korvettenkapitän ist, schlägt alle Rekorde: 27 Schalen. Audouin-Dubreuil verbringt zwei höllische Nächte damit, einen lallenden, wankenden Pecqueur einzufangen, der mit aller Macht zum Palast des Ministers zurückstrebt, um ihm für den »unvergesslichen Abend zu Ehren Frankreichs« zu danken.

Im Gegensatz zu Haardt bleibt Iaco unerschütterlich. Der »Hofmaler«, wie er von seinen Kameraden genannt wird, ist mit einer guten Portion Humor gesegnet und hat seine Freude daran, »das edle Konterfei einer hochgestellten Persönlichkeit« auf die Leinwand zu bannen, »besonders wenn es sich um einen Chinesen handelt«. Über King schreibt er: »Wenn mir der Gouverneur von Sinkiang sein wächsernes Opiumgesicht zukehrte, in einer sorgfältig einstudierten Pose, die er sich von Fotos hoher Militärs in westlichen Zeitungen abgeschaut hatte, bewachten mich zwei grimmige Soldaten, die Hand an der Mauser, das *coupe-coupe* in seiner scharlachroten Lederhülle an der Hüfte baumelnd.« Alle Minister lassen sich porträtieren.

Kervizic, der gewissenhafte Funker, streunt oft im Résistance-Wäldchen herum, wo das Funkgerät mit großer Reichweite, das auf Befehl des Gouverneurs nicht mehr verwendet werden darf, in sei-

Urumchi, das »Rebellen-Camp«. Von links nach rechts: Point, Brull, Teilhard de Chardin.

ner Raupe ruht. Jegliches Senden ist unmöglich, ohne den Motor anzuwerfen und den Mast aufzustellen. Die Chinesen wissen, dass sie überlistet wurden, dass Victor Point im Sommer mit seinem Chef kommunizieren konnte, der damals im Pamir-Gebirge war. Kervizic steht unter strenger Bewachung. Fern sind jene Sommerabende, als sie den Motor in Gang setzten, um, wie sie den Wachen erklärten, Festmusik zu machen und zu tanzen wie der Teufel. Bei einem dieser improvisierten Feste, als die Chinesen wie gebannt auf die Tanzenden starrten und sich vor Lachen bogen, wurde ganz langsam der Mast ausgefahren, bis zur Spitze des nächstbesten Baums, und der Funkspruch, der über das Schicksal der Gefangenen in Urumchi entschied, flog über das Gelbe Meer, dann nach Beirut, um schließlich an Laplanche mitten im Himalaja übermittelt zu werden. Seither herrscht Funkstille im Lager. Morizet ist in miserabler Laune.

Während die diplomatischen Bemühungen ihren Gang gehen, bleiben Carl, Brull und die Mechaniker nicht untätig. Fuchs-, Wolfs-, Schafs- und Hundepelze werden gekauft. Shantou-Schneider werden angeheuert, um eine Ausrüstung wie für eine Arktisexpedition anzufertigen: Lammfelljacken, lammfellgefütterte Hosen, gefütterte Galoschen und Stiefel, Mützen aus Persianerwolle und die berühmten Shackletons (undurchlässige Segeltuchkleidung, die für Shackletons Polarexpedition konzipiert wurde) werden gefüttert. Die »Winterkleidung« der Raupen wird von Shantou-Sattlern hergestellt: dicke Pelzmotorhauben, Yakfilz-Polsterung auf der Rückseite der Planen. Die Mechaniker fabrizieren ein über den Motor beheiztes Röhrensystem. Öfen werden vom Blechschmied angefertigt, kalorienreiche Lebensmittel eingekauft.

Noch bläst der Wind Asiens aus dem Süden, aber wenn er sich legt, werden Wolken aus dem Norden aufziehen und Schnee und Eis mit sich bringen. Die Expedition hat drei Monate Verspätung, sie wird in den Winter Nordchinas und der Wüste Gobi hineingeraten. In Urumchi, dieser weltvergessenen Stadt, warten zahlreiche Fremde auf die Ausstellung eines Passes. Immer wird irgendjemand oder irgendetwas aus Urumchi erwartet. Doktor Essad-Sabit, ein Turk-Mongole, Vertreter des Gouverneurs, lässt alle seine Macht spüren. Die schöne Mongolen-Prinzessin Nirgidma de Torhout wartet auf einen Pass für Russland; sie wurde in der Schweiz erzogen, hat das Pariser Nachtleben kennengelernt, besitzt Ländereien in Sinkiang. Monsieur Kiekergar, ein Däne, der für Fernsprechanlagen verantwortlich ist, wartet darauf, dass seine Mission zu Ende geht. Eine Amerikanerin irrt seit über einem Jahr durch die Straßen. Der sowjetische Konsul, der heimlich eine Botschaft an die Citroënwerke geschickt hat, um die Ankunft von Haardt und seiner Gruppe in Urumchi anzukündigen, sagt immer wieder: Man darf die Hoffnung nicht verlieren. Haardt kann es nicht mehr hören.

Niedergeschlagenheit macht sich in der Expedition breit. Abends, wenn die Arbeit ruht, lastet die Trostlosigkeit des Ortes auf den Männern, bedrückt sie, als drohe ihnen eine unmittelbare Gefahr. Die Gespräche drehen sich im Kreis, Streitereien flackern auf, Wutanfälle häufen sich. Pater Teilhard vergleicht die kleine Gemeinde mit der Arche Noah; nicht alle haben dieselben Interessen, dieselben Sorgen, manche Charaktere sind unvereinbar, eine tödliche Langeweile macht sich breit, alle verlieren die Geduld ... Selbst der Pater fährt aus der Haut, wenn jemand etwas Dummes sagt, und haut mit der Faust auf den Tisch. Einmal singt Williams die ganze Zeit, und niemand kann ihn zum Verstummen bringen. Teilhard, der sich nicht auf seine Arbeit konzentrieren kann, brüllt los: »Mer.....!« Williams verstummt abrupt, was wieder einmal beweist, dass er die Feinheiten der französischen Sprache beherrscht.

Die Männer lesen dieselben Bücher zum x-ten Mal, singen halbherzig ein paar Lieder. Jede Nacht geht der chinesische Nachtwächter vorbei und schlägt mit seinem Knüppel auf den Boden, um die bösen Geister zu vertreiben.

Einige, wie Sivel, flüchten vor der Langeweile, indem sie nachts über die Mauer steigen, mit dem Einverständnis der chinesischen Wachen, denen sie sich mit beredten Gesten verständlich machen, begleitet von einem schallenden »Tschok-tschok!« und einer Rupie. Jeder behilft sich auf seine Weise. Audouin schreibt seine Eindrücke nieder: »Soll man etwa resignieren, es hinnehmen, dass die Zeit verrinnt und Vergessen bringt, soll man sich dieser Tristesse überlassen und sie vielleicht gar eines Tages schön finden, dank großer Mengen Opiums und russischen Wodkas und reizender Chinesinnen?«

Am 11. November kursiert ein Gerücht in der Stadt: Der Wagenkonvoi unter Salesse soll nur noch 250 km entfernt sein. Die Chinesen haben die Mitglieder der Expedition nicht informiert. Haardt, Petro und Point gehen an den Garagen Seiner Exzellenz vorbei, als sie ihn besuchen, und treffen dort zu ihrer Verblüffung Salesse an, der gerade Tee vor seiner Raupe trinkt. Salesse ist genauso bestürzt, denn er hatte keine Ahnung, wo sich die China-Gruppe aufhält. Er hat viele gefährliche Abenteuer erlebt, aber selbst jetzt, so müde und traurig er auch sein mag, hat er immer ein Lächeln parat. Die Befreiung rückt wieder in greifbare Nähe, das »Lösegeld« ist bei diesem Briganten von Gouverneur angekommen.

Am Abend wird der Waffenstillstand und die Ankunft von Salesse gefeiert. Der Cognac fließt in Strömen durch ihre Kehlen. Petroleumlampen verbreiten ihren Lichtschein. Die Männer singen Truppenrefrains, und im Hof bellen die Hunde dazu. Carl imitiert das Geräusch eines fahrenden Zuges. Reymond wird übermütig und stimmt ein Lied auf Sinkiang an, das er bei sowjetischem Bordeaux-Rotwein komponiert hat: »Der Gouverneur mit der Laterne ...« Die letzten Refrains grölt er immer lauter. Da erlöschen die Lampen, und jetzt erst sehen die Kameraden die Gesichter, die an den Scheiben kleben und sie anstarren. Auch zwei Schildwachen des »Kings« und sein Spitzel vom Dienst sind dabei. »Meint ihr, dass das einer von denen verstanden hat?« Beklommenes Schweigen ...

»Es wird nicht wieder gesungen. Wir sind eingeschüchtert von diesen unergründlichen, kalten Chinesenaugen, die weiterhin am Fenster kleben«, notiert Audouin.

Aber die Männer schöpfen wieder Hoffnung, und die lähmende Trostlosigkeit fällt von ihnen ab. Das so sehnlich erwartete Gold kommt immer noch nicht. Der Gouverneur lässt wissen, dass er chinesische Yen schickt. Haardt nimmt die Verhandlungen wieder auf. Der Gouverneur fabriziert sein Geld, wie er es gerade braucht. Das Warten geht weiter. Am 13. November treffen endlich die Pässe der Expeditionsmitglieder ein, die nach Frankreich zurückkehren sollen. Am 15. brechen Brull, Jourdan, Kégresse und Carl nach Russland auf. Zum Abschied stimmen die Kameraden ihr Lieblingslied an:

»Petit chien, la vie que tu mènes
Ne peut pas durer plus longtemps.«
(Armer Hund, dieses elende Leben
kann nicht ewig so weitergehen.)

Am selben Tag taucht Point strahlend in ihrem »Teesalon« auf. Er knallt die Hacken zusammen und hält einen Pass hoch. Alle stürzen ins Nachbarzelt, um ihn übersetzen zu lassen. Es ist der Pass für die Mannschaft von Audouin-Dubreuil, Teilhard, Hackin, Iacovleff, Williams, Sauvage, Morizet und die beiden Mechaniker Nuret und Gauthier, der ihnen die Abreise nach Turfan ermöglicht. Außerdem erhalten sie die Erlaubnis, in den umliegenden Fundstätten Forschungen durchzuführen. Haardt will die Gruppe nicht abreisen lassen, weil er befürchtet, dass die Mannschaft auf diese Weise getrennt und damit geschwächt werden soll. Der Pass, der die Freiheit bedeutet, wird Haardt bei einem Abschiedsessen offiziell ausgehändigt. Der Gouverneur lässt durchblicken, dass er den baldigen Aufbruch der Expedition wünscht. Die Gruppe Audouin reist also am nächsten Tag nach Turfan ab. Haardt ist außer sich – der Gouverneur hat seine Schulden noch nicht beglichen. Ein paar Tage später hält ein schwerer Karren im Hof von Haardts Hauptquartier. Ein Packen wird abgeladen. Er wird geöffnet, eine Flut von Yen-Münzen quillt hervor, ein Goldbarren fällt dumpf zu Boden.

# Die toten Städte von Turfan

»1. Dezember 1931 – Kaza-Khoja
Ich rufe mir die Tage in Erinnerung, die von fantastischen Entdeckungen erfüllt waren, von intensiver Arbeit für meine Wissenschaftler- und Künstlerfreunde, von Leidenschaft für Pater Teilhard und ein bisschen von allem für mich, der ich weder Erdkundler noch Kenner der großartigen Werke von Hackins Vorgängern bin. Dennoch bin ich Zeuge der Aktivitäten meiner Kameraden, ich teile ihre Freuden, ich teile auch die harten, eisigen und zermürbenden Stunden mit ihnen. Meine Rolle ist die des Berichterstatters.

Am 22. November erreiche ich mit meiner Mannschaft Murtuk, nachdem wir den langen Engpass zwischen der Bogdo-Kette und den Himmelsbergen durchquert haben und in die Senke von Turfan auf 34 Meter unter dem Meeresspiegel abgestiegen sind. Die Stadt ist nicht weiter interessant; höchstens würden wir die Turkmenen anlocken, die besonders geldgierig und sehr aufdringlich sind, weshalb wir unser Lager in dem winzigen Dorf Murtuk aufgeschlagen haben, das ungefähr 3 km von Bezeklik entfernt ist, der ersten Stätte, die wir untersuchen wollen. Unser Haus ist ein grauer Würfel, die Fensterrahmen mit Ölpapier beklebt, chinesische Lampions hängen an den beiden dicken Balken, die die Tonschicht des Dachs abstützen.

Schon am ersten Abend zeigt das Thermometer -16° C an. Der Ofen faucht. Hackin nimmt sich ein Buch von Lecoq vor, das er bereits gelesen hat, und macht sich Notizen. Williams führt lange Selbstgespräche. Iaco präpariert sein Arbeitszeug, unter anderem ein Öfchen, das für die Mechaniker konzipiert wurde und auf dem

Murtuk, eine Stätte des Turfan-Komplexes: Die Gottheit, die auf einem Lotusblatt sitzt, mit einer Blüte in der Hand, ist im kuchanischen Stil gemalt.

er seine Palette warm halten kann, damit ihm die Farben nicht einfrieren. Er will diesmal mit Temperafarben malen. Ich stelle mir vor, dass dieser Brenner in ein paar Monaten als Ausstellungsstück bei Citroën landet. Sauvage schreibt ein Drehbuch. Gauthier und Nuret würfeln. Teilhard klassifiziert die Steine, die er im Lauf unserer Route gesammelt hat. Ich sehe ihn vor mir, wie er mit Adleraugen die Felshänge fixiert und bei jedem Halt aus dem Wagen springt, um sich auf einen Gesteinsbrocken zu stürzen und diesen mit zwei Hammerschlägen zu testen. Oft sagt er dann: ›Wieder mal blinder Alarm‹, dann kehrt er in seinen Wagen zurück, zufrieden, weil er nichts verpasst hat. Morizet ist in seinen pelzgefütterten Schlafsack geschlüpft, ohne ein Wort zu sagen. Wahrscheinlich hat er wieder Schmerzen in den Beinen. Ich hatte Haardt geraten, ihn evakuieren zu lassen, aber der Chef wollte sich nicht von seinem Kameramann trennen. Morizet leidet unter den Folgen seiner Kriegsverwundungen und den langen qualvollen Stunden in den Schützengräben, aber was mir am meisten Angst macht, ist der Ausdruck in seinen Augen. Kain, der Hund, den wir adoptiert haben, schmiegt sich an ihn. Ich wünsche ihm, dass dieses lebende Öfchen seine Schmerzen ein bisschen lindert.

Die erste Stätte in Bezeklik, die wir erkunden, ist grandios. Sie liegt auf einer riesigen Düne, die sie zu verschlingen droht, und jenseits der Düne, weit weg, ragen die Vorberge der Bogdo-Kette auf, rot und gelb gefleckt bis auf 500 m, die Gipfel mit Schnee und blauem Eis bedeckt. Die Höhlen im Felshang und die Heiligtümer sind prächtig. Hackin studiert sie geradezu andächtig, und in solchen Momenten redet er nur wenig. Aber manchmal, wenn er ganz in die Betrachtung von identischen Deckenmalereien vertieft ist, kann man ihn voll Bewunderung murmeln hören: ›Seriendecken, aber was für eine Serie ...‹ Oder einmal, als ich ihm auf einem Wandbild ein seltsames kleines Wesen mit rosiger Haut zeige, das sich in schrecklichen Krämpfen windet, erklärt er mir: ›Ein Petra; diese Gestalt hat zu viel gutes Essen und Alkohol genossen. Deshalb hat sie in der anderen Welt einen Mund, der so klein ist, dass sie damit weder essen noch trinken kann. Zur Linderung dieser Qualen hofft der arme Sünder nun darauf, dass eine der Gottheiten Erbarmen mit ihm zeigt und ein paar Tautropfen auf ihn fallen lässt, die einzige Nahrung, die er zu sich nehmen kann.‹ Hackin zeigt mir Mauerabschnitte, wo sein Vorgänger Lecoq Fresken abgenommen und nach Berlin gebracht hat. Ein Stück weiter entfernt Sägespuren, die eine Art Rahmen um ein Bild formen, das ein Rentier darstellt, eine Malerei, die von der Saka-Kultur beeinflusst ist. Hackin lässt es sich nicht nehmen, mir die Gestalten auf den Fresken zu zeigen und zu erklären. Ich merke mir das Wort: Parinirwana. Ich bleibe vor einer

Gottheit stehen, die auf einem Lotus sitzt, in der Hand eine Blüte. Ein typisches Werk der kuchanischen Epoche: Die Form des Körpers ist von indischer Prägung, das Gesicht verrät griechische Einflüsse. Ich bewundere die reich geschmückten Stifterdamen der kuchanischen Aristokratie und die Krieger der kuchanischen Armee, die ihre Kettenhemden einmal bis zu den Knien tragen, nach sassanidischer Art (wie mir Hackin erklärt), dann wieder nur über Schultern und Brustkorb, während der Unterleib von einem Gurt aus verschiebbaren Binden geschützt ist.

Bei einer Temperatur von -12° C fertigt Hackin zahlreiche Studien und Skizzen an, er macht Notizen, er findet wieder, was seine Vorgänger beschrieben haben, aber was er vor Ort beobachtet, wird ihre Arbeiten ergänzen. Hackin vertraut uns eine Entdeckung an: Er sei fast sicher, erklärt er, dass die Höhlen vor der buddhistischen Eroberung manichäische Heiligtümer gewesen seien. Hackin und Iaco haben manichäische Malereien hinter den rohen Backsteinwänden entdeckt, die zweifellos von den Buddhisten hochgezogen wurden.

Der Archäologe schreibt der manichäischen Epoche auch ein großes Gemälde zu, das Gläubige und geflügelte Gestalten zeigt, um den Baum mit dem dreifachen Stamm gruppiert, der mitten aus der Quelle der vier heiligen Flüsse entspringt. Das Bild ist mit einer langen Inschrift in uigurischer Sprache versehen, die er untersucht und aufgezeichnet hat.

Hackin zeigt Iaco die wichtigsten Malereien, die er kopieren soll. Das Öfchen ist sehr nützlich: Der Maler hat Mühe, den Pinsel in seiner Hand zu halten, die ganz steif vor Kälte ist. Williams schießt Hunderte von Fotos. Teilhard de Chardin zieht mit seinem Geologenhammer, die unvermeidliche Baskenmütze auf dem Kopf, in die Hügel hinaus und prospektiert unermüdlich den ganzen Tag. Nichts entgeht seinen scharfen, lebhaft blitzenden Augen. Die Ge-

In Turfan untersucht Joseph Hackin die Fresken aus dem 6. Jahrhundert, der Maler Iacovleff kopiert sie.

steinsernte ist reich. Am Abend im Biwak spricht der Pater von der Erde, dieser Erde, deren Geheimnisse er lüften will. *Sein* Geheimnis. Im Grunde genommen will er zu seinen Lebzeiten nur noch eines entdecken: den genauen Zeitpunkt vor etwa 10000 Jahren, an dem der erste Gedanke in einem Menschenhirn entstanden ist. Mitreißende Worte eines enthusiastischen Gelehrten.

In Kaza-Khoja verschmelzen die Ruinen mit der Dämmerung und ragen melancholisch in die Stille der Nacht. Die Stätte dehnt sich über eine riesige Ebene aus. Die Monumente und Heiligtümer befinden sich im Süden in der Nähe der zumeist verfallenen Festungswälle.

Als die Arbeiten in Bezeklik, Kaza-Khoja, Murtuk, Sangim und Syrkyp abgeschlossen sind, äußert Hackin sich sehr zufrieden: ›Unsere Forschungen waren hier überall besonders erfolgreich. Wir haben die Heiligtümer methodisch auf den Stil der Malereien, den künstlerischen Wert und die Ikonografie untersucht. Insgesamt stellen die Kopien und Fotografien, die wir angefertigt haben, zusammen mit dem Filmmaterial eine absolut einmalige Dokumentation dar. Ich danke Ihnen allen für Ihre Mitarbeit.‹

Williams wird rot vor Stolz; seine Arbeit wird anerkannt, und seine Bilder werden um die Welt gehen.

2. Dezember – Warten auf Haardt
Zur Untätigkeit gezwungen, wanderte ich in der Kulisse dieser toten Städte umher. Gestern bin ich Sauvage begegnet, gefolgt von Morizet in dem Maultierkarren, den er sich von einem Turkmenen geliehen hatte. Mit diesem Gefährt kann er sich bewegen, ohne allzu viele Qualen zu leiden. Der Filmemacher ist ganz außer sich vor Begeisterung.

›In diesen Ruinen müsste man das Leben explodieren lassen!‹, schreit er.

›Wie meinen Sie das?‹, fragte ich spontan, aber ich bereute es sofort. Er erzählte mir das ganze Szenario, das er sich vorstellte: die handelnden Personen (Hackin als alter Archäologe), die Inszenierung, die Massen ... die Farben ... die Lichteffekte ...

Der Filmemacher liebt das Leben, die Kunst, die Poesie. Haardt bremst seine kreativen Höhenflüge; er kann es nicht ausstehen, wenn Sauvage ins Schwärmen gerät. Dieser wird nur allzu häufig auf den Boden der Tatsachen zurückgebracht: Sein Auftrag ist, für den Ruhm der Expedition zu arbeiten!

Immer noch keine Nachrichten von der Gruppe Haardt. Vor einigen Tagen drang das Gerücht zu uns durch, dass sie alle nach Russland abgereist seien. Ich werde immer unruhiger. Haardt hat auf keine der drei Nachrichten geantwortet, die ich ihm geschickt habe. Das Warten ist endlos, die Kälte unglaublich, Pater Teilhard hustet die ganze Nacht. Hackin hat eine Ohrenentzündung und Neuralgien und Morizet einen Blick, der mir Angst macht.«

In Turfan verlässt man die Seidenstraße, auf der man, wie es heißt, acht mal acht Tage mit dem Karren braucht, um Peking zu erreichen.

Der unerbittliche chinesische Winter bricht herein, die Gipfel der Bogdo-Kette verhüllen sich mit Schnee. Zeit zum Aufbruch – gut 3000 km trennen die Expedition von Peking, 3000 km ruinenübersätes Niemandsland, Elend und Kälte. Die Haardt-Gruppe muss wieder zu den Forschern in Pishan stoßen, die am Fuß des Buddhaturms von Lukchun kampieren. Der Turm ragt wie der letzte Meilenstein in dieser toten Welt auf und bietet im kalten Licht seine klaffenden Öffnungen dar, 100 Nischen mit Buddhastatuen, die alle im 7. Jahrhundert von muslimischen Eroberern geköpft wurden.

Haardt hat fünf Tage Verspätung. Ein paar seiner Männer sind in Turfan beinahe erstickt. Sie hatten den Kohleofen für die Nacht angezündet, eine Nacht, die leicht ihre letzte hätte sein können, wenn Delastre nicht von dem Hund, der mittlerweile den Spitznamen Gobi trägt, geweckt worden wäre. Das Tier war schon halb erstickt, als es mit letzter Kraft die Tür aufstieß, so dass frische Luft hereinströmen konnte.

Der Doktor, der sich selbst erst aus seiner Benommenheit reißen musste, hat Haardt wiederbelebt und konnte ihn gerade noch retten. Pecqueur und Petro waren bereits im Delirium; zum Glück griff Kervizic noch rechtzeitig ein: Er schlug die Fenster mit den Fäusten ein und zerrte seine beiden Kameraden aus der Unterkunft heraus.

Weiter geht es nach Hami. Die Expedition muss durch die Stadt fahren, die von General Tang erobert wurde, weil ihnen das Motoröl auszugehen droht und sie neue Vorräte brauchen. Aber ein Aufenthalt kommt nicht in Frage. Es gilt, so schnell wie möglich aus dem umkämpften Sinkiang herauszukommen. Der Prinz von Hami konnte entkommen, aber es wird von 800 Toten gemunkelt.

Am 6. Dezember kommen die hohen Stadtmauern in Sicht, auf denen Hunderte von Soldaten auftauchen. Das Depot ist innerhalb dieser Festungswälle, und Petro versichert, dass es bei seiner Flucht noch nicht geplündert war. Sechs bange Tage vergehen, bis sie aus dieser Falle herauskommmen, wo der Krieg auf den Straßen tobt. Ihre Unterkunft bei einem reichen Muslimen besteht aus einem einzigen Zimmer, das sofort zum »Hundezwinger« erklärt wird. Hier haust die Mannschaft zusammengepfercht im Schmutz, trinkt aber köstlichen Tee aus feinstem Porzellan. Die Pässe werden mehrmals vorgezeigt, die Waffen mehrmals kontrolliert, aber nicht beschlagnahmt (die Maschinengewehre sind unter dem Boden der beiden Raupen versteckt). Haardt trifft sich mit General Tang. Eine einzige Bemerkung verurteilt die Expedition zu einem längeren Aufenthalt: »Ihre Diener haben keine Pässe.«

Hami. Hunderte von Soldaten sind auf den Stadttoren postiert, als die Expedition näher kommt.

Das Warten beginnt. Und alle wissen inzwischen, was das bedeutet. Eine grenzenlose Leere, in der immer dieselben Handlungen, Eindrücke, Visionen wiederkehren. Die Erinnerungen an Hami: der Berg in der Nähe, Friedhöfe, Mauerstücke, Leichen, über die Ebene verstreut, chinesische Soldaten, schwarze Krähenschwärme über der Stadt, lauernde chinesische Schatten. Und auch das ist Hami: Bücher, die immer wieder gelesen werden, die ihre Seiten verlieren, geplündertes Depot, Mechaniker, die vergeblich Reparaturen durchführen, tödliche Langeweile. Hami: ein zweites Lager, diesmal vor den Stadtmauern in einem riesigen Zelt. Dort führen sie ein Leben »wie in einer strengen Familienpension«. Die Hände sind trotz des fauchenden Ofens so starr vor Kälte, dass das Schreiben unmöglich wird. Die Männer jagen Tauben, Hasen ... Die Raben, diese schwarzen Aasvögel, kreisen hungrig über dem großen Zelt.

Eines Tages taucht der General auf, von einer ganzen Schwadron eskortiert und von zwei Maschinengewehren eingerahmt. Er kündigt an, dass die Shantou in die Berge zurückgeflüchtet sind und dort zu Hunderten erfrieren. Die Herren Franzosen können ihre Reise mit ihren Boys fortsetzen.

### *Der Überfall auf Xingxingxia*

»13. Dezember – im Dorf Chuan-Tu-Guan
Nichts wie raus aus Sinkiang! Kaum zwei Stunden nach dem Besuch von Tang fahren wir auf der schwarzen Geröllpiste der mongolischen Wüste. Wir halten in einem kleinen Dorf, nicht weit von der Grenze zu Kansu. Ich habe unsere Route noch einmal gründlich studiert. Wir müssen noch über 3000 km bis Peking bewältigen. Wir können die Wüste Gobi auf keinen Fall auf dem Weg durchqueren, den Victor Points Gruppe genommen hat. Auf diesen 1200 km mit extrem gefährlichen Pisten wurde kein Depot angelegt, da un-

sere Route ja ursprünglich über Kansu, das Ordos-Gebiet und die Alashan-Wüste führen sollte, wo wir wichtige Arbeiten durchführen wollten. Diese Arbeiten sind jetzt, im Winter, nicht mehr realisierbar. Wir schätzen, dass wir vier Monate hinter unserem Zeitplan her sind. Wir sind also gezwungen, die ›Depot-Route‹ zu nehmen, in der Hoffnung, dass nicht alles geplündert oder zerstört ist.

Wir sind uns einig, dass wir schneller vorrücken müssen. Aber wird das auch möglich sein? Bald versinken wir im unberechenbaren Winter, auf Pisten, die von Eis und Schnee ausgelöscht sind. Die Raupen, die für China konzipiert wurden, sind extrem langsam, besonders mit den überladenen Hängern, die Haardt nicht nach Frankreich zurückschicken wollte. Welches Durchschnittstempo können wir schaffen? Ich schätze, 40 bis 50 km pro Tag. Wir müssen der Tatsache ins Auge blicken, dass wir wahrscheinlich zwei volle Monate bis Peking brauchen werden. Wir fahren direkt nach Süden, überqueren den Ming-Zhou-Pass auf ungefähr 2000 m Höhe (in der Hoffnung, dass unsere eher saharatauglichen Raupen an den eisigen Hängen Halt finden). An diesem Punkt werden wir Kansu erreichen. Ein Halt in Suzhou scheint unvermeidlich zu sein. Ich habe mich gegen diese Entscheidung gewehrt, die uns in Lebensgefahr bringt, aber die Not zwingt uns, das schlimmste aller Risiken, nämlich in Gefangenschaft zu geraten, in Kauf zu nehmen, so wie schon Point, und immer wegen des Verpflegungsnachschubs. Wenn wir lebend aus Suzhou herauskommen, fahren wir, immer in südlicher Richtung, an der Großen Mauer vorbei, die an der Alashan-Wüste entlangläuft. Wir überqueren einen Nebenfluss des Edsengol, den Quanzhou-Ho, bevor wir in die Stadt Quanzhou fahren, wo wir Hilfe von den Patern der ersten christlichen Mission erhoffen können, auf die wir treffen – sofern die Mission überhaupt noch existiert. Andere Missionen, die am Gelben Fluss liegen, könnten uns in Zhongwei und Ningsia aufnehmen. Dann geht es scharf nach

Norden, wo wir am Gelben Fluss zwischen der Alashan-Wüste und dem Ordos-Gebiet bis ins Steppenland, in die chinesische Mongolei, hinauffahren. Wenn wir erst die mongolischen Lamaklöster erreicht haben, in einem Gebiet, wo Frieden herrscht, dann wird uns Peking, das von dort aus noch über 1000 km entfernt ist, auf einmal ganz nah erscheinen.

Ein Bonze oder *lao-tao* führt die Expedition zu dem Versteck, in dem die Vorräte lagern.

Morgen breche ich zu einer Blitz-Verproviantierungsmission mit Petro, dem Mongolen Kumbo, Chauvet, Sivel und einem *lao-tao,* einem buddhistischen Mönch, auf. Wenn wir Glück haben, reichen die Benzinvorräte bis Suzhou und vielleicht sogar bis Liangzhou, aber die Mobil-Oil-Vorräte sind praktisch erschöpft, damit kommen wir auf keinen Fall bis Liangzhou zu den deutschen Missionaren, die noch kostbare Vorräte haben. Point bestätigt, dass vor einem Jahr ein Depot in Xingxingxia eingegraben wurde, aber er kennt das Versteck nicht. Doch dann geschieht ein Wunder in unserem kleinen Dorf. Petro entdeckt einen Bonzen in den Ruinen des Dorfes und kommt mit ihm ins Gespräch. Der alte Mann ist auf Befehl seines Großlamas vor 20 Jahren von Shansi nach Westen aufgebrochen, immer weiter nach Westen, um die zerstörten Heiligtümer wiederaufzubauen, die er auf seinem Weg antreffen würde. Er fand nur Ruinen vor und hat stattdessen die Toten auf den Schlachtfeldern begraben. Er will gesehen haben, wie das Citroën-Depot in Xingxingxia in der Nähe einer großen Mauer vergraben wurde. Das klingt sehr vage, aber der alte Mann kennt als Einziger das Geheimnis, das uns vor der endgültigen Panne retten kann. Ich mache mich also auf die Suche, während Haardt sich nach Du-Tung-O-Tse wendet, um Zeit zu gewinnen und sich zugleich aus der Gefahrenzone zu entfernen. Von Xingxingxia werde ich an diesem Punkt zu ihm stoßen.

15. Dezember – Du-Tung-O-Tse
Wir haben sechs schlaflose Stunden verbracht …

Noch vor Tagesanbruch verlasse ich mein Zelt. Hackin ist mit einem Gewehr bewaffnet, er hat die ganze Nacht Wache gehalten. Bei -20 Grad. Der Kragen seines Pelzmantels ist mit Eiskristallen von seinem Atem gespickt, und seine Augenbrauen sind mit Reif überzogen. Der Boy lässt Eis in einem Glas schmelzen, um Wasser zu erhalten. Chauvet und Penaud geben kochendes Wasser in die Kühler und heizen die Motoren mit den Schweißbrennern auf; die Wagen lassen sich nur mühsam starten. Wir sind aufbruchsbereit, nur der alte Bonze fehlt beim Appell. Er erscheint in einem langen Mantel, der von dem Pelz darunter grotesk aufgebläht ist. Einige Fellbüschel stechen am Hals hervor und verdecken seinen Schnauzbart und seine Nase. Er trägt Stiefel und eine Mongolenmütze. In seinem weiten rechten Ärmel hält er einen winzigen Pekinesenhund und schleppt eine Bronzeglocke mit. Es ist die heilige Glocke der Pagode, von der er sich niemals trennt. Ich würde ihm gern den Gefallen tun, aber dieses Gepäckstück ist wirklich zu sperrig. Der *laotao* dreht sich im Kreis. Wohin mit dem heiligen Gegenstand? Er geht zum Brunnen, überlegt einen Augenblick, dann wirft er die Glocke hinein. Es ist ein sinniges Versteck, denn der Legende nach taucht der Wasserdrache, der Beschützer der Pagode, immer aus diesem Brunnen auf.

Wir brechen in unbekanntes, gefährliches Gebiet auf. Ich frage mich, ob wir womöglich in eine Falle laufen. Wir kommen an verfallenen Häusern vorbei, in denen Flüchtlinge in bitterem Elend hausen. Dörfer wurden geplündert, in den Höfen sind noch Kampfspuren zu sehen: Uniformfetzen, blutige Lumpen. Die Piste ist schwierig. Der Bonze antwortet auf keine unserer Fragen, die von Kumbo ins Chinesische übersetzt werden. Kumbo sagt uns, dass er nur mit seinem kleinen Hund oder mit sich selbst rede. Die Kilometer fliegen vorbei, die Zeit vergeht, die Unruhe steigt: Der alte Mann hat vielleicht den Weg vergessen. Um 4 Uhr 30 sind wir endlich in der Nähe des Bergs, ein wichtiger Orientierungspunkt. Der Aufstieg ist mühsam, der Abstieg schwindelerregend. Die Nacht löscht das letzte Abendrot aus. Endlich erfassen unsere Scheinwerfer teilweise zerstörte Pagoden. Ein Götzenbild liegt auf dem Boden, den Bauch aufgerissen. Unsere Lichter schwenken über den Posten von Xingxingxia und das Dorf. Wir betreten es mit dem Revolver in der Hand. Keinerlei Lebenszeichen. Der Bonze führt uns ungefähr zwei Kilometer weit, und plötzlich taucht eine große Mauer in der Nacht auf. Wir machen uns an die Arbeit, an der Stelle, die der Bonze uns gezeigt hat, zehn Quadratmeter im Licht unserer Scheinwerfer. Wir legen die vereiste Schneeschicht frei, die gut 50 Zentimeter dick ist. Wir graben drei Stunden lang mit der Hacke im Boden. Nichts! Endlich ein helles Klirren. Aber nein, es ist nur ein Stein. Wir spüren weder Kälte noch Müdigkeit. Chauvet führt die Hacke mit der Kraft eines Athleten. Wieder ein Klirren. Und dieses Mal gibt es keinen Zweifel mehr: Wir haben das Benzin und das Öl gefunden. Halt, Irrtum, wir bergen 75 Benzinkanister, aber nicht das arktische Mobil Oil. Wir suchen den *lao-tao*, der zum Beten in die Pagode gegangen ist. Er schwört uns, dass die Kanister da sein müssen. Nach weiteren fünf Stunden Knochenarbeit stoßen wir endlich auf die 15 Ölkanister und die restlichen 60 Benzinkanister.

Bevor wir die Wagen beladen, zwingen wir uns, etwas in den Magen zu bekommen. Der Alkohol vereist uns die Kehle, und wir schaffen es nicht, ein Stück Corned Beef zwischen die Zähne zu quetschen. Petro, der schnell ein paar Schluck Tee getrunken hat, bevor ihm das Zeug im Becher gefror, krümmt sich vor Schmerzen. Der Bonze kaut gleichmütig ein paar Corned-Beef-Streifen und gibt sie dann seinem Pekinesen, mit dem er leise redet.

Um sechs Uhr morgens taucht vor unseren Scheinwerfern Du-Tung-O-Tse auf. Zwei Mechaniker sind auf dem Posten; sie warten seit zwölf Stunden auf uns. Die Gruppe ist wieder komplett und die Expedition Citroën gerettet, sie wird nicht in der Unendlichkeit des chinesischen Winters verloren gehen.«

## Durch Kansu

Am 16. Dezember verbringt die Expedition die Nacht auf 2500 m Höhe, auf dem Ming-Zhou-Pass, der die Grenze zwischen Sinkiang und Kansu markiert.

In Kansu sind sie vor den Überfällen der muslimischen Rebellen sicher, stattdessen müssen sie jetzt vor den regulären chinesischen Truppen auf der Hut sein. Ma Chung-Yin und seine Truppen machen hier die Gegend unsicher.

Nach dem Gebirge geht es durch eine Wüstenzone, die »schwarze Gobi«, wo die Männer sich mit dem Kompass und an Hand des Sonnenstands orientieren.

Der Wind ist eisig, das Terrain holprig. Die Halte werden immer kürzer. Die Kälte nimmt zu, und es wird immer schwieriger, die Motoren zu starten. Schließlich wird der Entschluss gefasst, rund um die Uhr zu fahren. Die Männer schlafen im Wagen, im Sitzen in ihren Schlafsäcken. Eines Morgens taucht Gauffreteau aus seiner Raupe auf, wankt mit seinem Eispickel auf eine Pfütze zu und stürzt mit der Nase aufs Eis: Er hat sich mit den Auspuffgasen vergiftet. Die Funkstation gibt den Geist auf, der letzte Kondensator ist zerknallt. Die Citroën-Expedition ist jetzt ohne Verbindung mit der Außenwelt. In der Nacht orientieren sich die Männer an den Sternen.

Eines Morgens mitten in der Ebene zwei Silhouetten. Es sind Mongolen in langen, pelzgefütterten, wattierten Stoffmänteln, wovon der eine blassblau, der andere kirschrot ist. Sie nähern sich mit langsamen Schritten und hocken sich wortlos ans Feuer. Einer von ihnen nimmt seine Tabakdose heraus, führt sie an die Lippen und reicht sie Kumbo. Kumbo führt jetzt mit der gleichen Bewegung auch seine an den Mund und reicht sie dem Besucher: Das ist der mongolische Gruß. Die Stadt Suzhou ist nahe, und General Ma Chung-Yin ist nicht dort. Erneut entbrennt die Diskussion zwischen Haardt und Audouin.

»Es ist viel zu gefährlich, in die Stadt zu fahren.«

»Warum auf einmal so vorsichtig, Audouin? Ist es die Erschöpfung, die Sie ängstlich macht?«

Und so durchquert die Citroën-Flotte die drei Stadttore, die sich eines nach dem anderen hinter ihnen schließen.

Die Männer sind hinter den zinnenbewehrten Mauern gefangen, auf der Soldaten mit hohen Astrachanmützen postiert sind, die Gewehre im Anschlag. Das Risiko, das sie mit dem Halt in Suzhou auf sich genommen haben, ist viel zu hoch für das bisschen Proviant, das Pater Moritz, ein deutscher Missionar, vor der Plünderung gerettet hat. Der Pater ist der einzige Überlebende seiner Kongregation. Andererseits enthält das Depot neue Kondensatoren, mit denen die Plünderer nichts anfangen konnten. Die Funkstation kann also wieder senden. Sobald der freudestrahlende Kervizic das Gerät repariert hat, wird der Mast hinten im Hof ausgefahren, geschützt vor neugierigen Blicken. Der Mast wird aufgerichtet. Nach drei Monaten Funkstille wird die erste Botschaft über das Aviso-Boot im Chinesischen Meer übermittelt: »Sind von Suzhou zurück ...« Die Frage ist nur, ob die Marinedivision diese vier Worte auffängt. Dann wird die Sendung abrupt unterbrochen, Soldaten überfallen den Funker in seiner Kabine. Es entsteht ein Handgemenge. Zum Glück ist niemand bewaffnet, und sie können nur hoffen, dass ihre Nachricht nicht abgefangen wurde. Haardt wird zum Gouverneur gerufen. Dieser wirft ihm vor, die Franzosen hätten seine Soldaten geschlagen. Haardt, der sich von Petro die so fremdartige chinesische Mentalität erklären lässt, antwortet ihm: »Ihre Männer haben wohl schlecht geträumt ...« Das Gesicht ist gewahrt.

Doch als der General den Inhalt der Botschaft erfährt, wird er blass. Haben die Franzosen etwa die Absicht, ihn mit Nanking zu entzweien? Die Expedition wird aufgefordert, die Stadt unverzüglich zu verlassen. Die Stadt verlassen ist der falsche Ausdruck: Alles stürzt Hals über Kopf zu den Stadttoren.

Dort erwartet sie ein grausiger Anblick:
»Unter dem riesigen Portal baumeln die Köpfe von 27 hingerichteten Banditen wie Anhänger einer schaurigen Halskette. In der Ebene liegen 27 kopflose Leichen, den Raben zum Fraß vorgeworfen, jenen Raben, die bei Sonnenuntergang zu den großen schwarzen Blättern der trostlosen Bäume werden.«

Weiter geht es zwischen den Nanshan-Bergen, den Ausläufern des tibetanischen Hauptmassivs, und der Alashan-Wüste, in jenem hügeligen Korridor, den die Karrenräder im Lauf von Jahrtausenden geschaffen haben. Drei bis vier Kilometer pro Stunde im Durchschnitt, manchmal acht. Eine unvorstellbare Kälte. Wiederholte Pannen, Reparaturen bei Tag und Nacht, die oft Stunden dauern. Wenn man eine Schraube herausdrehen oder ein Gussstück loskeilen will, muss man die Handschuhe ausziehen; die Finger erstarren, die Haut bleibt am Metall hängen. Balourdet, Rémillier, Piat, Penaud legen eine unerschütterliche Geduld an den Tag, eine »unverwüstliche gute Laune«. Aber nach jedem dieser Manöver verraten ihre hohlen Gesichter, ihr tiefer Erschöpfungsschlaf oder die Magenkrämpfe, die sie bekommen, sobald sie nur die geringste Nahrung zu sich nehmen, wie es in Wahrheit um sie steht. Gauffreteau bringt das Kunststück fertig, in seiner durchgerüttelten Küche bei jedem Halt eine heiße Suppe zu servieren. Er zerhackt den gefrorenen Thunfisch mit der Axt, erhitzt seine »Félix-Potin«-Konserve. Dreißig Sekunden, um die Mahlzeit hinunterzuschlingen, bevor sie sich in einen eisigen Stein verwandelt.

Audouin fasst die Situation zusammen:
»Die Große Mauer zieht sich in der Ebene dahin. Unsere Isolation ist entsetzlich. Zehn Stunden fahren, zehn Stunden Pannen beheben, zwei Stunden für die Mahlzeiten, zwei Stunden Schlaf. Verfluchtes Land, nichts als Qualen, Ängste, Schrecken.«

*Unter dem Zeichen des Kreuzes*

Mitten in dieser eisigen, feindlichen Welt erlebt die Citroën-Expedition ein paar freundliche Tage. In den Provinzen von Kansu haben die Kriege und Plünderungen Hunger, Unsicherheit und Elend hinterlassen, aber die Häuser mit dem Zeichen des Kreuzes über ihren Türen nehmen die Unglücklichen auf. Die befestigten Missionen, die weltvergessen an den Ausläufern der Großen Mauer bis hin zum Ufer des Gelben Flusses liegen, sind den schlimmsten Übergriffen seit Beginn der chinesischen Republik 1911 ausgesetzt.

»24. Dezember 1931
Gestern sind wir nach drei Tagen und drei Nächten Marsch an Quanzhou vorbeigekommen, ohne anzuhalten. Von jetzt an werden wir es nach Möglichkeit vermeiden, in die Städte hineinzufahren, da wir nicht im Voraus wissen können, ob sie in der Hand der Rebellen oder regierungstreu sind. Ein paar Kilometer von den Stadtwällen entfernt haben wir einen Portikus mit einem Kreuz darüber gesucht. Pater Teilhard wusste durch Pater Licent von der Existenz dieser Mission. Es war schon sehr spät, als ein chinesischer Katechumene uns die Tür öffnete und ganz selbstverständlich sagte: ›Sie sind die Christen, die aus Frankreich kommen. Die Mission ist in der Stadt.‹

Dann tauchte sogleich ein deutscher Pater auf; er erwartete uns in dem kleinen Haus, das einigen jungen Chinesen, die von den Missionaren aufgelesen wurden, als Unterkunft dient. Sein Vorsteher hatte ihn beauftragt, uns zu empfangen, falls wir durchkommen sollten. Er wartete schon sehr lange auf uns. Seit wie vielen Wochen? Wir wollten ihn lieber nicht fragen.

Erwartet zu werden ... Ein Gedanke, der den Männern das Herz erwärmt an diesem düsteren Weihnachtsabend. Die Zelte werden bei -25° C aufgebaut, und nachdem sie ein paar Bissen hinuntergeschlungen haben, fallen alle fast um vor Erschöpfung. Im Halbschlaf hören sie, wie aus dem Zelt der Mechaniker eine Melodie aufsteigt, der zaghafte Versuch einer Mitternachtsmesse, aber dann verstummt der Gesang wieder, und Le Fèvre, der neben mir liegt, sagt finster:

›Die wollten eine Messe!‹

›Sie waren erschöpft nach zwei Nächten Marsch und zwei Tagen Reparaturen.‹

›Trotzdem: Die wollten eine Messe!‹

Ich gehe wieder hinaus, um den Mond zu betrachten Der Himmel ist sternenübersät, und ein großes schwarzes Kreuz wirft seinen Schatten über die Zelte. Aus einer schlichten Kapelle steigt ein urtümlicher, frommer Gesang auf. Fünf junge Chinesen knien vor dem Altar und singen eine Litanei in einem fremdartigen Rhythmus. Die Expedition schläft unter dem Zeichen des Kreuzes.

25. Dezember 1931 – Quanzhou

Heute Abend kann ich vom Weihnachtswunder sprechen.

Morgens in aller Frühe machen wir uns aufbruchsbereit, weil wir es eilig haben, mit unseren ramponierten Fahrzeugen Liangzhou zu erreichen, als plötzlich ein Pater aus der Stadt kommt und uns ankündigt, dass der Russe Grischkoff, der unsere Depots angelegt hat, in der Stadt ist. Grischkoff, der sich gerade in der Mission von Liangzhou aufhält, hat von unserem Abenteuer in Suzhou erfahren (die Vier-Worte-Botschaft ist also tatsächlich durchgekommen!)

und ist uns sofort mit einem Lastwagen voller Ersatzteile und Lebensmittel entgegengefahren. Daraufhin wird ein fröhliches Picknick in der Mission veranstaltet, zu dem wir die Pater einladen, die mehr als ärmlich zu leben scheinen. Die Félix-Potin-Konserven, der Wein, das Corned Beef sind unsere Weihnachtsgeschenke. Um 10 Uhr knistert die Funkstation; Kervizic hat es geschafft, die Marinedivision in Fernost zu erreichen. Wir wurden gehört und erhielten Antwort! Die Botschaft, die wir ausgesandt haben, ist die Weihnachtsüberraschung für unsere Familien. In ein paar Stunden werden sie von André Citroën persönlich erfahren, dass ihre Söhne noch am Leben sind.

3. Januar 1932 – Liangzhou
Auf der Route der Eroberungen und Banditenüberfälle erreichten wir am 29. Dezember um drei Uhr morgens bei -28° C die deutsche Mission. Wir haben 54 Stunden lang bis an die Grenzen unserer Kräfte gegen die Müdigkeit angekämpft. Der örtliche Pater Loy und Pater Volpert haben uns erwartet.

Es sind gute und schöne Tage, die wir in der weltvergessenen Mission in Kansu verleben. In dieser Gegend waren die Leute immer auf der Hut. Sie kennen nichts anderes als Gewalt und Terror: Wenn die Banditen und die Armeen endlich abzogen, kamen Erdbeben, Mauern stürzten ein, Hungersnöte brachen aus, und zu guter Letzt breitete sich auch noch die Pest aus. Ein Land des Leidens, der Schrecken ... Ein verfluchtes Land! Und doch haben wir hier ein paar heitere Stunden erlebt.

Der örtliche Pater ist ein Schöngeist und Philosoph. Pater Volpert mit seinem weißen Bart und klaren Blick – ein Gesicht, das ein bisschen an die florentinische Schule erinnert – lebt seit über 40 Jahren in China. Er war nur ein einziges Mal zu Besuch in Europa und möchte hier in dieser Ecke der Welt sterben, wo er einen Hort des

In Kansu sind alle Heiligtümer zerstört.

Friedens geschaffen hat. Er qualmt wie ein Schlot und besitzt eine umfangreiche Pfeifensammlung. Auch Wein verschmäht er nicht: ›Ein guter Wein ist der Freund des Menschen.‹

Bei den Mahlzeiten versammeln wir uns alle im Refektorium.

Die Wände sind mit Alpenlandschaften bemalt, so dass man sich beinahe wie in Bayern fühlt. Iaco illustriert die Speisekarten mit Karikaturen, in denen er die Marotten seiner Mitreisenden aufs Korn nimmt. Unter einem Weihnachtsbaum, den die Mechaniker eigenhändig geschmückt haben, liegen Autoersatzteile als symbolische Geschenke. Jeden Abend, wenn die heilige Glocke zum gemeinsamen Nachtmahl läutet, schweben Lampions wie an einer Perlenschnur durch die Gärten im Schatten der Kirche, bis sie mit dem helleren Licht im großen Saal verschmelzen. Dann das Tischgebet ... Das Leben ist schön!

Die Mission nimmt zahlreiche Kinder und Halbwüchsige auf, die meist auf der Straße ausgesetzt wurden, darunter viele kleine Mädchen, die als nutzlose Esser gelten, vor allem in Hungerzeiten. ›Sie wären erfroren‹, sagt uns Pater Volpert, ›und vielleicht hätte man sie sogar den Schweinen gefüttert, wenn wir sie nicht aufgenommen hätten.‹ Die Barmherzigen Schwestern mit ihren weißen Flügelhauben kümmern sich um ihre Erziehung. Sie schlafen in langen Schlafsälen auf Erdbänken, die von unten beheizt werden. Sie sind fromm, arbeiten in den Küchen und in Webereien ...

Le Fèvre hat mir gerade die Kopie von Pater Teilhards Rede auf Durchschlagpapier gebracht, aber ich wollte mir die Erinnerung an diesen bewegenden Moment frisch im Herzen bewahren. Vielleicht werde ich die Rede an einem einsamen Abend in meinem heimatlichen Saintonge oder in der Sahara lesen.

Rede von Pater Teilhard de Chardin in Liangzhou am 1. Januar 1932:

›Meine lieben Freunde,

wir haben uns heute Morgen in dieser kleinen Kirche im Herzen Chinas versammelt, um vor Gottes Angesicht das neue Jahr zu begehen.

Gott hat sicher nicht für jeden von uns dieselbe Bedeutung, dasselbe Gesicht. Aber da wir alle Menschen sind, kennt jeder von uns das Gefühl, den bewussten Gedanken, dass über und vor uns eine höhere Energie existiert, der wir, da sie uns überlegen ist, auch eine gesteigerte Form unserer Intelligenz und unseres Willens zugestehen müssen. Im Angesicht dieser göttlichen Gegenwart möchten wir uns zu Beginn des neuen Jahres sammeln.

Und wir bitten zunächst, dass diese Kraft, die uns alle umfängt, uns mit unseren Angehörigen zu Hause in einer lebendigen Gemeinschaft vereint, den Menschen, die uns lieben und so fern von uns das neue Jahr begehen.

Im Vertrauen auf die göttliche Allmacht bitten wir darum, alles, was uns im Lauf der kommenden Monate erwartet und was uns so verworren und unbeherrschbar erscheint, für uns und unsere Freunde und Familien zum Guten zu wenden. Mögen unsere Unternehmungen von Erfolg gekrönt sein; mögen wir Freude im Herzen und um uns herum haben; und sollten uns Schmerzen nicht erspart bleiben können, so mögen sie sich verwandeln in der höheren Freude, dass wir unseren bescheidenen Platz im Universum einnehmen und getan haben, was wir tun mussten!

All das kann Gott durch seine Güte in uns und um uns herum bewirken. Und so möchte ich heute für ihn, für Sie alle diese Messe feiern, die höchste Form des christlichen Gebets.‹

Am Ende der Mahlzeit an diesem ersten Tag 1932 hebt der örtliche Pater, der in Verdun gekämpft hat, sein Glas: ›Danke, meine europäischen Brüder, dass Sie zu uns gekommen sind. Lassen Sie uns auf ein vereintes Europa trinken – auf den Tag, an dem die Grenzen zwischen unseren Ländern fallen werden.‹«

Am 5. Januar bricht die Kolonne wieder auf. Die Wüste dehnt sich endlos, mit Erdbuckeln gespickt, vor ihnen aus. Die Kälte nimmt nach einer kurzen Atempause wieder zu. Die Expedition durchquert die hohen Sanddünen im äußersten Süden der Alashan-Wüste. Dann geht es an der Großen Mauer entlang, auf der Seite, wo die bösen Geister lauern. In Zhongwei biegen sie nach Norden ab und fahren am Gelben Fluss entlang. Der Fluss hat hier noch nicht die gelbe Farbe der Lösserde angenommen, sein grünblaues Wasser fließt rasch und führt riesige Eisbrocken mit. Die Trockenheit ist extrem an den Flussufern zwischen dem Ordos-Gebiet, das sich bis ins Steppenland ausdehnt, und der Alashan-Wüste bis hinein in die mongolische Wüste.

Die Überquerung des Flusses dauert drei mühselige Tage. In einer pechschwarzen Nacht bricht Audouins Wagen im Eis ein. Die

Die Eisdecke auf dem Gelben Fluss bricht unter dem Gewicht des »Silberhalbmonds« ein.

Männer müssen sich acht Stunden lang pausenlos abrackern, um ihn wieder herauszuhieven. Am Ufer großes Entsetzen. Der »Croissant d'Argent« ist der Wissenschafts-Wagen, er birgt wertvolle Kisten. Williams brüllt vor Verzweiflung, seine fotografischen Platten sind ruiniert. Pater Teilhard tritt von einem Fuß auf den anderen, er bangt um die Kisten mit seinen Gesteinsproben. Reymond ist nicht minder angespannt, denn eine der Kisten enthält das Skelett eines Wildpferdes und eine Schlangensammlung. Audouin-Dubreuil trauert seinem Smoking nach, den er bei der Ankunft in Peking tragen will, aber er wagt es nicht, seine Kameraden mit einer solchen Lappalie zu behelligen.

Eine Erinnerung hält die Männer aufrecht, für die es keine Zeit mehr gibt, die allmählich befürchten, dass die Reise niemals enden wird, und die mit den widersprüchlichsten Situationen konfrontiert sind. In der Mission der belgischen Pater von Ningsia wird ein Konzert für sie gegeben: zwei Violinen mit Orgelbegleitung. Es ist wie Balsam für ihre strapazierten Gemüter. In Santaoho, einer befestigten Mission, die auf der Durchgangsroute von Armeen, Banditen, Rebellen und Pilgern liegt, sind die Pater Kriegermönche. Monseigneur Schotte, Pater de Wilde und der Missionsvorsteher sind seit über 30 Jahren in China. Die Kongregation der Barmherzigen Schwestern ebenfalls. Pater de Wilde berichtet: »1928 war die Hungersnot so groß, dass die Frauen verkauft wurden. Tauben fielen wie Steine vom Himmel, den Kropf von Dornen zerstochen, das Einzige, was die Menschen an Essbarem übrig gelassen hatten. 1929 mussten wir zu den Waffen greifen, um uns zu verteidigen. 300 Angreifer wurden getötet.«

Die Expedition erlebt selber einen Überfall in der Nähe von Patsebolong. Bei dem Versuch, die Schutzwälle der Stadt zu umgehen, werden sie von Soldaten umzingelt und zum Anhalten genötigt. Zu beiden Seiten der Piste liegen Soldaten in den Gräben, die Gewehre

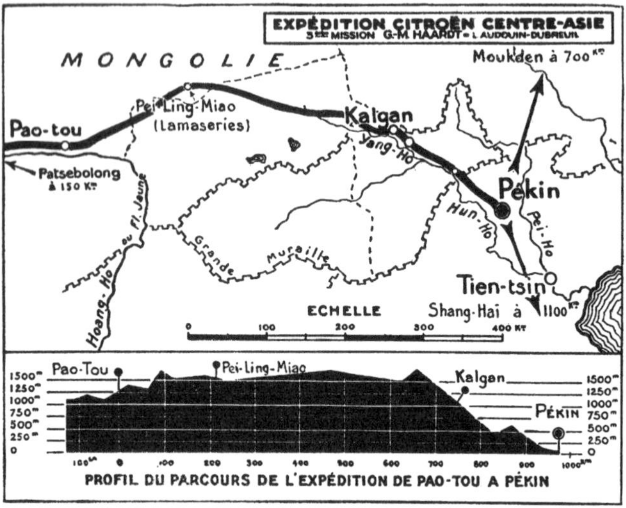


im Anschlag. Als die Fahrer der beiden vorderen Wagen die Gefahr erkennen, beschleunigen sie ihr Tempo.

Audouin und Chauvet greifen zu den Maschinengewehren. Schon pfeifen ihnen Kugeln um die Ohren. Eine ganze Salve wird auf sie abgefeuert. Chauvet und Audouin schießen zurück. Plötzlich Stille. Dann wird eine weiße Fahne auf den Schutzwällen oben geschwenkt. Die Chefs treffen zusammen. Der Chinese behauptet, sie hätten Haardt und seine Männer für Japaner gehalten. Der Kühler des Küchenwagens ist durchlöchert; die Dural-Platten des »Croissant d'Argent« sind von Kugeln durchsiebt, die sich in die Camping-Ausrüstung gebohrt haben.

Liegt die Hölle jetzt hinter ihnen? Am Rand der mongolischen Wüste, in den Steppenländern, ist das Klima immer noch rau, aber die Mongolenvölker sind ihnen freundlich gesinnt. Point hat sich bei einer seiner Erkundungsmissionen mit Prinz Hsi-Hsu-Ning angefreundet. Dieser bezahlt Tribut an die Regierung von Nanking, um den Frieden in der Region zu sichern. In Paotu empfängt sie ein seltsamer Lama: Goerger. Der Sekretär der Mission hat, von Gilgit ausgehend, Paris, dann die UdSSR über die Transsibirische Eisenbahn und Peking auf seine Seite gebracht, wo er die Ankunft der Expedition vorbereitet. Ihre Funksprüche waren abgefangen worden, ihr Vorrücken wird beobachtet. In den USA wird Williams' Artikel publiziert. Am 27. Januar erreichen sie die Steppe, endlos weite Plateaus, auf denen man stundenlang nichts als den Horizont vor Augen hat, den klaren Himmel, die helle Erde und das Gras, in dem mongolische Reiter, die *ourga,* eine Stange mit einer Schlinge, in der Hand, und aufstiebende Gazellen auftauchen. Die Lamaklöster Bailingmiao und Sarra-Murren liegen am Rand der mongolischen Wüste. Orte des Friedens und der inneren Sammlung, wo die Zeit vom Gongschlag beherrscht wird, vom tiefen Klang der mit einem Holzhammer angeschlagenen Bronzeglocken. Am Vorabend des »ersten Tages des ersten Mondes« trifft die Expedition in Bailingmiao ein. Es ist *tsagan,* das chinesische Neujahrsfest. Bei Sonnenaufgang ruft das tiefe Dröhnen der tibetanischen Muschelhörner die Lamas zum Gebet. Die Tempel und die Mönchszellen ziehen sich stufenförmig den Hang hinauf. Flammendes Rot und schillerndes Weiß, ein Farbenrausch. Dann taucht plötzlich eine Stadt aus Filz auf, zwölf runde Jurten.

Der Pantschen-Lama, einer der beiden Oberhäupter des buddhistischen Lamaismus, ist auf der Durchreise. Er kommt von Nanking und kehrt nach Tibet zurück, wo er in zwei Jahren eintreffen will. In seinem schwarzen, hermelingesäumten Seidenkaftan, umgeben von seinen Bogenschützen und Höflingen, empfängt er Prinz Hsi-Hsu-Ning, der gekommen ist, um an den offiziellen Zeremonien teilzunehmen. Der Prinz schreitet unter einem gelben Sonnenschirm, zwölf Banner begleiten ihn. Es vergehen Stunden mit Höf-

Dach eines Lamaklosters in Paotu.

lichkeiten und Begrüßungen. Ein Einblick in das kaiserliche China, das einst von den Mongolen beherrscht wurde.

In Sarra-Murren herrscht Hochbetrieb bei den Filmleuten. Die Tonaufnahmen verschrecken die jungen Bonzen, der Reflektor schmerzt in den Augen. Sauvage brüllt ins Megafon, Sivel, mit seinem Klappstuhl bewaffnet, jubiliert, Spetch kümmert sich um die Aufnahmen. Dann gerät das Team in helle Verzweiflung: Die Lamas kehren in ihre Tempel zurück. Gekränkt und wütend verschwindet Haardt in seinem Zelt. Von nun an geht es in großen Etappen, von Plateau zu Plateau, langsam in die chinesische Ebene hinab. Das Schlimmste ist überstanden, aber es kommt keine Freude auf. Die Männer haben zu viel durchgemacht. Sie ertragen die Kälte (minus 30 Grad) nicht mehr so klaglos wie früher; abends, am Lagerfeuer, herrscht dumpfes Schweigen statt der einstigen Frotzeleien; böse Worte fallen; Williams' unbekümmertes Lachen ertönt nur noch selten. Audouin macht sich Sorgen, denn Haardt hustet ganze Nächte hindurch. Ein Zwischenfall ist bezeichnend für die Gereiztheit und tiefe Erschöpfung, unter der alle leiden. Bei einer Panne steht Petro, der seit Stunden am Boden liegt, plötzlich auf, stößt ein fürchterliches Gebrüll aus, donnert seinen Kopf gegen eine Wand und bricht ohnmächtig zusammen. Als er wieder zu sich kommt, stammelt er: »Wir schaffen es nie ... nie, nie, nie!« In Peking wartet ein charmantes junges Mädchen in der französischen Gesandtschaft seit Monaten auf ihn, der Hochzeitstermin musste immer wieder aufgeschoben werden ...

Vor Kalgan überqueren sie die Große Mauer. Unter dem Portal ragen Skulpturen mit grimmigen Gesichtern über einer Inschrift auf: »Hier beginnt das Reich der Mitte. Jenseits dieser Grenze liegt das Land der Barbaren ...«

# Peking, km 12120

Das Ziel rückt näher. Letzter Halt in der Geisterallee, die zu der Gräberstadt der Ming-Kaiser führt. Am bergigen Horizont zeichnen sich die Marmorhallen ab. Riesige steinerne Krieger, monströse Fabeltiere, sitzende Elefanten, zertrümmerte Skulpturen, die auf dem Boden liegen oder halb im Sand vergraben sind, säumen die Allee. Überreste einer glanzvollen Vergangenheit, die in den Bürgerkriegen und Revolutionswirren vollends zu verschwinden droht.

Schon kreuzen sich Schotterstraßen, alte Coupés, Karren und Rikschas rattern vorüber. Die ersten Steinmauern tauchen auf, dann vergoldete Holztafeln. Der Konvoi fährt durch den wuchtigen Bogen des Pekinger Westportals in die Stadt ein. Wie auf Kommando schieben sich Radfahrer an die Flanken der Raupenfahrzeuge heran, und im Schutz dieser Eskorte rollt die »Expedition Citroën« durch eine dichte, gleichgültige Menge, die ihren Alltagsbeschäftigungen nachgeht, sich in das Gewirr der Trambahnlinien einfügt, rasanten Automobilisten ausweicht. Das Gedränge, der Lärm überwältigen die Männer, die das Gefühl haben, einem Albtraum entronnen zu sein, und sich nun in dieser fremden und verwirrenden Welt wiederfinden. Ein paar Sekunden lang tritt ihnen das alte China vor Augen, als sie die rote Ringmauer der Verbotenen Stadt durchqueren. Die Stadt, reglos und stumm, spiegelt sich in einem See; die gelben Ziegel des Winterpalasts funkeln mit der Sonne um die Wette.

Doch es bleibt keine Zeit zum Verweilen – in der französischen Gesandtschaft wird bereits mit Fanfarengeschmetter ihre Ankunft verkündet. Madame Wilden, die Frau des französischen Gesandten, und dessen Stellvertreter Lagarde nehmen sie in Empfang, da der

Steinriese am Rand der Allee, die zur Nekropole der Ming-Kaiser bei Peking führt.

Gesandte selbst in Shanghai weilt. 500 Europäer stehen seit Stunden bereit, um die Champagnerkorken knallen zu lassen. Lagarde hält eine Rede, die Haardt erwidert. Dann wird das Büfett gestürmt, die Kaviar-Canapées verschwinden im Handumdrehen. Kaum eine halbe Stunde später hat sich die Menge aufgelöst, die Gesandtschaft ist verlassen, Stille kehrt wieder ein. Die Mechaniker konnten der Verlockung eines guten Mittagessens nicht widerstehen, die französischen Würdenträger auch nicht.

Audouin bleibt allein zurück. Im Grand Hôtel hält man ihn für einen Touristen, der seltsamerweise mit einem Jagdgewehr bewaffnet und mit verstaubten Säcken beladen ist. Sobald Audouin sich in seiner Suite eingerichtet hat, bestellt er drei Cocktails: einen Manhattan, einen Bronx und einen Mariani. Drei Cocktails, von denen er in der Wüste geträumt hat, eine fixe Idee, die ihn ständig begleitet hat und unverzüglich in die Tat umgesetzt werden muss. Die Enttäuschung ist groß. Liegt es an der Erschöpfung oder an der Hitze, dass die Cocktails nach nichts schmecken? Audouin merkt plötzlich, dass er immer noch seine »Gobi-Kluft« trägt; es ist das erste Mal, dass sich eine Citroën-Expedition in ungezwungener Aufmachung bei einem offiziellen Empfang präsentiert hat. Im nächsten Moment fliegen drei Paar Socken durchs Zimmer, gefolgt von drei Paar Strümpfen, drei gefütterten Hosen, drei Westen, zwei Pullovern, zwei Hemden, eines davon pelzgefüttert, der Shackleton-Weste und schließlich noch der Lammfelljacke. Aufatmend sinkt Audouin-Dubreuil auf ein Sofa und sinniert über die Eitelkeit allen Ruhmes nach.

Victor Point hat bei der Ankunft in Peking erfahren, dass sein Vater gestorben ist. Petro findet seine junge Verlobte wieder; sie wollen am nächsten Tag in der amerikanischen Gesandtschaft heiraten.

Am Abend begibt sich Audouin zu Haardt, der in seiner Suite von Journalisten aus Peking und Shanghai umringt ist. Die beiden Expeditionsleiter essen allein zu Abend. Haardt ist tief erschöpft, aber heiter und glücklich. Peking stellt die wichtigste Etappe seiner Expedition dar, aber nicht die letzte. Er hat vor, auf dem Seeweg nach Indochina zu gelangen, wo ihn General Pasquier erwartet. Gemeinsam werden sie Indochina bereisen, wie es der französische Staatspräsident Gaston Doumergue 1929 vorgeschlagen hat, ein Wunsch, der von seinem Nachfolger Paul Doumer, dem ehemaligen Generalgouverneur Indochinas, erneuert worden war.

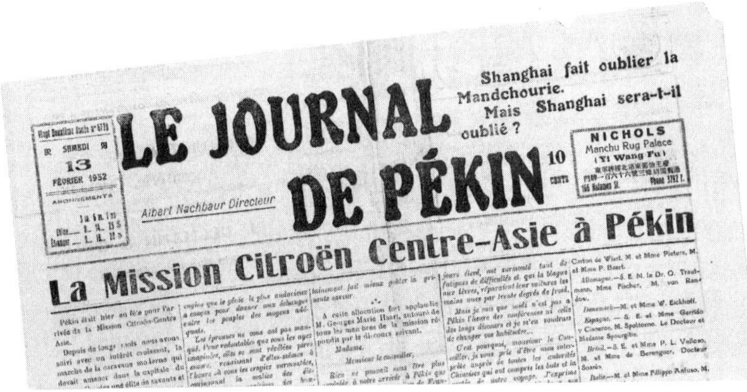

Shanghai fait oublier la Mandchourie.
Mais Shanghai sera-t-il oublié ?

LE JOURNAL DE PÉKIN

SAMEDI 13 FÉVRIER 1932

10 CENTS

NICHOLS
Manchu Rug Palace
(Yi Wang Fu)

Albert Nachbaur Directeur

La Mission Citroën Centre-Asie à Pékin

Eine französische Tageszeitung in Peking kündigt die Ankunft der Expedition an.

Audouin wird als Kundschafter vorausreisen und sich um die Organisation kümmern. Ein paar Tage später wird sich der Rest der Truppe einschiffen. Haardt wird an Bord der *Waldeck-Rousseau* nach Shanghai reisen, um Wilden und Admiral Heer dafür zu danken, dass sie in den ganzen zehn Monaten die Funkverbindungen für die Expedition gewährleistet haben. Die Rückkehr wird über Siam, Birma, Indien, den Süden Persiens, den Irak und den Libanon erfolgen. Nur ein Teil der Gruppe wird diese Rückreise in leichten Kabrioletts antreten, die bereits in Rangun bereitstehen. Sie werden die Expedition in Hanoi erwarten. Am Abend jenes 12. Februar wird die Route von Audouin und Haardt mit Rotstift auf der Asienkarte eingezeichnet, dann ziehen sich beiden Männer in ihre Suiten zurück. Audouin, von einer unerklärlichen Schwermut erfasst, schreibt nur zwei Zeilen in sein Tagebuch mit den blauen Seiten: »Heute, am 12. Februar 1932, betrachte ich den Himmel durch eine Glasscheibe. Wir sind immer nur Gefangene des Schicksals.«

Am nächsten Morgen weicht die Trübsal blanker Verzauberung: Peking bietet dem tiefblauen Himmel die Mauern seiner vier ineinander verschachtelten Städte dar. Im Zentrum die Verbotene Stadt, Residenz des Himmelssohns, das Herz des Kaiserreichs, von einer sechs km langen purpurroten Mauer geschützt. Peking, die rotgoldene Stadt, deren geschwungene Dächer, eine Reminiszenz an ferne Ahnenzelte, den wichtigsten Schmuck der chinesischen Architektur darstellen. Haardt und Audouin, die vom Himmelstempel auf die Stadt hinunterblicken, fühlen sich an das Reich der Mitte erinnert, wie es die chinesischen Gelehrten dem Jesuiten Matteo Ricci, einem der ersten Missionare in China, im 16. Jahrhundert präsentiert haben. Auf den damaligen Karten war China ein riesiges Rechteck im Mittelpunkt des Universums, umgeben von winzigen Inselchen; der Rest der Welt: Barbaren.

Streifzüge im Gewimmel der staubigen oder schlammigen Hutong-Gässchen, Ankauf von Kunstsammlungen, offizielle Besuche und Feste, die sie noch einige Tage in Peking festhalten. Dann der Abschied: Hackin reist nach Tokio, wo er die Maison franco-japonaise, das französisch-japanische Kulturinstitut, leitet, Teilhard de Chardin fährt nach Tientsin, um seine Forschungen fortzusetzen. Audouin-Dubreuil reicht Haardt in der eisigen Morgenfrühe des 26. Februar die Hand, ohne zu ahnen, dass es das letzte Mal sein wird.

# Indochina

Indochina ist die letzte Etappe der Expedition. Audouin reist mit dem Schiff nach Hanoi voraus. Selbst die viertägige Fahrt auf dem Chinesischen Meer bis zur Mündung des Jangtsekiang kann die tiefe Ungewissheit, die latente Angst nicht auslöschen, die an ihm nagt. Er muss an einen Ausspruch des Pessimisten Brull denken: »Von allen Übeln, die einen in der Fremde befallen, ist der Asienkoller am schlimmsten.« Mit dem Asienkoller wird er schon fertig, aber er kann den Blick nicht vergessen, den Haardt ihm beim Abschied geschenkt hat. Es lag Freundschaft darin, gewiss, aber vor allem tiefe Erschöpfung und etwas wie ein stummer Vorwurf. Nach dem kurzen Lebwohl hat Audouin sich gefragt: »Denkt er, dass ich ihn im Stich lasse? So krank und schwach wie er ist?« Am nächsten Morgen sticht er mit der *Dairen* in See.

Im Chinesischen Meer, nicht weit von der Jangtse-Mündung, patrouillieren japanische Kriegsschiffe und Torpedoboote. Die Präsenz ausländischer Flottenteile auf dem Fluss deutet darauf hin, dass der Krieg bereits begonnen hat, obwohl er immer noch nicht offiziell erklärt ist. Doch die zahlreichen amerikanischen Torpedoboote, englischen Kreuzer, ein italienisches Kriegsschiff und die Flugzeuge auf dem hastig hergerichteten Terrain sprechen eine deutliche Sprache. Aus drei Meilen Entfernung beobachtet Audouin die Einschläge der Maschinengewehre und Granaten, die in gleichmäßigen Abständen explodieren. Shanghai bietet ein Bild der Verwüstung. Zahlreiche Häuser sind eingestürzt. Die Chinesen halten die Stellung, die Japaner rücken vor. Ein absurder Krieg. Audouin muss an die Erklärung des Marschalls Tchang-Hsu-Liang denken:

»Wir führen Krieg, ohne ihn je zu erklären, denn in manchen Gebieten werden wir auf der einen Seite von den Japanern, auf der anderen von den Kommunisten in die Zange genommen.«

Die *Dairen* legt für einige Stunden gegenüber dem Felsen von Hongkong an. Waddington, der Mann, der die Rückreiseroute der Expedition prüfen soll, kommt an Bord. Audouin schildert ihm den Zustand von Haardt, der einen Zwischenstopp in Hongkong einlegen soll, und Waddington zeigt sich sehr beunruhigt. Seit einigen Tagen grassiert eine Grippe, die bereits mehrere Tote gefordert hat.

Am 7. März fährt das Schiff in den Haiphong-Fluss ein. Noch am selben Abend wird Audouin von Pasquier empfangen, dem Generalgouverneur Chinas. Am nächsten Morgen arbeitet er mit seinen Beratern – darunter sein Freund Hauptmann Grossard – den Plan für die Durchquerung Indochinas aus und legt die erforderlichen Vorarbeiten fest. Die Kabrioletts, die von Frankreich hergeschickt wurden, liegen seit Wochen am Quai. Diese Fahrzeuge erlauben ein rasches Fortkommen, an den archäologischen Stätten wie in den industrialisierten Zonen oder in den riesigen, noch unerforschten Gebieten, die durch dichten Urwald geschützt sind. Audouin lebt allmählich wieder auf, die alte Begeisterung ergreift von ihm Besitz.

Point, Goerger und die Mechaniker gehen am 14. März an Land. Sie machen besorgte Gesichter. Haardt ist so geschwächt, dass er in der Repulse Bay bleiben musste, wo er von Pecqueur und Waddington betreut wird. Die Mechaniker sind bedrückt, weil sie ihren Chef zurücklassen mussten. Am 15. März trifft ein Telegramm für Audouin ein: »Telegramm 14 und 15 erhalten – Stopp – Grippe entwickelt sich zu Lungenentzündung – Stopp – sehr hohes Fieber – Stopp – heute und morgen kritisch – Waddy, Pecqueur.« Die Männer vermeiden es, einander in die Augen zu sehen; sie haben Angst, dass man ihre Gedanken lesen könnte: »Haardt stirbt.« Am nächsten Tag schreibt Audouin-Dubreuil in sein Tagebuch:

»16. März 1932
Georges-Marie Haardt ist tot.

Die Raupen stehen am Kai des Haiphong-Flusses aufgereiht. Wir reisen in offizieller Mission nach Hanoi ab. Der »Scarabée d'Or« fährt langsam an, am Steuer der getreue Balourdet. Die Karawane sieht aus, als folge sie einem Leichenwagen. Die Kameraden hängen stumm ihren Gedanken nach. Für mich stellt sich immer wieder die Frage: Hätte man besser auf Haardt achten müssen? Seit Misgar hat er sich von einem bösen Geschick verfolgt gefühlt. Seine Kräfte haben ihn verlassen, seine Ausdauer, sein Durchhaltevermögen wurden auf eine harte Probe gestellt. In Urumchi haben ihn General Kings Worte: ›Er mag mächtig sein in seinem eigenen Land, aber hier ist er nichts!‹ bis ins Mark getroffen. Seit dem Zwischenfall in

Funktelegramm von André Citroën an Audouin-Dubreuil.

RADIOTÉLÉGRAMME

TÉLÉPHONE: GUTENBERG. 10-48

ADR. TÉLÉGR: EXPLORADÉC-PARIS-123

COMPAGNIE RADIO-MARITIME
79, BOULEVARD HAUSSMANN PARIS

La Compagnie n'est soumise à aucune responsabilité à raison du service par la voie Télégraphique (Loi du 29 nov. 1850, art. 6)

Reçu de Alexandrie Radio
le 28-4-32 à 14h 41gmt

Mod. TA 48 bis

| NATURE DU TÉLÉGRAMME | ORIGINE | NUMÉRO | NOMBRE DE MOTS | DATE DE DÉPOT | HEURE DE DÉPOT | MENTIONS DE SERVICE |
|---|---|---|---|---|---|---|
| S | Paris | 1 | 41 | 24.4 | 0955 | Via Marconi |

COMPAGNIE RADIO-MARITIME
24 AVR 1932
"FÉLIX-ROUSSEL"

Audouin Dubreuil sp FelixRoussel Alexandrie Rdo

Prenons toutes dispositions pour obsèques Haard
vous prie me faire connaitre par télégramme
à mon domicile si avez reçu confidences sur
ses desirs concernant toutes questions religieuses
et éventuellement votre impression à ce sujet
Andre Citroen

Turfan, der ihn beinahe das Leben gekostet hätte, hat Haardt das Vertrauen in unser Unternehmen verloren. Nach dem Überfall in Patsebolong konnte er es kaum fassen, dass er noch am Leben war. In Peking, als er bereits krank war, wollte er sich nicht von Delastre behandeln lassen. Er hat sich mit überflüssigen Besuchen verausgabt, bis sein Zustand immer bedenklicher wurde. Er hat mich gebeten, ihn zu vertreten, seine Reden vorzutragen. ... Der Ruhm ging ihm über alles ... An unserem letzten gemeinsamen Abend haben wir den Himmelstempel besichtigt, ein großer Leichtsinn. Er fröstelte in der milden Luft. Der Abschied am nächsten Morgen hat mir fast das Herz abgedrückt; ich hatte eine Vorahnung von seinem nahen Tod, habe den Gedanken jedoch rasch wieder verdrängt. Hätte ich ihn retten können?

Hanoi. In einem feinen Nieselregen erreichen wir das Rathaus. Die Menge bleibt stumm. Ich muss an unsere triumphale Ankunft in Timbuktu, dann in Tananarive denken, an die aufwühlenden Momente, die ich mit dem Verstorbenen erlebt habe. Der Regen fällt. Wir arbeiten uns durch die Menge zur Ehrentreppe vor. Die Menschen, an denen wir vorbeidefilieren, betrachten uns wohlwollend, scheinen aber nicht zu wissen, ob sie uns grüßen oder applaudieren sollen. Der Bürgermeister kommt uns entgegen, begleitet von zivilen und militärischen Würdenträgern, er übermittelt uns das Beileid der Regierung, des Generals, der Armee. Ich drücke zahlreiche Hände ... Worte, wozu? In der Residenz spricht mir General Pasquier sein Beileid aus. Es wird keine Rede gehalten.«

### *Die letzte Etappe*

Die Expedition muss ihren Weg durch Indochina fortsetzen; sie hat sich Pasquier gegenüber verpflichtet. André Citroën bestätigt diese Entscheidung. Es ist die letzte wichtige Etappe der Expedition, aber

Im Kabriolett durch Indochina, im Land der *moi.*

die Reise findet auch zu Ehren der in der Fremde lebenden Franzosen statt, wie es der französische Präsident gewünscht hat.

Audouin verteilt die Aufgaben. Die sieben schweren Raupenfahrzeuge werden unter Penauds Kommando die 1700 km bis Saigon auf der »Straße der Mandarine« zurücklegen. Dort werden die Fahrzeuge am Kai des Saigon-Flusses auf die Ankunft der *Félix-Roussel* mit Haardts Leichnam an Bord warten. Drei Gruppen werden gebildet und auf die leichten Kabrioletts verteilt. Die Filmgruppe mit Sauvage, Morizet, Sivel, Nuret und Conté wird an jeder historischen Stätte, die bedeutend genug ist, um eine Filmdokumentation zu rechtfertigen, von der Straße der Mandarine abschwenken. Die zweite Gruppe mit Iaco und Williams wird in der Halong-Bucht starten, durch das Kohlegebiet von Champha bis Cao Bang fahren, dann den Norden Tonkings durchqueren und über Angkor nach Saigon weiterreisen. Die dritte Gruppe mit Audouin-Dubreuil, Point, Reymond, Delastre und Spetch wird Annam besichtigen, einen Abstecher nach Laos machen und im Land der *moi* auf die Jagd gehen.

Es läuft alles nach Plan. Iaco und Williams sind zufrieden, die Dokumente, die sie erstellen, einzigartig. Die Jäger werden gastfreundlich von den *moi* empfangen, Ackerbauern, die ihre alten Traditionen hochhalten. Das Jagdglück bleibt ihnen zwar verwehrt (Reymond bringt als Einziger einen Tiger mit nach Hause), aber es lohnt sich, diese wenig bekannte Region zu erforschen. Die ethnografische Dokumentation (Fotos und Filmmaterial) soll zu einem besseren Verständnis des *moi*-Volkes führen, über das nur wenig und oft Unzutreffendes bekannt ist. Sauvage gerät ins Schwärmen, wenn er über die Schönheit der Landschaft, der Dichtung, die Mentalität der Taivölker spricht.

»1. April 1932 – Saigon
Noch vor Tagesanbruch sitze ich am Steuer des ›Croissant d'Argent‹. Point neben mir bleibt stumm. Wir denken beide an Haardt – wie könnte es auch anders sein. Die Straße, die vor uns liegt, führt zum Cap Saint-Jacques, an dessen östlichem Horizont die *Félix-Roussel* auftauchen wird, und unsere Gedanken kehren immer wieder zu Haardt zurück, der im Bauch des Schiffes liegt. Point bricht das Schweigen. Er fragt mich, wie eigentlich die ersten Reisepläne entstanden seien. Und so drehe ich für ihn die Zeit zum Beginn des Abenteuers zurück. Das erste Frühstück im Cercle interallié, die Diskussionen im luxuriösen Dekor der Rue de Rivoli Nr. 220, die rote Linie, die 1920 in die Sahara-Karte eingezeichnet wurde, der leichte Weißwein, den wir tranken, während wir die Sandberge des Grand Erg und die spärlichen Wasserstellen in der Wüste auf der Karte suchten ... Schließlich die letzte rote Linie, eingezeichnet im August 1928 in Iacos Maler-Atelier auf Capri, hoch über der Piccola Marina.

An der Spitze des Cap Saint-Jacques bläst ein heftiger Wind. Ein grauer Fleck auf einem grauen Meer unter einem grauen Himmel.

Das Schiff legt an. Drohend ragt sein riesiger schwarzer Rumpf über unseren sieben winzigen Raupen mit der französischen Flagge und den windgepeitschten Standarten auf. Haardts Wimpel ist mit einem Trauerflor umhüllt. Pecqueur, Petro, Waddy kommen die Reling herunter und schließen sich unserer Gruppe an.«

»Vor einem Jahr haben wir die Ufer des Mittelmeeres hinter uns gelassen, heute kehren wir der Küste Asiens den Rücken«, heißt es von André Citroën aus Europa.

»29. April 1932. Die Küste Frankreichs zeichnet sich in dem ungewissen Licht ab. Eine Barke gleitet auf die *Félix-Roussel* zu. André Citroën kommt an Bord, er ist tief bewegt ... George-Marie Haardts Sarg, mit der Trikolore bedeckt, wird auf dem Kai abgestellt. So endet die *Expedition Citroën Centre-Asie.*«

# Epilog

Die Küste Asiens liegt hinter ihnen, aber die Geschichte der Expedition ist noch nicht zu Ende. Erschöpft und ausgelaugt kehren die Männer nach Europa zurück. Die seelischen und körperlichen Strapazen der Reise, die monatelangen unmenschlichen Qualen und schließlich Haardts Tod haben tiefe Spuren bei ihnen hinterlassen, und sie ahnen, dass dieser Albtraum sie nicht so schnell loslassen wird.

Am 2. Mai 1932 wird Haardt auf dem Friedhof von Passy zur letzten Ruhe gebettet. Der Trauerzug ist überwältigend. Haardt hatte davon geträumt, am 14. Juli 1932 mit seinen Raupen unter dem Triumphbogen hindurchzufahren. Am 3. Mai trommelt André Citroën Audouin-Dubreuil, Iacovleff, Point und Goerger zusammen. Er setzt ihnen kurz auseinander, dass die Zeit drängt. Die Weltwirtschaftskrise hat nun auch Frankreich eingeholt, es ist unerlässlich, »in den Augen der Öffentlichkeit die enormen Gelder und Energien zu rechtfertigen, die in die Expedition geflossen sind, die zahlreichen Opfer, die gebracht werden mussten, um ein so gewaltiges Unternehmen zu einem guten Ende zu führen.« (A. Citroën) Die ganze Welt hat ein Jahr lang dieses einzigartige Abenteuer von Anfang bis Ende mitverfolgt. Vier Tageszeitungen – *L'Intransigeant, Le Journal, Le Matin* und *Le Petit Parisien* – haben sich zum Sprachrohr der Expedition gemacht. Die Zeitschrift *L'Illustration* hat dem Unternehmen sechs Nummern mit den jeweils neuesten Nachrichten gewidmet, die per Funk an die Pressedienste übermittelt wurden. Man habe die Franzosen die ganze Zeit in Atem gehalten, erläutert André Citroën, jetzt dürfe man sie nicht enttäuschen, indem man sie auf die Ergebnisse der Expedition warten lasse. Die Kolonialausstellung (1931) habe 30 Millionen Besucher angezogen, Abenteuerreisen seien derzeit *en vogue*. Spätestens bis Juni müsse eine Ausstellung mit Tonfilm-Ausschnitten auf die Beine gestellt werden, um die Neugier der Menschen zu befriedigen. »Wir müssen den Reklamerummel um Ihre Rückkehr ausnützen«, bemerkt André Citroën abschließend. Kurzum, die Ausstellung wird Ende Juni stattfinden.

Bestürzung bei den Entdeckern. Das schöne Projekt eines umfassenden Programms mit zahlreichen simultan ablaufenden Veranstaltungen zerplatzt wie eine Seifenblase angesichts dieser Dringlichkeit. Wie Iaco ganz richtig vorausgesehen hatte, »bei André Citroën muss man auf alles gefasst sein«. Die Entdecker verteidigen ihren Standpunkt: Die Wissenschaftler und Künstler werden ihre Ausbeute nicht zeigen können, da noch nicht alle Sammlungen in Frankreich eingetroffen sind, die kunsthistorische Forschung wird darunter leiden etc. Citroën lässt sich erweichen und gibt ihnen Zeit bis Oktober. Dann ruft er in der folgenden Nacht Audouin-Dubreuil an: »Mein lieber Audouin, der Ruhm wartet nicht, die Werke des Menschen sind flüchtig, die Ausstellung muss am 18. Juni ihre Pforten öffnen. Strukturieren Sie die Asienabteilung um. Die Arbeiten,

2. Mai 1932: Begräbniszug von Georges-Marie Haardt in Paris.

die unsere Wissenschaftler und Künstler erst später abliefern, sind nicht verloren, sondern werden dafür sorgen, dass die Erinnerung an unser glorreiches Unternehmen nicht so bald erlischt.«

Im Ausstellungspalais der Citroën-Werke, Place de l'Europe, wird am 18. Juni 1932 eine Ausstellung eröffnet, die über sechs Säle verteilt ist. In einem der Säle ist eine Auswahl von Iacovleffs asiatischen Arbeiten untergebracht. Ein zweiter enthält die naturkundlichen Sammlungen Reymonds, der seine Studien fortführt und noch keine Resultate vorlegen kann. Ein Saal ist der Société de Géographie gewidmet, ein weiterer der National Geographic Society of Washington, in dem Williams' einzigartige Fotos gezeigt werden. Die Sammlung der Kunst Indochinas ist faszinierend, aber unvollständig. Die Präsentation der Wissenschaftswagen, insbesondere des Funkwagens, stößt beim Publikum auf lebhaftes Interesse.

Zwei wichtige Persönlichkeiten fehlen in dieser Ausstellung: Pater Teilhard, der noch in Asien weilt und dessen Arbeiten stillschweigend übergangen werden, und Joseph Hackin, Konservator des Musée Guimet, der in Japan aufgehalten wurde und zutiefst empört ist, dass man ihn nicht konsultiert hat. Er schreibt an Audouin: »Ich will annehmen, dass man bei dieser ersten Präsentation den archäologischen und historischen Teil gänzlich ausgeklammert hat, der unrettbar verpfuscht wäre, wenn man mit einer solchen Eile zu Werke ginge. Es müssen die allergrößten Anstrengungen unternommen werden, um Afghanistan den ihm gebührenden Platz einzuräumen.«

Im August 1932 begeht Victor Point Selbstmord. Audouin-Dubreuil schreibt: »Er war ein schöner, intelligenter, mutiger junger Offizier. Er hat seine Widerstandskräfte auf der langen Reise erschöpft, die Gabe der Geduld verloren. Er ist dem asiatischen Gesetz gefolgt, das verlangt, dass man sich den Tod gibt, wenn man sein Gesicht verliert, sein Ansehen bei einem anderen unrettbar verscherzt hat.«

Am 30. November 1932 werden André Audouin-Dubreuil und die Mitglieder der *Croisière jaune,* der »Gelben Expedition«, während einer feierlichen Zeremonie im Auditorium Maximum der Sorbonne in die Société de Géographie aufgenommen. Marschall Franchet d'Espèrey, der Präsident der Gesellschaft, verleiht der »Mission Citroën Centre-Asie« bei diesem Anlass die große Goldmedaille. Pater Teilhard de Chardin präsentiert die Resultate seiner Arbeiten sowie einen Abriss der Forschungen Hackins und die ersten Erkenntnisse Reymonds.

Im Juli 1933 beendet Georges Le Fèvre, der Historiograf der Expedition, den offiziellen Expeditionsbericht, *La Croisière jaune,* verfasst und zensiert im »Geist der Citroën-Werke«. Das Wichtigste, gewissermaßen die Essenz der rund tausend Tagebuchseiten, geht dabei zum großen Teil verloren. Am 18. März 1934 wird ein Galaabend in der Pariser Oper veranstaltet, bei dem der Film *La Croisière jaune* gezeigt wird. Die Filmmusik ist von J. E. Szifer, der das Orchestre du Théâtre national de l'Opéra dirigiert.

Zwischen 1933 und 1935 werden 98 Konferenzen in Frankreich und im Ausland abgehalten, mit Filmvorführungen oder Fotos untermalt. 1935 wird Audouin-Dubreuils Tagebuch unter dem Titel *Sur la Route de la Soi,* »Auf der Seidenstraße«, herausgegeben und von der Académie française mit einem Preis ausgezeichnet.

Die »Expedition Seidenstraße«, dieses einzigartige Abenteuer, hat sich in der Erinnerung als sportliche Großtat festgesetzt. Die Wege der alten Seidenstraße erobern, mit zwei Automobilen die Maultierpfade des Himalaja in Angriff nehmen, zu Pferd die Pässe des Karakorum und Pamir auf einer Strecke von 1200 km überwinden, um ins Herz Chinesisch-Turkestans vorzudringen und schließlich dem eisigen chinesischen Winter in einem Raupenfahrzeug zu trotzen – das stellt eine gewaltige sportliche Leistung dar, eine Art »Gesamtkunstwerk«, das nur durch den Mut, die Ausdauer und die ungewöhnlichen Fähigkeiten der Expeditionsteilnehmer ermöglicht wurde.

Man sollte jedoch darüber nicht die Ziele aus den Augen verlieren, die André Citroën persönlich formuliert hat und die, in knappen Worten zusammengefasst, auf dem Briefkopf der offiziellen Dokumente figurieren: *Mission scientifique et artistique française à travers l'Asie,* »Wissenschaftlich-künstlerische Expedition durch Zentralasien«: »Die Wissenschaftler und Künstler, alles angesehene Vertreter ihres Fachs, haben eine hervorragende Arbeit geleistet, die nicht vergessen ist. Zahlreiche Schriften, Fotografien, Filme und Dokumente ethnografischen, archäologischen, geografischen Inhalts bleiben als lebendige Erinnerung an diese Expedition erhalten.« Die Archive der *Croisière jaune* werden bis heute für aktuelle wissenschaftliche Forschungen herangezogen.

## Chronologie der *Expédition Citroën Centre-Asie*

## Zeittafel der Strecke Beirut – Peking – Saigon 1931–1932

11. März 1931: Einschiffung im Hafen von Marseille auf der *Amazone*

20. März: Die *Amazone* legt im Hafen von Beirut an.

4. April: Aufbruch der Expedition

5. April: erstes Lager in Damaskus

8. April: Palmyra

11.–15. April: Durchquerung der Syrischen Wüste und Ankunft an der Grenze zum Irak bei Rutba

16. April: Überquerung des Euphrat, Ankunft in Bagdad

17.–22. April: Land der Kurden zwischen Bagdad und Kermanshah

23.–26. April: Besichtigung der Stätten Taq-i-Bostan und Bisutun in der Region von Hamadan

28. April: Teheran

10. Mai: Nishapur, Höhe 1000 m

11. Mai: 25 km von Meshhed entfernt; 27. Lager

12. Mai: Meshhed, heilige Stadt der Schiiten

18. Mai: 30. Lager, Tourbet-i-Cheikh-Djam

19. Mai: afghanischer Grenzposten, Islam-Khaled

20. Mai: Herat

25. Mai: Sabzevar, Überquerung des ersten Flusses

27. Mai: Farrah (Fluss)

30. Mai: Helmand, Überquerung des Flusses

2. Juni: 40. Lager, Arghandab (Fluss)

3. Juni: Kandahar, Angelpunkt der afghanischen Routen

6. Juni: Muktur

7. Juni: Ghazni

9. Juni: 46. Lager, Kabul

15.–16. Juni: Besichtigung von Bamiyan

18. Juni: Dakka, 5000 km zurückgelegt

19. Juni: die letzten afghanischen Posten. Überquerung des Chaiber-Passes. Durchquerung der Indus-Ebene. Ankunft in Peshawar

24. Juni: Ankunft in Srinagar

Bandipur: Startpunkt der drei Gebirgstrupps

1. Juli: Aufbruch Gruppe 1 unter Hackin

13. Juli: Gruppe 2 unter Haardt nimmt mit zwei Raupenfahrzeugen die Hänge des Himalaja in Angriff.

20. Juli: Aufbruch Gruppe 3 unter Audouin-Dubreuil

25. Juli: Gurais. Funkspruch von Victor Point, in dem er mitteilt, dass er in Urumchi gefangen sitzt

4. August: Ankunft Gruppe Haardt in Gilgit. Die Wagen werden aufgegeben.

30. August: Misgar. Umgruppierung der drei Expeditionskonvois

3. September: Kilik-Pass, 4860 m

4. September: Lager auf dem Kosh-Bel, 9 Meilen vom Wakhjir-Pass entfernt. Erreichte Höhe: 5200 m

8. September: Taskurghan, erster chinesischer Posten

20. September: Kashgar

4. Oktober: Tumchuq, wichtige archäologische Studien

8. Oktober: Aksu. Die Pamir-Gruppe triff mit der China-Gruppe zusammen; letztere schickt eine Abordnung mit zwei Raupenfahrzeugen voraus.

13. Oktober: Besichtigung der bedeutenden archäologischen Stätte Kizil

16. Oktober: Besichtigung der Stätte Kucha bei Karashar

25. Oktober: Toksun

28. Oktober: Urumchi, das Camp de Résistance

18. November: Ein kleiner Trupp unter Audouin-Dubreuil bricht von Urumchi auf, um die archäologischen Stätten von Turfan zu erkunden. Die toten Städte des Tarim-Beckens: Bezeklik, Kazra-Khoja, Murtuk, Sangim

6. Dezember: Die gesamte Expedition erreicht Hami im Kriegsgebiet

11.–14. Dezember: Abstecher nach Xingxingxia, auf der Suche nach einem Citroën-Lebensmittel- und Benzindepot, das vor zwei Jahren eingegraben wurde

15. Dezember: an der Ostgrenze von Sinkiang

19. Dezember: Suzhou, im Kriegszustand

24. Dezember: Ankunft in der deutschen Mission von Kansu

29. Dezember 1931: Liangzhou. Die Expedition wird von den Patern der dortigen deutschen Mission aufgenommen.

6. Januar 1932: Die Große Mauer kommt in Sicht.

10. Januar: Überquerung des Gelben Flusses, vor Ningsia

14. Januar: Ningsia, belgische Mission, eine Stadt in permanentem Belagerungszustand

26. Januar: Die Expedition wird in Ho-Hian überfallen, eine gute Tagesreise vom Lamakloster San-Tao-Kou entfernt.

28. Januar: Baotou, unter dem Schutz der Mongolenherrscher

2. Februar: Bailingmiao, Lamakloster. Begegnung mit dem Pantschen-

Lama. Empfang bei dem mongolischen Prinzen Hsi-Hsu-Ning

12. Februar: Ankunft in Peking

15. März: Ankunft in Hanoi

16. März: Tod von Georges-Marie Haardt in der Repulse Bay, gegenüber von Hongkong

4. April: Im Kap Saint-Jacques, dem Hafen von Saigon, sticht die Mannschaft der »Expedition Zentralasien« mit der *Félix-Roussel* in See.

29. April 1932: Die *Félix-Roussel* legt im Hafen von Marseille an.

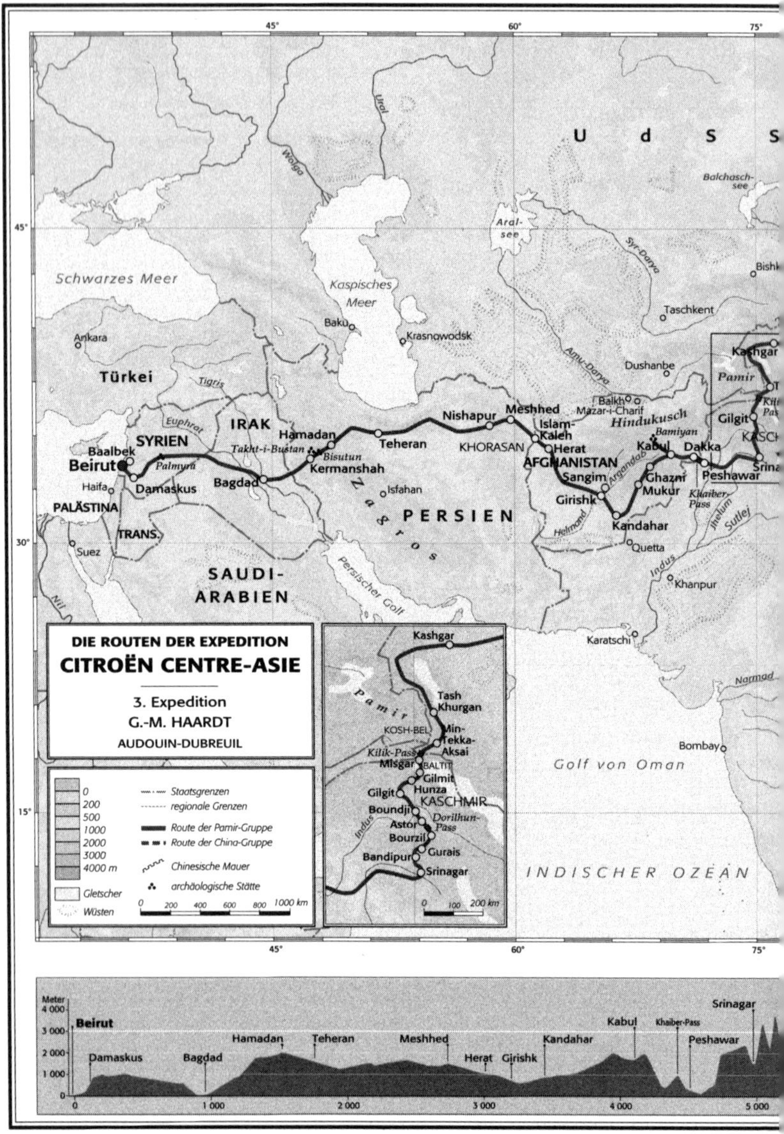
DIE ROUTEN DER EXPEDITION
CITROËN CENTRE-ASIE
3. Expedition
G.-M. HAARDT
AUDOUIN-DUBREUIL
0
200
500
1000
2000
3000
4000 m
Gletscher
Wüsten
Staatsgrenzen
regionale Grenzen
Route der Pamir-Gruppe
Route der China-Gruppe
Chinesische Mauer
archäologische Stätte
0 200 400 600 800 1000 km
45°
60°
75°
30°
15°
U d S S
Wolga
Ural
Balchasch-see
Aral-see
Syr-Darya
Bishk
Schwarzes Meer
Kaspisches Meer
Baku
Krasnowodsk
Taschkent
Ankara
Amu-Darya
Dushanbe
Türkei
Tigris
Balkh
Mazar-i-Charif
Hindukusch
Euphrat
IRAK
Nishapur
Meshhed
Islam-Kaleh
SYRIEN
Hamadan
Teheran
KHORASAN
Herat
Bamiyan
Kabul
Dakka
Baalbek
Takht-i-Bustan
Bisutun
Beirut
Palmyra
Kermanshah
AFGHANISTAN
Argandab
Peshawar
Haifa
Damaskus
Bagdad
Isfahan
Sangim
Ghazni
Mukur
Khaiber-Pass
Girishk
PALÄSTINA
Zagros
PERSIEN
Kandahar
Helmand
Jhelum
Sutlej
TRANS.
Suez
Quetta
SAUDI-ARABIEN
Persischer Golf
Indus
Khanpur
Nil
Karatschi
Narmad
Bombay
Golf von Oman
INDISCHER OZEAN
Kashgar
Pamir
Gilgit
Srina
Tash Khurgan
KOSH-BEL
Min-Tekka-Aksai
Kilik-Pass
Misgar
BALTIT
Gilmit
Hunza
KASCHMIR
Boundji
Astor
Dorilhun-Pass
Bourzil
Gurais
Bandipur
Srinagar
0 100 200 km
Meter
4 000
3 000
2 000
1 000
0
Beirut
Damaskus
Bagdad
Hamadan
Teheran
Meshhed
Herat
Girishk
Kandahar
Kabul
Khaiber-Pass
Peshawar
Srinagar
0
1 000
2 000
3 000
4 000
5 000

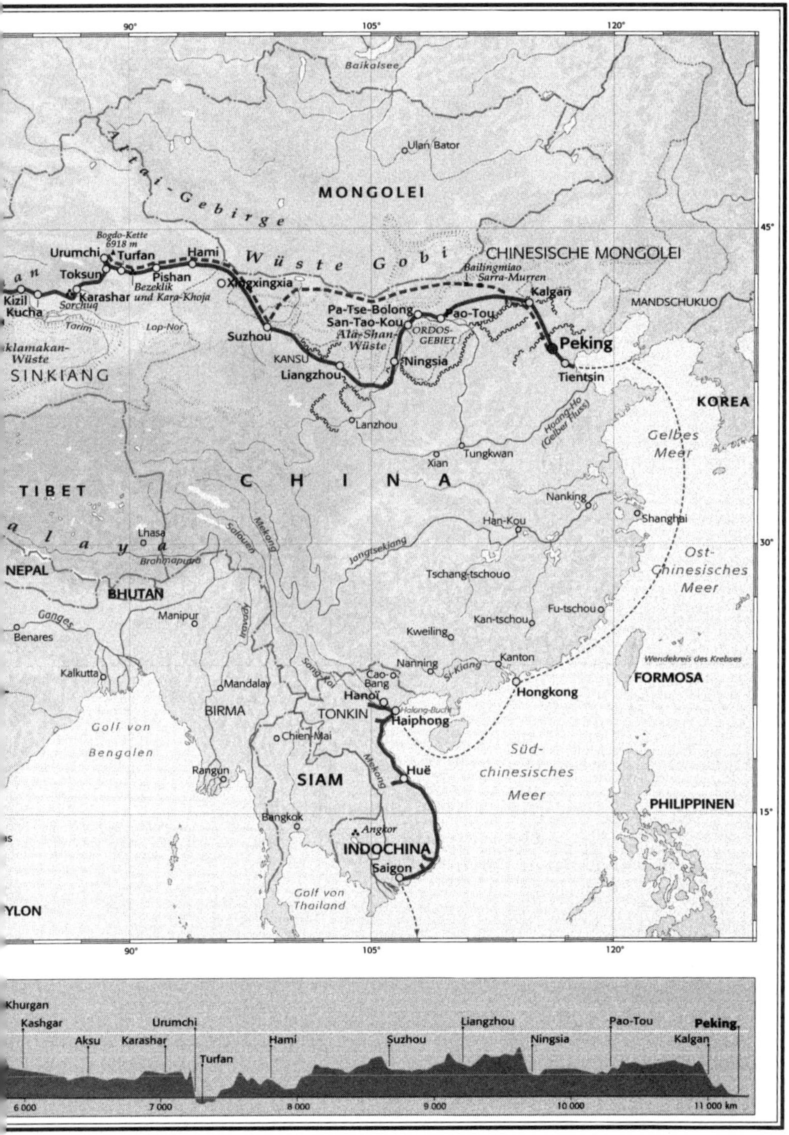

90°
105°
120°
45°
30°
15°
Baikalsee
Ulan Bator
MONGOLEI
Altai-Gebirge
Bogdo-Kette
6918 m
Urumchi
Turfan
Hami
Toksun
Pishan
Bezeklik
und Kara-Khoja
Xingxingxia
Wüste Gobi
CHINESISCHE MONGOLEI
Bailingmiao
Sarra-Murren
Kalgan
MANDSCHUKUO
Kizil
Kucha
Karashar
Sorchuq
Tarim
Lop-Nor
klamakan-
Wüste
SINKIANG
Suzhou
Pa-Tse-Bolong
San-Tao-Kou
Pao-Tou
Ala-Shan-
Wüste
ORDOS-
GEBIET
Peking
KANSU
Ningsia
Liangzhou
Tientsin
KOREA
Lanzhou
Hoang-Ho
(Gelber Fluss)
Gelbes
Meer
Tungkwan
Xian
TIBET
CHINA
Nanking
Shanghai
Han-Kou
Lhasa
alaya
Brahmaputra
Salouen
Mekong
Jangtsekiang
Ost-
Chinesisches
Meer
NEPAL
BHUTAN
Tschang-tschou
Fu-tschou
Manipur
Ganges
Benares
Irawady
Kan-tschou
Kweiling
Wendekreis des Krebses
Kalkutta
Nanning
Kanton
Song-Koi
Si-Kiang
Cao-
Bang
FORMOSA
Mandalay
Hongkong
Hanoi
Halong-Bucht
Haiphong
BIRMA
TONKIN
Golf von
Bengalen
Chien-Mai
Süd-
chinesisches
Meer
Rangun
Mekong
Huë
SIAM
PHILIPPINEN
Bangkok
Angkor
INDOCHINA
Saigon
Golf von
Thailand
YLON
Khurgan
Kashgar
Aksu
Karashar
Urumchi
Turfan
Hami
Suzhou
Liangzhou
Ningsia
Pao-Tou
Kalgan
Peking
6 000
7 000
8 000
9 000
10 000
11 000 km